本书为国家社会科学基金教育学青年课题
"世界一流大学本科教育质量保障体系的比较研究"
（课题批准号：CDA190256）的结项成果

本书获得陕西师范大学优秀学术著作出版资助

世界一流大学
本科教育质量保障体系的
比较研究

陈 玥 等著

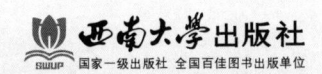

西南大学出版社
国家一级出版社 全国百佳图书出版单位

图书在版编目(CIP)数据

世界一流大学本科教育质量保障体系的比较研究 / 陈玥等著 . -- 重庆 : 西南大学出版社, 2024.9
ISBN 978-7-5697-2182-9

Ⅰ.①世… Ⅱ.①陈… Ⅲ.①本科－教育质量－保障体系－对比研究－世界 Ⅳ.①G649.1

中国国家版本馆CIP数据核字(2023)第251010号

世界一流大学本科教育质量保障体系的比较研究
SHIJIE YILIU DAXUE BENKE JIAOYU ZHILIANG BAOZHANG TIXI DE BIJIAO YANJIU

陈 玥 等 著

责任编辑：畅　洁
责任校对：李晓瑞
装帧设计：闰江文化
排　　版：瞿　勤
出版发行：西南大学出版社（原西南师范大学出版社）
　　　　　地址：重庆市北碚区天生路2号
　　　　　邮编：400715
　　　　　市场营销部电话：023-68868624
印　　刷：重庆市圣立印刷有限公司
成品尺寸：170 mm×240 mm
印　　张：15.25
字　　数：270千字
版　　次：2024年9月　第1版
印　　次：2024年9月　第1次印刷
书　　号：ISBN 978-7-5697-2182-9

定　　价：68.00元

目录

导论 ……………………………………………………………………001

第一章
加州大学伯克利分校本科教育质量保障体系 ……………………014

第二章
牛津大学本科教育质量保障体系 …………………………………039

第三章
南洋理工大学本科教育质量保障体系 ……………………………059

第四章
东京大学本科生教育质量保障体系 ………………………………075

第五章
墨尔本大学本科教育质量保障体系 ………………………………099

第六章
多伦多大学本科教育质量保障体系 ………………………………122

第七章
莫斯科国立大学本科教育质量保障体系 …………………………148

第八章
世界一流大学本科教育质量保障体系的"三部曲"比较 …………175

第九章
世界一流大学本科教育质量保障体系：经验探寻和中国选择 ……199

参考文献 ………………………………………………………………219

后记 ……………………………………………………………………232

导 论

一、问题提出

作为高等教育的重要组成部分,本科教育是培养高水平创新人才的重要途径。对于一个国家而言,本科教育质量通常被视为衡量其高等教育发达程度与文化科学发展水平、前景的重要标志。随着当今世界经济与科技的快速发展以及国际竞争的日趋激烈,本科教育面临着比以往任何时候都要严峻的国际竞争环境。加之我国本科教育规模的超常规扩张,使得本科教育质量问题日益凸显。因此,面对国际和国内的双重压力,加强本科教育质量保障方面的研究不仅至关重要,而且任重道远。

1994年,美国质量管理专家约瑟夫·M.朱兰(Joseph M. Juran)指出:当20世纪被称为"生产率的世纪"时,21世纪将以"质量的世纪"而为后人所知。[1]"质量"作为本科教育领域最为重要的关键词,目前已成为研究者们重要的研究主题以及相关会议论坛的主题词。可以说,质量是本科教育的生命线,目前许多国家已将本科教育作为提升其国际竞争力的战略选择。因此,面对新的形势,全面提高质量已然成为当下我国本科教育的核心任务。改革开放四十余年来,我国培养了大批本科生,目前规模依然在逐步扩大。因此,有学者曾用"泡沫化"来形容我国当下本科教育,认为长此以往,不仅难以保证本科教育的质量,还会引来本科生就业难的问题。虽然我国在不断发展的本科教育中取得了很大的成绩,且已成为本科教育大国,但总体上看,本科教育还不能完全满足经济社会发展的多样化需求,培养质量与发达国家相比还有较大差距。本科生数量的迅速扩张使得

---

[1] 朱兰,戈弗雷,等.朱兰质量手册(第五版)[M].焦叔斌,等译.中国人民大学出版社,2003:23.

教育质量堪忧,质量保障问题已然成为当今我国本科教育发展的核心问题。在扩大规模、加速发展的同时,如何保障和提高本科培养质量?如何确立本科教育的质量基准?如何走"规模、质量、结构、效益"相结合的道路?凡此种种都是目前亟待解决的问题。

有鉴于此,本研究具体研究的问题是:在整个质量保障过程中,世界一流大学本科教育的质量是如何策划的?质量是如何控制的?质量又是如何改进的?世界一流大学本科教育质量保障体系中的质量策划、质量控制和质量改进存在哪些差异?我国在未来大学本科教育质量保障体系的改革与发展中又该做出何种选择?

二、研究意义

(一)理论意义

本研究是完善本科教育质量保障理论建设的有益探索。改革开放以来,我国本科教育取得了较大进步,尽管学者们对本科教育已展开一些研究,但我国本科教育质量保障的发展与实践时间不长,也缺少相关的理论研究,所以在现实中未能达到预期目标。本研究可进一步完善本科教育质量保障体系的理论建设。

(二)实践意义

完善的质量保障体系是提高本科教育质量的重要保证。为提高本科教育质量,深化本科教育改革,2018年9月,教育部发布了《关于加快建设高水平本科教育全面提高人才培养能力的意见》,指出要完善质量评价保障体系、强化高校质量保障主体意识、强化质量督导评估。2019年2月,中共中央办公厅、国务院办公厅印发了《加快推进教育现代化实施方案(2018—2022年)》,强调要"建设一流本科教育"。从此意义上来讲,本研究不仅对于推动本科教育发展具有重要的现实意义,同时也能为日后相关部门的制度改进和政策调整提供科学依据。虽然本科教育质量保障体系有着普遍的基本规律,但任何一种模式都有其需要完善的一面。本研究将从我国具体国情出发,探寻完善我国大学本科教育质量保障体系的可能路径。

三、概念界定

对相关核心概念的清晰界定是开始研究的重要基础,它可以精确划定研究的边界、范围以及基本内容等。为了明确研究对象以便于研究的顺利开展,在此对研究中的"世界一流大学"和"质量保障"两个核心概念进行界定。

(一)世界一流大学

本研究对象主要聚焦于世界一流大学。世界一流大学在高等教育系统乃至整个社会发展中有着举足轻重的位置。国务院于2015年发布的《统筹推进世界一流大学和一流学科建设总体方案》,对于推动"双一流"建设具有重要的战略意义。这也是本研究选择世界一流大学作为研究对象的重要原因。本研究在世界一流大学案例选择上,基于对泰晤士高等教育世界大学排名、QS世界大学排名、软科世界大学学术排名三个颇具影响力的大学排行榜的综合分析,最终选取加州大学伯克利分校、牛津大学、南洋理工大学、东京大学、墨尔本大学、多伦多大学和莫斯科国立大学等7所世界一流大学作为研究对象。鉴于本研究的思路是要在外观世界一流大学本科教育质量保障体系经验的基础上,进一步反观我国大学本科教育质量保障体系的现实境遇,故在第二部分世界一流大学本科教育质量保障体系的图景呈现中来探讨我国大学本科教育的相关问题。

(二)质量保障

"质量"是现代企业管理中普遍使用的概念,"质量"一词在现代社会中无处不在,它几乎成为后现代主义和大众文化的图腾,它像一个头衔,可以应用于每一个事物:从汽车到薯片,从蓄水装置到啤酒。这个词频繁出现在集市、广告牌和电话黄页的广告上。它简直成了公开强迫销售的一部分。[1]质量保障(Quality Assurance)是质量管理的一部分,其基本思想是对产品的顾客负责,让顾客确信产品生产者提供的产品是符合标准的,能够满足顾客的需要。[2]质量保障这一概念在20世纪50年代发端于美国,而在20世纪90年代以后,质量保障一词便频频出现在高等教育研究中。[3]学者路易斯·莫利(Louise Morley)认为:质量保障是作

---

[1] 亨克尔,里特.国家、高等教育与市场[M].谷贤林,等译.教育科学出版社,2005:219.
[2] 马健生,等.高等教育质量保证体系的国际比较研究[M].北京师范大学出版社,2014:33.
[3] 陈玥.中美研究型大学博士生教育质量保障体系的比较研究[M].花木兰文化事业有限公司,2022:7.

为一个生产程序的规范工具被引入高教领域的,而不是一个检查产品本身质量的工具。[1]学者艾莉丝(Ellis)认为:质量保障是指厂家或者产品生产者向用户保障其提供的产品或服务持续达成预定目标以使用户满意的过程。并指出任何领域的质量保障都具有以下基本特征:明确产品或服务的标准;识别达成目标所必须履行的关键职责与程序;不停地借助于用户来指导与监督目标的完成;对达成标准以及达成标准的程序有明确的文献表述;对完成标准的实施程序进行严密的控制;全员参与和奉献的精神。[2]

综上,本研究在结合已有学者观点和质量三部曲理论的相关内容的基础上,将质量保障界定为:为了满足组织中所有成员对于高质量的追求,首先进行相应的质量策划,继而采取有效的、可行的、持续不断的质量控制和质量改进的过程,使组织中所有成员都能够对产品或服务的质量满意。可见,质量保障并不是督导评估部门自己的事,而是组织中以及组织之外的利益相关者的共同责任,他们都要为保障教育质量做出自己的贡献。

如果将质量保障这一概念引入本科教育中,我们可以得到本科教育质量保障的定义:为全面保障和提升本科教育质量,以本科教育质量不断追求为核心的质量文化为基础,政府、社会和高校所共同实施的连续有效的质量策划、质量控制和质量改进的质量保障管理措施。想要判断某一事物的质量,事先就必须明确"要求",即判断质量的标准,只有事物的特性符合或高于标准的要求,我们才能说明其质量合格。而本科教育要达成这样的质量标准就需要进行相关的质量控制,通过和所设定的质量标准进行对比后发现其中的具体问题和差距,进而实施相应的质量改进。本科教育质量保障的这三个过程贯穿于整个教育活动过程,不是一个简单的机制,而是相互联系而成的有机整体。

四、文献综述

为了全面把握国内外的研究现状,本研究主要通过图书馆资源和相关电子资源数据库进行了查询。通过文献检索,发现目前国内外相关研究现状及动态如下。

---

[1] Morley L.Quality and power in higher education[M].Maidenhead:Open University Press,2003.
[2] 陈玉琨,等.高等教育质量保障体系概论[M].北京师范大学出版社,2004:7.

(一)国内相关研究的学术梳理及研究动态

目前,国内相关研究主要集中于以下几个方面:第一,关于各国本科教育状况的研究。为推进本科教育研究的深入发展,国内一些学者致力于对各国本科教育状况进行梳理,如学者贺国庆对美国研究型大学本科教育的百年变迁进行了梳理和省思[1];徐洁和阚阅对英国大学本科教育呈现的新趋势进行了深入分析和探究等[2]。第二,关于本科人才培养模式的研究。人才培养质量是大学生存和发展的生命线,本科人才培养模式也是近年来学者们关注的热点领域,学者李兴业对美英法日高校跨学科教育与人才培养进行了探究[3];伍红林对20世纪90年代后美日高等教育本科人才培养模式变革进行了比较[4];严平对本科教育创新人才培养模式进行了研究等[5]。第三,关于本科课程改革的研究。课程改革是提高本科教育质量的重要突破口,学者们也将研究视角放在本科课程改革方面上,如学者龚威对大学本科教育质量的课程保障进行了探究[6];刘宝存也在其专著中就本科课程改革的相关问题进行了讨论等[7]。第四,关于本科教育质量评估的研究。本科教育质量评估作为本科教育质量保障的主要手段,是世界各国学者关注的焦点,如学者孙二军对美国本科教育质量评估的"学习转向"进行了分析,同时提出了其对我国本科教育质量评估的启示[8];范唯通过研究提出要深化评估分类改革,助力本科教育高质量发展等[9]。第五,关于本科教育、教学质量保障的研究。虽然学者们对国外本科教育质量保障体系展开了相关研究,但更多的是将研究视角投射到本科教学质量保障上,如学者戚业国通过系统研究提出了本科教学质量保障体系建设的基本思想和方法[10];李志义和朱泓等也对此话题进行了

---

[1] 贺国庆.美国研究型大学本科教育的百年变迁与省思[J].教育研究,2016(9).
[2] 徐洁,阚阅.英国大学本科教育呈现的新趋势[J].国家教育行政学院学报,2014(2).
[3] 李兴业.美英法日高校跨学科教育与人才培养探究[J].现代大学教育,2004(5).
[4] 伍红林.20世纪90年代后美日高等教育本科人才培养模式变革比较[J].江苏高教,2005(1).
[5] 严平.本科教育创新人才培养模式研究——基于日本京都大学课程设置的视角[J].复旦教育论坛,2013(3).
[6] 龚威.论大学本科教育质量的课程保障[J].江苏高教,2023(3).
[7] 刘宝存.为未来培养领袖:美国研究型大学本科生教育重建[M].高等教育出版社,2012.
[8] 孙二军.美国本科教育质量评估的"学习转向"及启示[J].江苏高教,2016(1).
[9] 范唯.深化评估分类改革,助力本科教育高质量发展[J].中国高等教育,2020(22).
[10] 戚业国,代蕊华.本科教学质量保障体系建设的思想与方法[J].教师教育研究,2007(2).

相应的探讨①。还有学者对整个高等教育质量保障体系进行探究,如学者马健生等所著的《高等教育质量保证体系的国际比较研究》便对美国、日本、荷兰等国的高等教育质量保证体系进行了横向和纵向的比较,最终对我国高等教育质量保障体系的建构提出了一些建议②;陈玥也对发达国家高等教育质量保障的经验进行了深入挖掘,并提出了一些关于高等教育改革的意见和建议等③。 第六,关于一流大学本科教育改革与发展的研究。目前已有的以国外一流大学本科教育为对象所展开的学术研究主要是简单梳理和介绍一流大学本科教育的改革与发展情况,如学者潘金林④、魏银霞⑤等。

(二)国外研究的学术梳理及研究动态

国外相关研究主要集中于如下几个方面:第一,关于本科课程改革的研究。提高本科教育的质量在很大程度上需以课程为媒介,因而国外学者对本科课程改革展开了相关研究。如学者 Robert B Innes 向教授和管理人员介绍使用建构主义学习观点来指导重建本科教育的哲学、理论和研究支持⑥;学者 Marilyn P Carlson 以本科课程中的数学教育为基点⑦、学者 Arthur K Ellis 以本科课程中的公民教育为研究对象,进一步研究了本科课程教育改革⑧。第二,关于本科教育质量文化建设的研究。为营造本科教育的新生态,推动一流本科教育发展,近年来本科教育质量文化建设受到国外学者的关注,如学者 Harvey L 和 Lanarè J 等人认为

---

① 李志义,朱泓.以先进的质量保障理念促进本科教育教学综合改革——新一轮审核评估指标体系内涵解析[J].高等工程教育研究,2021(6).

② 马健生,等.高等教育质量保证体系的国际比较研究[M].北京师范大学出版社,2014.

③ 陈玥,马健生.发达国家高等教育质量保障的经验及启示[J].国家教育行政学院学报,2014(1).

④ 潘金林.加州大学伯克利分校20世纪90年代以来本科教育改革理念、举措及成效[J].复旦教育论坛,2014(2).

⑤ 魏银霞,王金辉.一流本科教育:南洋理工大学的理念与实践[J].高教探索,2018(8).

⑥ Robert B. Innes. Reconstructing undergraduate education: using learning science to design effective courses [M]. New Jersey: Lawrence Erlbaum Associates, Inc, 2004.

⑦ Marilyn P. Carlson. Making the connection research and teaching in undergraduate mathematics education [M]. Mathematical Association of America, 2011.

⑧ Ellis A K. Citizenship education for building civil society [J]. Вестник Университета Российской академии образования, 2006(4).

质量文化对于质量改进和质量保证具有关键的促进作用[1]。第三,关于本科教育质量评估的研究。本科教育质量评估是本科教育质量保障的重要环节,国外学者主要对本科教育过程的质量评估开展了相关研究,如学者Janet G. Donald提到高等教育质量评估是世界范围内颇具吸引力的话题,而如何确保评估过程的有效性和实用性在于该评估是否回应了那些授权评估的人以及那些将被评估的人[2];学者Yamada R指出高等教育评估应满足各种内外部机构,日本也来到了开始利用科学数据来提高大学教育质量的阶段[3]。第四,关于本科教育质量保障的研究。国外对于本科教育质量保障进行直接的、微观的研究较少,多散见于某个章节或是小文章中,如学者Mullin R和Wilson G提到需要批判性地检查现有的核心过程模型(课程—学分—完成),并设计一个替代的质量过程模型,才能大幅改善教育系统;[4]学者Mohrman K和Wang Y.J从政策制定和实施的角度,对中国高等教育的质量保障以及政府和校园之间不断变化的关系进行了分析。[5]目前更多的研究则是在整个高等教育领域来谈质量保障问题的,如学者Gerald H. Gaither[6]、Andrea B[7]等。第五,关于一流大学本科教育的研究。一流大学要有一流的本科教育,目前国外的相关研究也重点针对一流大学或有代表性的大学本科教育进行研究。如学者Sadlak J和Cai L.N探究了各学校之间"学术卓越"与"质量差异"的原因。[8]

---

[1] Harvey L, Stensaker B. Quality culture: understandings, boundaries and linkages[J]. European Journal of Education,2008(4).

[2] Donald J G, Denison D B. Quality assessment of university students: student perceptions of quality criteria[J]. The Journal of Higher Education,2001(4).

[3] Yamada R. Measuring quality of undergraduate education in Japan[M]. Springer,2014.

[4] Mullin R, Wilson G. Quality of undergraduate education examining the current paradigm and system[J]. Journal of Quality Management,2000(5).

[5] Mohrman K, Wang Y, Li X. Quality assurance in undergraduate education: transformation of higher education policy in China[J]. Emerald Group Publishing Limited, Bingley,2011.

[6] Gaither G H. Quality assurance in higher education: an international perspective[M]. Jossey-Bass,1998.

[7] Andrea B. Quality assurance in an international higher education area: a case study approach and comparative analysis[M].Anita Wilke:Springer Fachmedien Wiesbaden GmbH,2012.

[8] Sadlak J, Cai L N. The world-class university as part of a new higher education paradigm: from institutional qualities to systemic excellence[M]. Bucharest:UNESCO-CEPES,2009.

(三)目前国内外研究评析

纵观既往国内外相关的研究成果和主题可以发现,尽管学者们对本科教育质量保障体系的研究已经做了一些尝试,但研究中有些问题仍需进一步思考:第一,在研究内容上,虽然本科教育质量保障体系自始至终都是教育体系中重要的组成部分,但直接对整个本科教育质量保障体系进行深入研究的较为缺乏,其主要是在某一"子系统"领域内进行探讨。第二,在研究视角上,目前的研究主要是对某国或某世界一流大学本科教育质量保障体系相关问题的简单介绍,用比较的视角对多所世界一流大学进行系统研究的还较为缺乏。第三,在理论维度上,在已有的研究中,尽管有学者试图结合一些理论来研究本科教育问题,但纯经验性的研究多,纯理论维度的研究少,且理论的适切性也值得进一步商榷。

五、研究设计

研究设计在具体的研究过程中具有非常重要的作用,它既是开展科学研究工作的前提和基础,同时也是贯穿整个研究过程的纲领性文本。因而此部分将全面厘清研究的研究目标、理论基础、研究思路、研究方法等,以期为研究的顺利开展奠定基础。

(一)研究目标

总的研究目标是"构建我国大学本科教育质量保障体系的未来发展战略"。子目标有:①深化对本科教育质量保障体系基本理论的认识。②有效把握世界一流大学本科教育质量保障体系的图景及其异同。③探寻世界一流大学本科教育保障体系的基本经验。④明晰未来我国大学本科教育质量保障体系的构建策略。

(二)理论基础

为了对世界一流大学本科教育质量保障进行深入挖掘与分析,本研究选择了美国质量管理专家约瑟夫·M.朱兰(Joseph M. Juran)的"质量三部曲"(The Quality Trilogy)作为理论基础。

1. 质量三部曲理论的提出背景

第二次世界大战后,日本公司发现西方不愿购买它们的产品,日本在制造和出口劣质产品方面恶名远播。商品卖不出去给日本的公司敲响了警钟,由此而触发了20世纪50年代的日本质量革命。①由于日本从美国引入了质量管理的思想与方法,在短短的几十年中,一举改变了日本产品质量低劣的状况,将日本推入了世界领先的地位。质量领先使得日本一跃成为经济超级大国,这在工业史上也是一个史无前例的现象。步入20世纪七八十年代后,日本的产品逐渐开始涌入美国市场,并且不断蚕食着美国企业的市场份额。对于美国企业来说,传统的质量管理方法已然不足以应对这种状况,于是美国开始寻求新的管理理念与方法,以期能够重塑其在世界工商界的霸主地位,朱兰便在这一过程中担当了重要的角色。经过广泛的调查研究与分析,他发现企业中的质量缺陷80%是出于领导的责任,而只有20%是出于工人的原因。从此意义上来讲,企业中绝大部分的质量缺陷是由于管理不善造成的,这也即是他的"80/20原则"。传统的管理方式不仅不能克服危机,在某种程度上还会催生质量危机的产生。要想解决质量危机,就需要破除传统观念,从根本上改造传统的质量管理,按照新的行动路线来行事,这一路线便是朱兰所提出的"三部曲"。②朱兰认为要获得质量,最好从建立组织的"愿景"以及方针和目标开始。目标向成果的转化(使质量得以实现)是通过管理过程来进行的,过程也就是产生预期成果的一系列活动。质量管理活动中频繁地应用着三个这样的管理过程,即质量策划③、质量控制、质量改进,这些过程被称为"朱兰三部曲"。④

2.质量三部曲理论的基本内容

约瑟夫·M.朱兰是公认的现代质量管理的领军人物,他于1989年所发表的《质量三部曲:一种普遍适用的质量管理方法》(The Quality Trilogy: A Universal Approach To Managing For Quality)是他"质量三部曲"理论的开山之作,由此"质量三部曲"理论闯进人们的视野并逐渐被世界各国广为推崇。简单来说,质量管理是由质量策划、质量控制和质量改进这样三个互相联系的阶段所构成的一个逻辑的过程,每个阶段都有其关注的目标和实现目标的相应手段。质量策划主

---

① 朱兰,戈弗雷.朱兰质量手册(第五版)[M].焦叔斌,等译.中国人民大学出版社,2003:23.
② 陈佳贵.企业管理学大辞典[M].经济科学出版社,2000:429.
③ 目前,学界关于质量三部曲中的Quality Planning有多种译法,本研究将其统一称作"质量策划",包括在引用其他作者的文献时也做了相应调整与改动。
④ 朱兰,戈弗雷.朱兰质量手册(第五版)[M].焦叔斌,等译.中国人民大学出版社,2003:11.

要是为实现质量目标而进行准备的过程;质量控制主要是在实际运营中达到质量目标的过程;质量改进主要是通过突破来实现前所未有的绩效水平的过程。朱兰认为:"三个过程中的每一个都具有普遍性,遵循着不变的步骤程序。每一程序适用于各自的领域,不因产业、职能、文化或其他因素而有所不同。"①

3.质量三部曲理论的适切性

在质量管理的"三部曲"中,质量策划明确了质量管理所要达到的目标以及实现这些目标的途径,是质量管理的前提和基础;质量控制确保事物按照计划的方式进行,是实现质量目标的保障;质量改进则意味着质量水准的飞跃,标志着质量活动是以一种螺旋式上升的方式在不断攀登和提高。②首先,在本科教育质量保障过程中,同样需要一个基本标准来衡量本科教育质量,也即需建立一套质量基准体系,这就相当于质量三部曲理论中的"质量策划"过程;其次,在本科教育质量保障过程中,我们需要对其质量进行全面控制,包括内部质量控制和外部质量控制,这就相当于质量三部曲理论中的"质量控制"过程;再次,本科教育质量保障过程是一个持续改进的过程,因为它要体现时代的需求,具有动态发展性,必须对其进行持续改进,才能实现质量的提高,这就相当于质量三部曲理论中的"质量改进"过程。由此可以看出,质量三部曲理论中质量实现的三个步骤为本科教育质量保障提供了直接的、适切的依据。

4.质量三部曲理论的分析框架

质量策划(Quality Planning)旨在明确企业的产品和服务所要达到的质量目标,并对实现这些目标所必需的各种行动进行规划和部署的过程。此过程的最终结果是要开发一个在作业条件下能够满足质量的目标。通过质量策划活动,企业应当明确谁是自己的顾客,顾客的需要是什么,产品必须具备哪些特性才能满足顾客的需要;在此基础上,还必须设定符合顾客和供应商双方要求的质量目标,开发实现质量目标所必需的过程和工艺,确保过程在给定的作业条件下具有达到目标的能力,为最终生产出符合顾客要求的产品和服务奠定坚实的基础。③具体来讲,质量策划的主要步骤包括以下几个方面,即设定质量目标;辨识顾客

---

① 朱兰,戈弗雷.朱兰质量手册(第五版)[M].焦叔斌,等译.中国人民大学出版社,2003:11.
② 陈佳贵.企业管理学大辞典[M].经济科学出版社,2000:429.
③ 陈佳贵.企业管理学大辞典[M].经济科学出版社,2000:429.

是谁;确定顾客的需要;开发应对顾客需要的产品特征;开发能够生产具有这种特征的产品的过程;建立过程控制措施,将计划转入实施阶段等。[1]

质量控制(Quality Control)也就是实现质量目标、落实质量措施的过程。此过程的最终结果是与质量策划相一致的作业实施过程。控制就其一般含义而言,是指制定控制标准、衡量实绩找出偏差并采取措施纠正偏差的过程。控制应用于质量领域便称为质量控制。[2]质量控制对于事物的运作而言是一个普遍的过程,它提供稳定性,亦即防止负面改变并"维持现状"。为维持稳定性,质量控制过程对实际绩效加以评估,将之与目标进行对照,并采取措施消除两者的差异。[3]具体来讲,质量控制的主要步骤包括以下几个方面,即评价实际绩效;将实际绩效与质量目标进行对比;对差异采取措施等。[4]

质量改进(Quality Improvement)是指突破原有计划从而实现前所未有的质量水平的过程。此过程最终结果是在明显优于原计划执行的质量水平上进行作业实施。实现质量改进有三个方面的途径,即通过排除导致过程偏离标准的偶发性质量故障,过程恢复到初始的控制状态;通过排除长期性的质量故障,当前的质量提高到一个新的水平;在引入新产品、新工艺时,从计划(设计)开始就力求消除可能会导致新的慢性故障和偶发性故障的各种可能性。[5]质量改进到20世纪八九十年代时,被广泛应用到了包括教育和医疗等领域在内的几乎所有产业中。质量改进不同于质量控制,但两者却密切相关,质量控制意味着维持其质量水平,它是质量改进的前提,质量改进意味着质量的突破与提升,它是质量控制的发展。具体来讲,质量改进的主要步骤包括以下几个方面,即提出改进的必要性;做好改进的基础工作;确定改进项目;建立项目小组;为小组提供资源、培训和激励,以诊断原因和设想纠正措施;建立控制措施以巩固成果等。[6]

---

[1] 朱兰,戈弗雷.朱兰质量手册(第五版)[M].焦叔斌,等译.中国人民大学出版社,2003:12.
[2] 陈佳贵.企业管理学大辞典[M].经济科学出版社,2000:429.
[3] 朱兰,戈弗雷.朱兰质量手册(第五版)[M].焦叔斌,等译.中国人民大学出版社,2003:77.
[4] 朱兰,戈弗雷.朱兰质量手册(第五版)[M].焦叔斌,等译.中国人民大学出版社,2003:12.
[5] 陈佳贵.企业管理学大辞典[M].经济科学出版社,2000:429.
[6] 朱兰,戈弗雷.朱兰质量手册(第五版)[M].焦叔斌,等译.中国人民大学出版社,2003:12.

总体而言,质量三部曲理论是由三个内在相连的、定序排列的基本质量过程来完成和实现的,即质量策划、质量控制和质量改进,这一"三部曲"实质上是一个往复循环的过程。

(三)研究思路与方法

1.整体研究内容

整体来看,本研究主要包括四个部分:首先,对本科教育质量保障体系的相关概念与内涵、本科教育质量保障体系的构成以及需注意的相关问题进行厘清,为后续的相关研究提供保障。其次,对于世界一流大学本科教育质量保障体系的产生背景、质量策划、质量控制、质量改进以及基本特征进行系统分析,以较好地呈现世界一流大学本科教育质量保障体系的基本图景,并为后续的比较分析做好铺垫。再次,运用朱兰的"质量三部曲"理论对世界一流大学本科教育质量保障体系中的质量策划、质量控制和质量改进进行系统比较分析,以期在反思批判中认识到我国大学本科教育质量保障体系中的不足以及未来改进和努力的方向。最后,通过对世界一流大学本科教育质量保障体系中质量策划、质量控制和质量改进进行比较分析,在外观世界一流大学本科教育质量保障体系基本经验的基础上,内联我国的现实情况,继而在反思批判中提出未来我国大学本科教育质量保障体系的构建策略。

2.具体研究思路

具体而言,本研究主要以朱兰的"质量三部曲"理论作为分析框架,在运用文献法、案例法和比较法对世界一流大学本科教育质量保障体系中的质量策划、质量控制和质量改进进行比较分析的基础上,提出关于我国大学本科教育质量保障体系的构建策略。

3.研究方法

基于研究的特性以及现有的主客观条件,本研究的研究方法主要采用文献法、案例法和比较法。

(1)文献法

对世界一流大学本科教育质量保障的研究,离不开相关的文献资料,加之现有主客观条件的限制,因此文献法便成为本研究的主要研究方法。对大量权威、经典以及前沿性的文献资料进行梳理与分析,为本研究顺利开展提供了很好的资料平台、信息平台以及基本的分析框架。

(2)案例法

案例法是贯穿本研究的核心研究方法之一。如前所述,本研究在世界一流大学案例选择上,主要是在对泰晤士高等教育世界大学排名、QS世界大学排名和软科世界大学学术排名三个颇具影响力的大学排行榜进行综合分析的基础上,最终选取加州大学伯克利分校、牛津大学、南洋理工大学、东京大学、墨尔本大学、多伦多大学和莫斯科国立大学等7所世界一流大学作为研究对象开展系统研究,希望通过系统的分析揭示典型案例对于整个研究的普遍意义。

(3)比较法

本研究的总体思路将遵循"比较研究"方法论的一般程式与要求。采用贝雷迪"四段法",即"描述、解释、并置、比较"的研究程序。第一、第二阶段合并起来为"区域研究",对应的是世界一流大学本科教育质量保障体系的整体图景。第二、第四阶段合并起来为"比较研究",对应的是对世界一流大学本科教育质量保障体系中的质量策划、质量控制和质量改进的比较分析,在此基础上提出我国大学本科教育质量保障体系的构建策略,以期促进我国大学本科教育质量保障体系的不断完善,继而提升我国大学本科教育的整体质量,体现比较研究的价值。

第一章
加州大学伯克利分校本科教育质量保障体系

加州大学伯克利分校(University of California, Berkeley)作为世界著名的公立研究型大学,多年来一直特别重视本科人才的培养,也提出了如《马斯拉奇报告》《本科教育委员会最终报告》等颇有影响力的改善本科教育的建议,较好地满足了公众及学习者对高质量教育的诉求。为此,通过对加州大学伯克利分校本科教育质量保障的策划、控制以及改进等环节的深入分析,进一步挖掘其高质量本科人才培养背后的现实动因和深层逻辑,以此形成对加州大学伯克利分校本科教育质量保障体系的深刻认识。

一、加州大学伯克利分校本科教育质量保障体系的产生背景

作为世界著名的公立研究型大学,加州大学伯克利分校在长期办学过程中形成了集教学、科研和社会服务于一体的发展模式,为美国经济社会发展培养和输送了大批高层次、高质量人才。然而,随着美国高等教育进入普及化阶段,联邦政府调整高等教育发展政策,减少对研究型大学的财政资助和政策倾向,一定程度上导致研究型大学人才培养质量日益下滑。加之,随着知识生产模式变革、全球化教育服务贸易发展以及劳动力市场供求变化等,包括加州大学伯克利分校在内的一些研究型大学开始围绕本科教育进行教育改革,以期通过提升本科教育质量推动实现人才高质量培养。

(一)研究型大学教育质量有待提升

美国研究型大学借鉴德国大学办学发展模式,对美国高等教育发展产生深刻影响。1876年,约翰·霍普金斯大学成立,美国研究型大学自此逐渐发展起来。

美国研究型大学在创建成立、初步发展以及获得公众认可的历史进程中，主要通过两种途径进行。一是新建研究型大学，以研究生教育为重点，注重科学研究与人才培养相结合，譬如约翰·霍普金斯大学、克拉克大学、斯坦福大学和芝加哥大学；二是把已有的、殖民时期建立的英式大学和学院改造成研究型大学，譬如哈佛大学、耶鲁大学、普林斯顿大学和哥伦比亚大学。[1]1900年，美国大学联合会（Association of American Universities）接收了12所大学作为该协会的首批研究型大学。1920年，研究型大学增加到16所。自1973年起，卡内基教学促进基金会（the Carnegie Foundation for the Advancement of Teaching）按照联邦政府科研经费资助额、博士授予学位数等，将美国研究型大学分为极强研究型大学、强研究型大学和研究型大学。[2]目前，卡内基分类虽历经数次修订，这一分类规定仍沿用至今。

20世纪70年代，马丁·特罗提出"高等教育发展三阶段"理论，即高等教育毛入学率低于15%的属于高等教育精英化阶段，高等教育毛入学率大于15%小于50%为高等教育大众化阶段，高等教育毛入学率大于50%的为高等教育普及化阶段。按照这一标准，美国高等教育毛入学率在20世纪70年代中期就已达到50%，可以说这一时期美国高等教育已进入普及化阶段。随着美国高等教育进入普及化阶段，联邦政府开始调整高等教育发展政策，减少对研究型大学的资助力度，一定程度上导致研究型大学教育投入不足。同时，由于研究型大学把主要资源与精力都投入到研究生教育中，相对而言本科教育却一直没有得到重视，使得本科生难以享受研究型大学的丰富教育资源，这与他们所缴纳的高额学费不甚相符；本科教育人才培养质量与研究型大学的声誉不相称，许多学生毕业后仍缺乏对知识的整体把握，无法把各门课程知识联系起来并应用；缺乏逻辑性思考能力、写作与表达能力。总之，学生从大学获得的知识和能力低于文凭本身具有的价值。在此背景下，包括加州大学伯克利分校在内的一些研究型大学开始反思、重新审视自身的本科教育人才培养现状，正如康奈尔大学原校长鲁兹所说：

---

[1] 柳倩华.论美国高等教育后大众化时期研究型大学本科教育质量的提高[D].华南师范大学硕士学位论文,2003.
[2] 李明磊,等.基于2019年卡内基分类考察美国高等学校体系结构及其性质[J].高教探索,2021(11).

"公众是通过本科教育直接认识大学的,研究型大学的成功与否完全系于本科教育。"[1]

(二)传统知识生产模式变革

知识生产及其模式变革与国家、大学之间联系紧密。在18世纪末,许多赴德国留学、进修和研究的美国学者按照德国大学办学模式进行改革,即上文所提及的以研究生教育为重点、使科学研究与人才培训相结合。这一时期,大学成为知识生产的唯一合法单位和场所,拥有一定自主权,但大学知识仅为少数精英阶层服务,可谓是特权和真理的象征。19世纪,美国社会经济快速发展,催生对知识型人才的迫切需求,大学因此成为追求"普遍性知识"以及传递和扩散知识的地方。20世纪初期,随着美国工业化发展需要大量高级技术人才和新型管理人才,高等教育规模迅速扩大,大学成为知识的主要生产部门,其主要目的在于为国家培养高级人才和社会精英。20世纪中后期,美国进入高等教育大众化阶段,大学不仅承担人才培养职能,也逐渐走向实用化,开始为社会提供人才的职业培训。

20世纪90年代,在经济全球化、教育大众化背景下,大学在知识生产中的地位开始动摇,知识生产者更加多样,知识拥有者也不限于社会精英,全球化使知识生产、传递和运输变得更加开放和快捷,知识生产模式快速转型。原有狭义的科学知识已经得到较大程度的普及,学科交叉、跨学科和新兴学科越来越多,知识生产趋向于不确定性、竞争性和去正当性。1994年,迈克尔·吉本斯等人提出了知识生产模式Ⅰ和知识生产模式Ⅱ的概念,认为知识生产模式Ⅰ是传统的试验性科学、学科内部驱动、唯理论独尊、以大学为核心的知识生产范式;而知识生产模式Ⅱ的知识是"在应用的语境中"而不是在"先开发后应用的语境中"产生的,具有应用情境、跨学科、异质性与组织多样性、社会问责与反思性、质量控制等多重特征。[2]

(三)全球化教育经济效益显著

全球化背景下,不同国家地区间的联系日益密切,在高等教育领域亦是如

---

[1] 李作章.本科课堂教学质量标准研制及实施研究[D].东北师范大学博士学位论文,2019.
[2] 吉本斯.知识生产的新模式:当代社会科学与研究的动力学[M].陈洪捷,等译.北京大学出版社,2011:3-7.

此。高等教育国际化向纵深发展,彼此间的交流与合作日渐频繁。根据联合国教科文组织(UNESCO)所属的国际大学联合会(International Association of Universities,IAU)的相关定义,高等教育国际化是指把跨国和跨文化的观点和氛围与大学的教学、科研和社会服务等主要功能相结合的过程。[1] 20世纪80年代以后,世界经济的全球化趋势不断加强,一些国际性的经济组织(如世界贸易组织)、区域性经济政治组织(如欧盟、东南亚联盟)等不断涌现,加速了各国的人才流动,高等教育国际市场开始形成。在此背景下,世界贸易组织在《世界贸易组织服务贸易总协定》中,将教育界定为一种服务,且从国际服务贸易角度提出了四种形式,即跨境交付、境外消费、商业存在和自然人流动。[2] 为保证本国高等教育获得更多经济收益,吸引更多海外学生购买本国高等教育产品,就必须要提高产品质量,即提高本国高等教育质量。

美国高等教育国际化进程为大学自身发展带来显著的经济效益。根据国际教育协会(Institute of International Education)于2009年发布的有关国际教育交流事务的报告,2004年至2009年,美国新入学的国际学生人数增长了51.9%;2008年至2009年,在美国高等院校就读的国际学生人数增加了8%,达到67.16万人,创历史最高水平。[3] 这些国际学生没有在本国缴纳教育税,其中许多学生没有资格获得政府资助,所以他们必须直接向大学缴纳学费。在美国所接纳的国际学生中,自费生占67.9%。[4] 这些教育收入成为美国大学人才培养的主要经费来源。

美国高等教育国际化也为国家发展带来直接经济效益。一方面,高等教育国际化吸引了大量国外学生到美国学习、生活及就业,通过向国际学生收取的高额学费,为大学和政府创造了巨大的财富。另一方面,这些国际学生大多是其本国的精英学生,拥有良好的教育背景以及较高的素质,给美国经济社会发展带来大量优质且相对廉价的劳动力。

---

[1] 任友群."双一流"战略下高等教育国际化的未来发展[J].中国高等教育,2016(5).
[2] 魏浩,籍颖,赵春明.中国留学教育服务贸易发展现状及国际竞争力[J].国际经济合作,2010(1).
[3] 汪霞,钱小龙.美国高等教育国际化的现状、经验及我国的对策[J].全球教育展望,2010(11).
[4] 曹珊.全球化背景下美国高等教育人才培养与劳动力市场互动关系研究[D].南京师范大学博士学位论文,2014.

(四)劳动力市场供求变化

美国高等教育人才培养与劳动力市场之间有着复杂的联系。随着劳动力市场供求变化,高等教育也做出了相应调整变革。在殖民地时期,高等教育的培养目标是培养牧师和绅士,在课程方面以古典人文学科和宗教教义为主,实用主义课程暂未兴起。此外,由于这一时期的高等教育为精英阶层服务,高等教育整体规模较小,且高等教育人才培养远离劳动力市场,与劳动力市场之间的联系较为薄弱,二者相互脱离。

随着工业化、城市化和知识化进程的加快,劳动力市场对专业技术人才和新型管理人才的需求量增加,大学逐渐走向实用化,高等教育规模迅速扩大。为了适应劳动力市场的变化,高等教育不断调整人才培养模式,扩大人才培养规模,并转变教育内容,专业技术课程逐渐取代了普通教育课程成为高等院校的主要教育内容,多层次、多类型的多样性高等教育体系形成。相较于早期高等教育人才培养与劳动力市场之间的松散联系,这一时期的高等教育人才培养与劳动力市场的联系更为紧密,劳动力市场对高等教育人才培养的调节作用也日渐增强。

从1950年开始,美国高等教育蓬勃发展,高等教育入学率持续增长,为美国人力资本的积累和国民素质的提升做出了巨大的贡献,高等教育人才培养与劳动力市场的关系得到加强。这一时期高等教育的院校数量、学生数量和经费都迅速增加。劳动力市场在这一时期也经历了产业结构调整,要求劳动者既要专精于某一学科,又要具备扎实的人文、社会、自然科学的基本知识。在此背景下,为适应劳动力市场供求变化,高等教育在加强普通教育的同时,注重将其与专业教育紧密联系,并贯穿于所有的专业教育之中,从而实现两者的有机结合,更好地适应劳动力市场的供求变化。

二、加州大学伯克利分校本科教育的质量策划

质量策划是朱兰质量三部曲理论的三个普遍过程之一,是组织中产品或服务的开发过程。为实现产品质量提升,这一过程是必不可少的。有效的质量策划有一套稳健的方法和结构,用以创造新产品,并确保在产品投入市场之前开发出质量控制的关键过程。具体而言,首先要确立项目和设计目标,根据设计目标

识别有特定需要且必须被满足的各种角色,确定不同角色的具体工作内容、职责和权限,最后按照相关程序和要求付诸实践。这一系列过程就是质量策划的过程。

(一)教育质量目标设计

教育质量目标设计是质量策划中的首要任务,有着举足轻重的作用。在外界批评"研究型大学正在追求一种'失去灵魂的卓越'、已经失去更为重要的教育学生的任务"的背景下,加州大学伯克利分校开始致力于本科教育系统改革与创新,从20世纪90年代起,提出一系列旨在提升本科教育质量的建议,其中最有影响力的是《促进学生在伯克利获得成功:面向未来的指导方针——应对不断变化的学生群体委员会工作报告》(*Promoting Student Success at Berkeley: Guidelines for the Future Report of the Commission on Responses to Changing Student Body*,亦称《马斯拉奇报告》,1991年)和《本科教育委员会最终报告》(*Commission on Undergraduate Education Final Report*,2000年),对于本科教育质量的目标提出了明确的要求和建议。

1988年,加州大学伯克利分校成立了"应对不断变化的学生群体委员会",时任副校长的马斯拉奇教授任委员会主席并表示,其任务是"研究并推荐促进学生在伯克利校园实现最大成功的方法"。委员会经过大量调查、听证、采访和研讨,历时三年,于1991年出台了《马斯拉奇报告》。该报告提出了本科教育改革与创新的四个方面的建议:[1]

其一,做好新生过渡,奠定本科生成功的基础:改进招生宣传工作,以便让那些有可能进入加州大学伯克利分校的学生及其家长完整、准确地了解未来的大学校园;开设新生入门类课程,为其提供咨询和指导,使其能够更快、更好地融入校园生活,在学习生活中做出正确判断和选择;在夏季学期或第一学年增加过渡课程,保障部分学术准备不足的学生在将来的学习中不会掉队;做好本科生第一学年的协调工作,让新生得以顺利适应新的学校环境、选择层次适切的课程以及获得建设性的指导。

---

[1] 此内容主要参考伯克利分校1991年发布的报告 Promoting Student Success at Berkeley 及潘金林发表于《复旦教育论坛》2014年第2期的该校本科教育改革文章。

其二,关注学习过程,让学生成为积极的学习者:促进教育创新,推动营造和建立良好的学习氛围与合作学习平台;为一、二年级学生开设更多的研讨课,力争每个本科生到第二学年结束时都能参加一门研讨课的学习;提高大班授课质量;在第一学年设置"写作与口语"课程,为学生后续的"高级专业写作和演讲"课程奠定基础;在本科课程中开发与现场研究相关的课程,满足学生在某一特定领域将理论与实践相结合的持续需要;为本科生参与科学研究创造更多机会;鼓励教授担任本科生导师;努力提高教师及助教的教学质量。

其三,优化教育结构与资源,秉持服务大学的核心使命:改进课程注册系统,让每个学生花最少的时间就能选择适合自己的课程;消除"未选定专业",建立更有效的本科生导师与辅导员协作的咨询与指导制度;变革教师奖励机制,对在教学和本科生辅导方面做出优异成绩的教师给予旗帜鲜明的奖励;改革文理学院组织构架,特别是要组建一个以跨学科项目为重点的教学单位;院系以及专业的教师要更多地参与本科教学;提高支持性服务与学术项目之间的协调性,旨在提高学生学业水平和成效;重组本科生学习中心,提高其实效性;拓展学生专业发展课程,以及设置其他支持性学术示范项目。

其四,构建大学校园共同体,增强学生的归属感:营造校园多样化氛围,促进开展"肯定性行动"(Affirmative Action);为学生就近住宿提供更多选择;为走读学生提供更多学习资源;提高住宿学生的生活质量;为经济困难学生提供更多经济援助;提高学生健康与心理服务水平;加强与学生家长的联系;等等。

此外,1998年秋季,加州大学伯克利分校分管教学工作的副校长帕迪拉和文理学院院长波特共同组建本科教育委员会(Commission on Undergraduate Education)。1999年,该委员会重点关注本科教育的终极目标、本科生咨询与指导、课程创新与卓越教学、通识教育等学校亟待解决的关键问题,于2000年制定出《本科教育委员会最终报告》。该报告指出,本科教育是研究型大学的核心使命,并提出了本科教育人才培养的"三阶段模式"。第一阶段是探索式学习。学生从进入大学开始,就开始了基础阶段(cornerstone phase)的教育学习经历,他们应该通过探索式学习(discovery-based learning)奠定真正的基础、培育教育的潜力。同时,这一阶段也是实施通识教育的关键时期,学校有责任提供跨学科课程教学,确保所有本科生到毕业时成为跨越学科广度、有文化知识和科学素养的人。第二阶段是专业学习。这一阶段是本科教育的核心阶段,旨在培养学生批判性思考、提出研究问题、搜集证据,以及阐释问题的能力;让学生了解学科(或跨学科)框架,关注和掌握本领域前沿和核心内容。第三阶段是"顶峰"学习。在本科教育最后阶段,学生应独立设计项目、开展研究,或者参与到将学术经历与社区经历融为一体的服务型学习中。对教师而言,其职责主要是指导学生整合已有的知识经验,包括对专业相关课程内容的整合。①

(二)教育参与角色识别

加州大学伯克利分校本科教育质量策划关系到多元主体的利益,有必要对质量策划中的教育参与角色进行识别,从而分析不同教育参与角色的特定利益诉求并予以满足。

1.联邦政府

美国联邦政府与高等教育质量保障的联系是随着联邦政府对高等教育的立法保障与财政资助而逐渐发展起来的。联邦政府主要从三个方面对高等教育发展提供财政资助:一是购买高校的科研服务;二是填补缺口和满足特殊需求(如大学图书馆建设和专业发展等);三是资助学生。

负责为美国研究型大学分配科研经费的组织机构主要是由国会创立的独立的联邦机构——美国国家科学基金会(National Science Foundation,NSF),其宗旨是"促进科学进步;提升国民的健康、生活前景和福利;保障国家安全"。2016年,NSF年度预算经费占联邦政府资助由学院和大学开展的基础研究经费的24%,约为75亿美元。在理科、工科以及社会科学等诸多领域,NSF是大学获得联邦政府财政支持的主要渠道。

联邦政府的科研经费致力于为高校特定政策目标服务,并且大多科研经费集中于顶尖研究型大学。一般而言,NSF根据高校的科研能力提供资助,各大学从NSF获取科研经费的能力即代表了各大学的科研水平。同时,美国顶尖研究型大学排名是联邦政府提供科研经费的一个重要指标,通过大学排名结果进行

---

① 此内容主要参考伯克利分校2000发布的报告 Commission on Undergraduate Education Final Report 及潘金林发表于《复旦教育论坛》2014年第2期的该校本科教育改革文章。

资源分配、财政资助,一定程度上促进了美国研究型大学之间的科研竞争。为获得联邦政府科研经费资助,各高校往往会采取各种措施,努力提高科研水平和研究能力以及保障自身人才培养质量。2017年,加州大学伯克利分校获得NSF的资助经费总量为10602.2万美元,其中科研资助经费总量为6711.7万美元,教育与人力资源经费总量为3890.5万美元。[①]

2.州政府

在美国高等教育系统中,州政府承担着对高校的直接保障责任。由州政府来承担所有层次教育的基本责任,这是美国的传统。[②]州政府不但可以通过立法和财政支持保障高等教育发展,还专门成立高等教育管理机构,负责本州的高校管理和协调工作。州高等教育管理委员会的主要职能是收集和传递高校信息;制定预算方案;监督和调节项目质量;设立和运用刺激机制,鼓励高校间的合作。

自20世纪80年代以来,各州高等教育管理委员会就承担起响应联邦政府教育政策的责任,成为高等教育政策的引导者,充分利用各种政策工具引导州内高校发展。同时,各州委员会也开始关注高等教育的质量问题,通过制定办学目标、评估学术项目、配置经费等方式,提升高校办学质量和人才培养质量。各州高等教育管理委员会不断探索、积极构建协调合作的质量保障机制,联合联邦政府、认证机构、评估组织等各方力量共同建立研究型大学教育质量保障机制。

为促进各高校提升教学、科研以及服务质量,各州政府建立了以绩效报告、绩效预算和绩效拨款等方式为主的高等教育问责制度。绩效报告是通过高校的毕业率、转学率、教师工作量、学生满意度追踪调查等绩效指标反映各高校的发展情况,意在监管高等教育的质量问题。各州将各高校的绩效信息公开化,既可以发挥社会对公立高校的监督作用,更重要的是,各高校也可通过校际间的绩效比较进行查缺补漏,努力提高人才培养质量。

与联邦政府主要通过学生资助和科研资助的方式不同,州政府对高校的财政资助更为直接。20世纪90年代至今,州政府对公立高校的财政资助占公立高校的1/3以上,是高校的主要经费来源。20世纪80年代,州政府广泛推行将财政

---

① 此内容主要参考美国国家科学基金会 Award Summary Information 官网的内容。
② 阿特巴赫,等.21世纪的美国高等教育:社会、政治、经济的挑战[M].施晓光,等译.中国海洋大学出版社,2007:125.

拨款用在"刀刃上"的理念并建立竞争性拨款、激励性拨款和业绩拨款等新的拨款制度,支持优秀的科研中心,提倡大力提高本科教学水平,保障本科教育质量。[1]总的来说,各州拨款制度不尽相同,但是保障"质量"是其共同的管理理念,如教师素质、课堂教学质量、学生满意度以及毕业生成绩等指标都被列入各州的绩效指标体系中,旨在促进高校改进绩效表现、提升办学质量。

3. 研究型大学

本科教育质量策划的具体实施由研究型大学承担,也包括后续的质量控制和质量改进。《本科教育委员会最终报告》中指出,为了让所有本科生都能获得丰富的教育生活体验,加州大学伯克利分校不仅要更新理念,更重要的是在行动上做出实质性改进。首先,要把探究式学习整合到本科教育的各个阶段:在低年级就应注重探究式学习的整合;确保每一个选定专业的学生在其学科领域学到合适的方法论课程,获得良好的"学徒"经验;培育和支持一批项目,帮助学生将课堂所学知识与校外社会经历有效整合。其次,加强对本科生的咨询和指导:增加未定专业和已定专业学生的咨询、指导次数;建立教师访问学生宿舍制度;评估当前校园内咨询、指导人员的资源供给,必要时增加指导人员的数量;对现有咨询指导人员进行重新调配;院系指导人员是教师的指定代表,担负监管本科教育、实现校园目标与价值的职责,要与其进行交流。再次,规范校级层面的本科教育评估:在对教学项目和教学机构的常规评价中,须有一个独立部分专门评估与本科教育相关的内容;扩大和规范学生研究办公室的调研项目的应用。最后,必须充分认识并努力发挥教师在本科教育人才培养实践中的地位和作用。[2]

4. 第三方组织机构

在关注本科教育质量的第三方组织机构中,比较有代表性的是卡内基教学促进基金会。自 20 世纪 80 年代中期以来,针对美国大学"重科研轻教学"、本科教育质量下降等问题,卡内基教学促进基金会相继发表了《学院——美国本科生教育的经验》《学术水平反思——教授工作的重点领域》《重建本科教育——美国

---

[1] 阿特巴赫,等. 21 世纪的美国高等教育:社会、政治、经济的挑战[M]. 施晓光,等译. 中国海洋大学出版社,2007:155.

[2] 此内容主要参考伯克利分校 2000 发布的报告 Commission on Undergraduate Education Final Report 及潘金林发表于《复旦教育论坛》2014 年第 2 期的该校本科教育改革文章。

研究型大学发展蓝图》等研究报告,就美国研究型大学的本科教育改革提出一系列建议和设想。

在《学院——美国本科生教育的经验》中,卡内基教学促进基金会指出了本科生教育中存在的八个冲突性问题,并提出了十四点建议。在《学术水平反思——教授工作的重点领域》中,卡内基教学促进基金会提出了"教学学术"(Scholarship of Teaching and Learning)的概念,掀开了美国大学教学学术运动的序幕。在《重建本科教育——美国研究型大学发展蓝图》中,卡内基教学促进基金会提出要使"以探究为基础的学习"成为标准,从被动地接受知识的学习转变为在教师指导下以发现为基础的学习,由学者型教师来指导本科生学习。建立以探究为基础的学习,并将其贯穿于本科教育全过程,这不但是教学方式的变革,而且是教育理念的转变——由将学生视为知识接受者的文化转变为一种学生作为知识探究者的文化,即一种师生合作共同探索知识的文化。

三、加州大学伯克利分校本科教育的质量控制

质量控制是一个普遍的过程,这一过程旨在确保所有关键运营过程的稳定,从而确保"质量策划的绩效目标能够实现"。在加州大学伯克利分校本科教育质量保障的实践中,多种因素交织在一起,共同影响着该校本科人才培养的质量。

(一)生源质量控制

加州大学伯克利分校旨在招收可以为加州大学伯克利分校非凡的教育氛围增添色彩的学生,对生源质量的控制可从招生计划和录取标准两方面进行分析。

在招生计划方面,加州大学伯克利分校寻求来自世界各地的新生,包括目前在读高中的学生(完成或未完成大学课程),或高中毕业但高中后未参加大学课程的学生。从加州大学伯克利分校2019年和2021年的学生录取数据来看,2019年共有88066名申请人,最终录取人数为15461人;2021年共有112854名申请人,最终录取人数为16412人。其中,来自公立学校的学生数占全部人数的74.1%,来自农村的学生数占全部人数的5.2%,家庭第一代大学生占比26.6%。[①]

在录取标准方面,申请加州大学伯克利分校的学生应满足的最低要求包括:

---

① 此内容主要参考加州大学伯克利分校Student Profile官网的内容。

一是满足A—G学科课程的要求;二是在10年级和11年级修读的A—G课程的GPA达到3.0,对非本地居民来说GPA须达到3.4。除了满足最低要求外,还需要通过一项评估,其主要的衡量标准是:加权和未加权的加州大学平均绩点(仅使用加州大学批准的10年级和11年级课程计算);12年级课程计划;成绩变化趋势;已完成的大学预科、大学先修课程(AP)、国际文凭课程(IB)、荣誉课程和可转大学课程的数量;其他加州大学申请者的成绩水平;AP或IB考试和SAT科目考试中的分数等。值得注意的是,加州大学伯克利分校主要是通过整体审查的方式对新生申请进行评估。这意味着在新生申请中,没有任何一个因素可以决定学生的录取状态。SAT/ACT考试成绩并不是申请中评估学生的唯一学术指标,其他指标在审查过程中也有一定的参考价值,包括成绩、学生课程的严谨性、其他非必需的测试(AP、IB等测试)以及学生的个人学术背景。从2015年秋季开始,加州大学伯克利分校要求新生申请者提交两封推荐信,推荐信的内容主要包括:学业成绩和潜力;热爱学习;领导力(在学校、家庭或社区);面对挑战的坚持;跨文化参与;独创性/创造力;表现出对他人的关心等。此外,还要求至少一封推荐信是由核心学科教师撰写。[1]

(二)课程质量控制

1.课程设置

就课程而言,加州大学伯克利分校课程的一大特色就是将社区服务融入课程体系中,一方面将学生所学的知识运用到实践中,另一方面通过大学课程提高社区人民的生活质量。同时,加州大学伯克利分校还特别强调通识教育,开设广域课程。如该校要求每个学生都必须参加美国文化课程,以营造富有成就感的教学环境,培养学生应对美国文化复杂性的能力。通过开设广域课程,培养学生多视角的开放性、想象力、对种族不平等结构性的思考等能力。这些是大学生必须具备的能力,在这些能力得到完善的时候才可以将其迁移到专业学习和工作中,加州大学伯克利分校对学生的高质量培养就得益于其对广域课程的重视。[2]

加州大学伯克利分校的本科生一般隶属于院系,但本科生的整个培养过程

---

[1] 此内容主要参考加州大学伯克利分校Freshmen Requirements官网的内容。
[2] 此内容主要参考加州大学伯克利分校Freshmen Requirements官网的内容。

是跨部门、院系的,入校后都必须要接受2年的通识教育,主要的课程是人文社会科学、自然科学领域、美国文化和制度、语言写作等,之后的两年则进行细化的专业教育。每一个学院对本科生的学位都有着自己的规定,包括除对第一主修专业之外的附加规定。这些规定包括:①申请科目前的准备;②主修专业研究的课程准备——如果可以的话最好能够在入校之前就有明确的意向;③广度的要求,除研究专业的课程外,多参加能够扩展自己知识领域的课程;④学分要求包括总数以及不同类别课程所需的学分;⑤为了获得加州大学伯克利分校的学士学位,学生必须在毕业前几个月到指定的系教学办公室提交申请,以便核对学分和毕业条件是否满足。[①]

此外,创意性探索课程(Creative Discovery Courses)也是加州大学伯克利分校的一大亮点,要求学生面对概念化(Conceptualization)、设计(Design)、计划(Planning)和实施(Implementation)的挑战,培养和加强自身现有的创造力,并在创作过程中参与结构性思考。在课程组织方面,加州大学伯克利分校通过竞争性方式向教师授予最高5000美元的奖金,用以开发新的本科课程或在视觉艺术、设计、电影、媒体、表演艺术等学科领域采用具有创造性的教学法。譬如2020秋季的创意性探索课程"看见我们的灯",该课程是为应对不断变化的新技术而创建的,以探索技术系统的历史、物质、政治和艺术观点,重点关注技术中介的复杂性以及优缺点。再如2020春季的创意性探索课程"创意编程和电子学",该课程采用类似于创意写作的方式编写代码,以讲述一个故事或表达我们的感受。在整个学期中,学生将学习如何为一系列艺术机器项目(包括机器人仪器、互动装置等)编写代码和创造电子产品。[②]

2. 课堂教学

教学是关乎本科教育质量的关键,加州大学伯克利分校在提升本科教育质量的实践中,将教学作为改革的有力抓手。教师是推动教学与课程卓越发展的关键角色,其他机构应予以必要的支持。加州大学伯克利分校的卓越教学计划由不同类型的教师进行,在教学中心和新技术的帮助下,通过卓越教学的奖励将其不断发扬光大。

---

① 邱政. 美国研究型大学本科生学业标准研究[D]. 华东师范大学硕士学位论文, 2010.
② 此内容主要参考加州大学伯克利分校 Berkeley Arts+Design 官网的内容。

新教师在进入加州大学伯克利分校正式课堂之前,会要求其在实践中有效践行"卓越教学"的理念,同时参加为期一年的卓越教学研讨会。通过研讨会,探讨优秀的教学技术和教学方法,以便日后进行有效教学。学校的在职教师是开展卓越教学的主力军,如今这些教师可以更加有策略地将自身积累的卓越教学方法与经验联系起来,通过教学法、教学讨论和教学评估等提升自身教学水平。[①]

为保障教学的卓越和质量,加州大学伯克利分校设立多个卓越教学支持中心和教学支持项目,如教学中心(Center for Teaching and Learning),旨在为教师的教学提供资源和技术支持,对教学进行评估;开放课堂活动(Open Classrooms Initiative)让表现优秀的教师将课堂开放供其他老师学习;学术伙伴项目(Mash-Up of Academic Partners)则将众多的学术支持集合到一起,通过工作的分析和头脑风暴两方面发现教学中可能会遇到的机遇和挑战。新技术的使用为卓越教学提供了极大的支持,如MOOC可以让教师开设和学习最优秀的课程;网络论坛成为教师分享教学经验的网络平台;教学改进资助则为教师改进教学提供了资金支持。

(三)课外实践控制

1.本科生科研

加州大学伯克利分校强调通过教育培养学生自己思考、学习和发现的能力,接纳多种文化让他们可以自如交流,并在自己从事的领域出类拔萃。而培养这些能力最重要的和最有效的方法就是让本科生投入科学研究。首先,培养本科生的科研意向。新老生研讨会是加州大学伯克利分校本科生参加研究的重要方式,研讨会每学期会举办100余场,为本科生探索共同感兴趣的研究主题提供了无与伦比的机会。[②]其次,为本科生科研提供支持。成立于1997年的本科生学术研究办公室(Office of Undergraduate Research and Scholarships),旨在使本科生更充分地融入加州大学伯克利分校充满活力和多样化的研究生活中:①激励和支持本科生进行研究;②加强本科生与导师的合作研究;③促进校园内外研究活动和计划的开展;④开发必要的资源以增加本科生的研究机会;⑤帮助本科生申请科研奖学金。[③]此外,研究助理计划(Research Associate Program)也是加州大学伯

---

① 此内容主要参考加州大学伯克利分校Berkeley Center for Teaching and Learning官网的内容。
② 此内容主要参考加州大学伯克利分校Freshman&Sophomore Seminars官网的内容。
③ 此内容主要参考加州大学伯克利分校OURS Purpose官网的内容。

克利分校本科生参与研究的重要途径。参与此计划的本科生应该具备以下条件：在加州大学伯克利分校已完成一个学期的学习；获得GPA3.0以上的成绩；能够每周为该计划投入40个小时。本科生通过参与该计划，能够获得相关专家的学术指导，同时有机会在公共论坛上分享自己的研究成果，与未来的学习研究建立联系。①

2.运动研究中心

运动研究中心（Athletic Study Center，ASC）为加州大学伯克利分校的学生运动员群体提供全面的发展机会、学术支持和学术咨询服务。鼓励学生运动员探索校园内的学术支持资源，从而更好地参与加州大学伯克利分校的学术和学生生活。同时，定期与ASC学术顾问会面，为学生提供学习和掌握学生运动员学术经验的机会。ASC对学生运动员有着明确的学术标准，要求所有积极参加大学体育运动的Ⅰ级学生运动员必须达到初始和持续的学术资格标准。初始学术资格要求学生运动员必须完成16门核心课程，且要求核心课程需达到2.3的平均绩点。持续学术资格主要包括学期单元要求、学位要求、GPA要求等。②

3.加州大学伯克利分校全球实习计划

加州大学伯克利分校全球实习计划（Berkeley Global Internships）为本科学生在国内外的多个行业提供基于项目（project-based）的实习机会。为有效应对新型冠状病毒感染带来的影响，提升并改进本科教育的质量，加州大学伯克利分校制定实施了《2021年全球实习手册》（2021 Global Internships brochure），提出了虚拟全球实习（Virtual Global Internships）的概念，为学生提供一对一计划咨询；根据学生的学术背景、经验和兴趣安排虚拟实习；为学生的虚拟实习制定专业发展工作表。加州大学伯克利分校全球实习计划对所有专业和具备以下条件的本科生开放：申请时年满18岁；在该计划开始之前，已成功完成了至少一年的大学课程工作；目前正在攻读本科学位课程或在过去几个月内毕业；GPA达到或高于2.0。③

---

① 此内容主要参考加州大学伯克利分校 Application Details 官网的内容。
② 此内容主要参考加州大学伯克利分校 Berkeley Athletes Study Center 官网的内容。
③ 此内容主要参考加州大学伯克利分校 Berkeley Study Abroad 官网的内容。

(四)标准过程与最终认证控制

要获得加州大学伯克利分校的学士学位一般有如下要求:

一方面,入门级写作要求。所有进入加州大学的学生都必须满足入门级写作要求。加州大学伯克利分校为学生提供了三个选项:一是标准化考试;二是高级写作水平考试;三是英语作文课程。

另一方面,美国历史和机构要求。美国历史和机构要求从美国大学毕业的美国居民应该了解美国的历史和政府机构。美国历史和机构认可的课程见表1-1。

表1-1 美国历史和机构认可的课程

要求	课程编号	课程名称	学分
美国历史要求	HISTORY 7A	美国历史导论:美国从殖民地到内战	4
	HISTORY 7B	美国历史简介:美国从内战到现在	4
	HISTORY 125A	非裔美国人历史和种族关系:1450—1860	4
	HISTORY 125B	非裔美国人历史和种族关系:1860—2016	4
	HISTORY 28AC	加州、西部和世界	4
	HISTORY 130	美国外交政策	4
	HISTORY 131B	美国社会史:创造现代美国社会:从内战结束	4
	HISTORY 131C	在战争的阴影下:美国军队的社会史	4
	HISTORY 132C	美国宗教史	4
	HISTORY 133A	美国资本主义史	4
	HISTORY 133B	华尔街/主街	4
	HISTORY 135B	在美国原住民中遭遇与征服	4
	HISTORY 37AC	作为美国历史的移民和移民	4
	HISTORY 138	美国科学史	4
	HISTORY 138T	美国科学史 CalTeach	4
美国机构要求	HISTORY 37AC	作为美国历史的移民和移民	4
	POL SCI 1	美国政治概论	4
	POL SCI N1AC	美国政治概论	4

需要说明的是,对于加州社区学院,学生必须完成经批准的相当于 HISTORY 7A 或 HISTORY 7B 的课程,以及经批准的相当于 POL SCI 1 的课程。对于加州大学伯克利分校和其他学院或大学的组合,学生可以结合一门加州大学伯克利分校的课程和一门其他学院或大学批准的课程,前提是一门课程需要与美国历史相联系,而另一门课程需要符合美国相关组织机构的要求。

四、加州大学伯克利分校本科教育的质量改进

质量改进是质量三部曲理论中的最后一个过程,同时在质量保障过程中也是最为重要的一个阶段,不仅要确保"质量策划的绩效目标能够实现",而且也要致力于实现"对当前绩效的突破"。质量策划、质量控制和质量改进是一个往复循环的过程,质量改进并非意味着质量保障活动的结束。为实现本科教育质量的提升,加州大学伯克利分校在其质量保障体系中注重本科生的学习体验,强调本科生探索发现品质的培育与生成,为本科生提供多种支持和机会。

(一)内部质量改进

1.本科生就读经验调查

加州大学伯克利分校在借鉴美国已有学生体验调查的基础上,于2002年开发了加州大学本科生就读经验调查项目(UCUES)。2004年,该项目被确立为加州大学全系每两年进行一次的调查评估项目。UCUES调查的维度覆盖本科教育全过程,通过定量与定性相结合收集学生就读体验的评估数据,对其进行纵向研究。在目标方面,UCUES问卷维度展现了加州大学伯克利分校本科教育人才培养的基本目标,主要包括:第一,社会技能发展目标——人际交往技能发展、欣赏来自不同背景的群体、社交网络发展等;第二,个人发展目标——探索人生目标、培养使命感和责任心、致力于健康和身体福利;第三,学术知识与认知技能目标——核心认知技能发展、对专业领域的深层次认知、研究技能与参与、学习投入度等;第四,公民参与能力发展——民主公民权的准备、社区参与和社区服务、全球化意识和知识;第五,为经济机会和职业生涯做准备——向上流动的机会、职业意识和职业知识、与工作相关的技能发展。在过程方面,UCUES强调全员参与的质量管理、全过程的质量管理,以及全面的质量管理。主体涉及校内领导者、教职工群体、任课教师等,旨在评价他们在学术辅导、服务支持及交流互动

等方面的表现。在方法方面,加州大学伯克利分校通过UCUES调查问卷收集本科生就读体验数据,构建学生就读体验的基准比较体系,以此不断改进现有的本科教育人才培养模式。

2.新生成长计划

双学位计划。加州大学伯克利分校的双学位计划(UC Berkeley Dual Degree Programs)为本科生获得双学位提供了就读两所大学的机会。其中,"加州大学伯克利分校—巴黎政治学院"双学位为本科生提供了独特的国际学习体验。巴黎政治学院通过多学科的教育,吸引了来自法国以外150个国家或地区的超过7000名学生。加州大学伯克利分校的本科生将在巴黎政治学院度过前两年的时间,结束后将在加州大学伯克利分校进行最后两年的学习,完成此计划的学生将会在四年内获得两个学位,每个大学都会颁发一个,包括巴黎政治学院的社会科学学士学位和加州大学伯克利分校的文学学士学位。[①]

新生优势计划。这是加州大学伯克利分校为即将入学的新生设计的特别计划,使本科新生可以尽早体验加州大学伯克利分校的学习和学术生活。通过参与新生优势计划,本科新生能够提前了解学校设置的不同专业和课程,有利于学习过渡。选择参加该计划的本科新生将在加州大学伯克利分校开设的数百门课程中进行选择,可以参加任何夏季课程。这些课程将以面对面、远程或在线的方式进行,由学术部门对新生的课程设置进行指导。该计划在为本科新生提供提前体验学术研究生活的同时,可以让本科新生提前更好地了解各种校园资源,并建立自己的加州大学伯克利分校社区。此外,该计划通过开设网络研讨会,指导本科新生获得学术和心理健康资源,分享学术建议和选课技巧。[②]

3.教师考核选拔

加州大学伯克利分校将"教学卓越"作为自身的教育理念,相信教师是一个可以带给人变化的职业。该校的宗旨是通过以教师为首的团体带给学生一生幸福的体验。因而,加州大学伯克利分校在教师招聘时要求应聘者在应聘材料中提交三封陈述信,即陈述自己的科研成果;陈述自己的教学经验与教学理念;陈述自己过往以及未来如何通过教学、科研和服务来促进学校的多元、平等与包

---

① 此内容主要参考加州大学伯克利分校Dual Degree Programs官网的内容。
② 此内容主要参考加州大学伯克利分校Freshman Edge官网的内容。

容。①同时,人们认为大学存在这样一种学术文化,即教师普遍首先忠诚于学术领域,然后忠诚于学术单位,最后才是大学。②为此,加州大学伯克利分校也注重招聘符合要求的具有潜力的新晋教师,因为他们可以将深厚的加州大学伯克利分校理念和文化植入新教师的第一意识中,增加教师对学校的感情和责任感,保证教师的稳定性,同时也能够促进教师对学校的了解,有针对性地为教学和研究提供帮助。此外,加州大学伯克利分校也通过丰厚的薪水、和谐的校园环境与氛围以及完善的科研与教学奖励机制来吸引全世界优秀教师。

加州大学伯克利分校人力资源部对教师的管理按照其管理循环模式进行,即计划—反馈—评估三步循环模式,阶段一表示教师对教学和研究有严格的计划;阶段二是学校对教师的课堂和研究进行督查,随时发现其需要改进的课程目标和计划;阶段三的评估依靠教师的自我评估、学生评估和同行评估进行,根据数据进行奖励和惩罚。③当教师的学生评估分数明显低于学院标准时,系主任应当与该教师会面,提供给他们一些可能的提升教学的建议,告知他们学校在教学提升方面的资源。④这一循环管理模式在一定程度上能够保障教师的计划性和效率。(如图1-1所示)

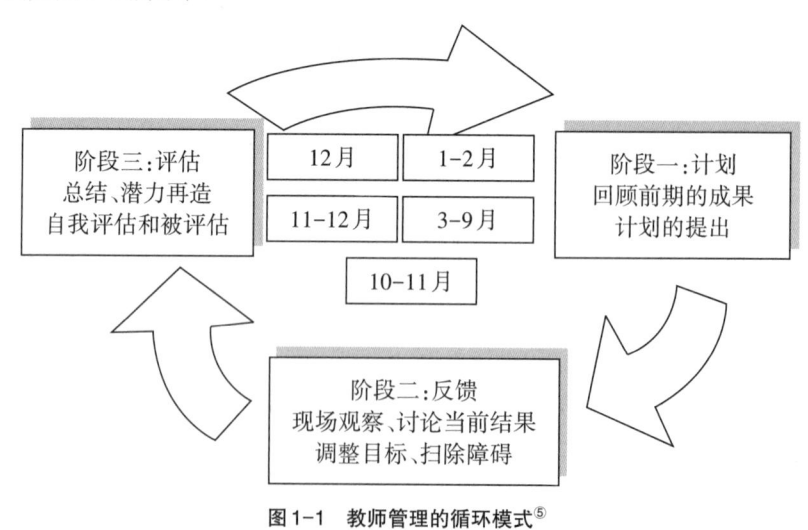

图1-1 教师管理的循环模式⑤

---

① 此内容主要参考加州大学伯克利分校Berkeley Center for Teaching and Learning官网的内容。
② 詹姆斯,杜德斯达.美国公立大学的未来[M].刘济良,译.北京大学出版社,2006:137.
③ 叶信治,等.美国公立研究型大学教育质量保证研究[M].厦门大学出版社,2015:299.
④ 此内容主要参考加州大学伯克利分校Berkeley Center for Teaching and Learning官网的内容。
⑤ 此内容主要参考加州大学伯克利分校Berkeley Center for Teaching and Learning官网的内容。

4.伯克利连接

伯克利连接(Berkeley Connect)的目标是将大学的世界一流知识设施与一所小型文理学院的包容性相结合。加州大学伯克利分校的本科生越来越希望获得一种更加亲密和支持的学术经验。在这种经验中,他们可以成为由教师、研究生、本科生以及校友组成的知识社区的一部分。伯克利连接通过一对一和小组互动的形式,将本科生与研究生导师进行有效匹配,提供学术交流的平台与机会。参加伯克利连接的学生能够结识有共同学术兴趣的其他学生;提高他们对校园教育机会和资源的意识;加深他们对特定学科的了解;了解大学后的职业选择;提高他们在加州大学伯克利分校的归属感等。

伯克利连接的核心是研究生和本科生之间的关键联系。研究生导师一对一指导学生,帮助本科生充分利用他们的大学经验。同时,导师还促进了本科生与教授之间的关系,向学生展示如何与教授交流,以及如何从他们所参加的每堂课中获得最大收益,从而使得本科生在他们的学习领域和加州大学伯克利分校建立新的联系。[①]

(二)外部质量改进

1.教育认证制度

在独特历史文化背景的条件下,美国形成以多方评价为基础、以满足社会需求和以提高学术质量为目的的高等教育认证制度。认证制度是美国高等教育制度保障中重要的组成部分,是保障大学本科教育质量的主要手段。

美国高等教育认证机构是非政府、非营利性的组织机构,这些机构必须通过美国教育部(USDE)或者美国高等教育认证委员会(CHEA)的认可方可执行认证工作。各高校只有通过USDE认可的机构的学术认证,才能得到联邦政府对其学生的资助。而CHEA认可的主要目的是通过其认可的机构来保障高校持续改进教学质量和课程质量。美国高等教育认证制度主要分为院校认证和专业认证两种,具体如图1-2所示。[②]

---

① 此内容主要参考加州大学伯克利分校Berkeley Connect官网的内容。
② 杨晓波,费爱心.美国高等教育质量保障机制探析[J].黑龙江高教研究,2008(5).

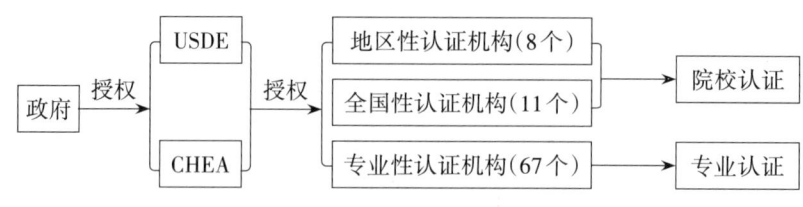

```
政府 —授权→ [USDE / CHEA] —授权→ 地区性认证机构(8个) → 院校认证
                              全国性认证机构(11个)
                              专业性认证机构(67个) → 专业认证
```

图1-2 美国高等教育认证制度结构框架

(1)专业认证

专业认证所涉及的专业主要与公众生活、公共安全息息相关,包括医药、法律、建筑、商业等,对这些专业进行认证,能够促进高等教育的发展,提高相关专业学生的培养质量。专业认证一般是自愿的,通过自评和他评相结合的方式,由专业认证机构的专业人士进行评估,最大程度地保障评估的公平性和可信度。美国专业认证机构是专门负责认证评估的机构,不受任何一个政府部门的管束,而且专业认证机构和政府以及高校之间没有直接的利益关系,其只负责评估工作,评估后将结果公之于众。此外,专业认证机构十分重视动态评估,要求高校重视每一次评估中提出的问题并进行持续的改进,这也是保障高等教育质量的有效方式之一。而回避专业认证机构的认证则会导致招生人数下降、公众信誉降低等后果,进而影响到一所大学的发展。

(2)院校认证

院校认证是强制性的区域认证或者校级认证,指美国高等教育认证机构根据其规则和该院校的任务目标对某院校的办学目的、办学条件、办学措施、办学成效等进行评估。其中办学目的方面包括院校的使命、目标等;办学条件方面包括院校的物质资源、技术资源、人力资源、财政资源等;办学措施方面包括院校的规划、项目、管理等;办学成效包括学生的质量、学术成果等。美国高等教育认证机构的认证标准涉及高校教育质量的各个方面。每一项指标都有严格的认证标准,旨在使高校的办学目的、条件、措施以及成效之间相互协调、相互促进,共同构建一个完整的标准体系,保障和提升高校的教育质量。

2.教育法律法规

教育法律法规的制定颁布,对于提升高等教育质量,增强国家总体实力至关重要。加州大学伯克利分校学术参议院为响应国家提高本科教育质量的号召,遵循加州政府和加州大学学术参议院的相关规制。加州政府于2002年制定了

《加利福尼亚州高等教育总体规划》，从总体上把握加州高等教育的发展。《加州大学学术参议院条例》中规定了本科教育的课程设置、考试学分、最低毕业标准、入门级写作要求、本科生荣誉以及第二学士学位等标准，其中最低毕业标准要求除了及格/不及格分数的规定外，还需要在大学所有课程中获得至少2.00的平均绩点。[1]加州大学伯克利分校在遵循加州政府和加州大学学术参议院相关标准的同时，还制定了符合本校实际的相关规制，譬如《学术参议院加州大学伯克利分校分院条例》《课程指导委员会手册》等。其中《课程指导委员会手册》规定，课程指导委员会对与课程指导有关的所有事项进行审核，协调并采取最终行动，包括批准新课程以及对现有课程进行修改、分类，并对与该课程相关的部门和个人提供咨询与建议。[2]

3.全球大学排名

大学排名始于美国，1983年美国《美国新闻与世界报道》发布的"美国最好大学"排名被认为是世界大学排名的鼻祖，随后其他国家的大学排名机构纷纷出现。大学排名将高等教育中引入到一种竞争机制中，把高校的实力告知社会，接受公众的考量，让高校主动参与到竞争中去。《美国新闻与世界报道》发布的"美国最好大学"排名，是由民间的非政府机构组织的，首先由美国教育委员会（American Council on Education）组成的权威性评价机构鉴定认可排名的对象，再根据卡耐基教学促进基金会制定的高校分类表，结合一系列指数、特定的标准和程序对各类大学进行量化分析和排名。[3]

就世界主要大学排行榜的指标而言，包含学术声誉、教学投入、科研水平、教学产出等高校系统各个方面。其中，与教育质量直接相关的教学投入和科研指标在排名系统中占比较大，所以大学排名在一定程度上可以反映大学的教育质量。本质上来说，大学排名是一种消费导向的活动，大众媒体基于家长和学生选择高校的需求，每年都会评估出最新的大学排名，这种动态的排名促进了大学之间的竞争。大学如果想要在排名中占据好的位置，必须在学术声誉、教学投入、

---

[1] 此内容主要参考加州大学学术参议院条例的内容。
[2] 此内容主要参考加州大学伯克利分校课程指导委员会手册的内容。
[3] 国兆亮.2010—2011年《美国新闻与世界报道》大学排行方法及指标体系[J].华北电力大学学报（社会科学版），2011（1）.

科研水平、教学产出等方面付诸努力,全面提高人才培养质量。[1]

五、加州大学伯克利分校本科教育质量保障体系的基本特征

在研究型大学教育质量被公众质疑的背景下,加州大学伯克利分校从教育质量目标、教育规制、课程设置、学业科研指导以及教学支持等方面系统地改革本科教育,并取得了明显成效。纵观加州大学伯克利分校提升本科教育质量的多重实践,其基本特征如下:

(一)重塑学术卓越与持续发展

加州大学伯克利分校在长期发展历程中,始终将"追求卓越"作为办学的核心理念,其学术声望为世界所公认。1934年,美国教育委员会通过对全美大学的评估,发现"加州大学伯克利分校的卓越部门毫不逊色于美国其他任何一所大学"。[2]1964年,加州大学伯克利分校被称为美国"最稳定的卓越大学"。[3]随着研究型大学的教育质量受到质疑,政府减少对加州大学伯克利分校的财政资助,加之知识生产模式的变革与劳动力市场的供求变化,加州大学伯克利分校开始改革本科教育以重塑"学术卓越",实现自身的持续发展。第一,设置多维度的教育质量目标,通过一系列政策文件规定加州大学伯克利分校本科教育改革的预期结果,引领本科教育的改革方向。第二,制定严要求的教育规制,为加州大学伯克利分校本科教育的质量提升提供制度层面的保障。第三,课程设置的宽领域为本科学生参与跨学科性和创意性探索活动提供了平台,培养学生的创新性思维。第四,通过提供个性化的学业科研指导,帮助本科学生获得学术经验,为从事学术活动做好"学术准备"。第五,通过卓越教学研讨会、教学中心、数字教育教师项目、杰出教学奖等方式,为教师提供多样化的教学支持,以实现加州大学伯克利分校对卓越教学的追求。

---

[1] 阎岩.美国研究型大学本科人才培养质量的制度保障研究[D].吉林大学硕士学位论文,2018.

[2] Patrica A P, Margaret C. A brief history of the university of California[M]. University of California Press, 2004:29-30.

[3] Clark K. The gold and the blue, volume one: a personal memoir of the university of California, 1949-1967, academic triumphs[M]. University of California Press, 2001:56.

(二)强调多元主体与协调参与

由于本科教育质量保障的过程关系到多元主体的利益,因而联邦政府、州政府、研究型大学以及第三方组织机构在加州大学伯克利分校本科教育质量保障的实践中扮演着不同的角色,承担着不同的职责,共同参与本科教育人才培养质量保障实践。同时,由于美国高等教育具有分权与自治的特点,所以联邦政府并不直接参与加州大学伯克利分校的本科教育质量保障,而是通过教育立法与财政资助间接参与这一过程。1965年,联邦政府颁布《高等教育法》,加大对高校建设、学生资助与教师培训的投入力度。1995年,加州大学伯克利分校获得美国国家科学基金会的资助经费4.99亿美元,其中科研资助经费3.49亿美元。[1]如前所述,由州政府来承担所有层次教育的基本责任是美国的传统。为响应联邦政府的高等教育政策,州政府开始关注研究型大学的本科教育质量,通过竞争性拨款、激励性拨款和业绩拨款等,广泛推行将拨款用在"刀刃上"的理念,支持优秀的研究中心,鼓励提高本科教学质量。[2]相较于联邦政府与州政府的宏观资助,本科教育质量保障的具体实施则由研究型大学承担,在设立教育质量目标的同时,更新教育质量理念,在制度建设、部门行动等方面做出实质性的改进。第三方组织机构如卡内基教学促进基金会,通过发表《学院——美国本科生教育的经验》(1986年)、《重建本科教育——美国研究型大学发展蓝图》(1998年)等报告,对研究型大学的本科教育改革提出了一系列建议和设想。

(三)重视内部保障与外部评估

不同的教育质量观各有侧重,其中"作为强化或改进的质量"(Quality as Enhancement or Improvement)强调不断追求持续性的质量改进,并将质量改进作为学术精神的核心。[3]加州大学伯克利分校本科教育质量保障不断追求教育质量的改进,形成了相对完善的本科教育质量保障体系,为重塑加州大学伯克利分校的学术卓越奠定了重要基础。在这一过程中,彰显了加州大学伯克利分校重视

---

[1] 此内容主要参考美国国家科学基金会State Award Summary Fiscal Year 1995 Award Report的内容。
[2] 阿特巴赫,等.21世纪的美国高等教育:社会、政治、经济的挑战[M].施晓光,等译.中国海洋大学出版社,2007:155.
[3] Carolyn C, Christina R. Quality assurance and the development of course programmes [M]. Bucharest: CEPES,2002:21.

内部保障与外部评估的现实逻辑。在内部质量保障方面,加州大学伯克利分校将探究式学习整合到本科生培养的全过程,遵循"广然后深,博然后专"的原则,先接受两年的通识教育,而后进行细化的专业教育。同时,打破传统的课程分类模式,建立一种新的、宽领域的课程体系,注重课程的跨学科性与创意性探索。此外,强调教师的教学作用,通过多举措支持教师追求教学的卓越,以充分调动教师教学的积极性。在外部质量评估方面,加州大学伯克利分校主要通过教育认证的规范与教育规制的约束以保障本科教育的外部质量。教育认证是美国高等教育保障制度中重要的组成部分,通过由政府授权、联邦教育部和高等教育认证委员会认可的院校认证和专业认证等多方评价,制定严格的评价标准,以实现教育质量的提升。教育规制的约束由加州大学伯克利分校负责,通过《学术参议院加州大学伯克利分校分院条例》《课程指导委员会手册》等规制,规定了本科教育各个方面的具体标准。

(四)实现经济效益与筹资计划

全球化时代,随着国际教育服务贸易的兴起,高等教育国际市场开始形成,为吸引更多的国际学生购买其高等教育服务,促使高等教育经济效益从潜在性向现实性转化,加州大学伯克利分校转向探索高等教育与经济效益之间的联系。同时,由于加州大学伯克利分校入学人数激增25%,而州政府的拨款却骤减25%,因而导致一系列不利于大学发展的后果,如大学预算锐减、工资下调、人员雇用冻结,[①]亟需新的、能够满足大学持续发展的筹资渠道。在此背景下,为实现高等教育经济效益的转化与筹资方式的多样化,加州大学伯克利分校通过本科教育质量的提升,在为学生提供课程、教学以及个性化指导等优质的高等教育服务的同时,积极探索新的筹资方式与筹资计划,争取除政府拨款以外的其他资金项目和研究经费。其中比较有代表性的是于2020年2月发起的"加州大学伯克利分校筹资计划——点亮道路"(The Campaign for Berkely: Light the Way),其主要目标就是到2023年底筹集60亿美元,以提升本科学生学习体验、扩大教师队伍以及促进多学科研究等,从而保证加州大学伯克利分校的学术和全球卓越地位得以持续发展。[②]

---

① 布瑞斯劳尔.加州大学伯克利分校何以久负盛名:历史性动因的视角[J].杜瑞军,常桐善,译.清华大学教育研究,2011(6).
② 此内容主要参考加州大学伯克利分校Light the Way Faq官网的内容。

第二章
牛津大学本科教育质量保障体系

作为世界闻名的顶尖学府,牛津大学(University of Oxford)在过去数百年间里一直以其在教育、科研、医药、数学、经济及历史等各领域所取得的卓越成就而著称,有着"一个人类智慧之光的聚合点"的赞誉。牛津大学在其漫长的办学历史中,一直坚持从中世纪就已形成的大学理念,把大学看作探索普遍学问的场所以及自我管理的学者社团,追求普遍的知识和真理。[①]从某种意义上来说,牛津大学的发展历史既是世界英语国家发展史的重要部分,亦是英国高等教育发展史的重要部分。凭借其显赫的历史地位和广泛的影响力,牛津大学已然成为英国乃至世界所有高等学府的楷模。

一、牛津大学本科教育质量保障体系的产生背景

牛津大学本科教育质量保障体系的形成与发展孕育于英国大学悠久的自治传统。20世纪60年代,英国高等教育由精英化阶段步入大众化阶段。尤其80年代后,英国国内经济、政治以及社会等方面发生重大变革,开始实施一系列"撒切尔主义"的政策主张,如开展新公共管理运动,加强对高校的管理和控制。这深刻影响了英国高校自身的发展,导致出现教育经费短缺、教育质量下降等问题,难以满足经济社会的发展需求,英国社会各界都强烈期望各大高校提升和保障高等教育质量。同时,博洛尼亚进程的发展,欧洲高等教育质量保障协会以及英国高等教育质量保障署等的参与,有力推动了牛津大学本科教育质量保障体系的成熟和完善。

---

① 刘宝存.牛津大学办学理念探析[J].比较教育研究,2004(2).

(一)牛津大学自治的悠久传统

自中世纪诞生起,牛津大学就以其独特的大学理念和办学传统,培养了大批政治和社会精英,从一个地区性的、单一学科的古老大学逐渐发展成为地位显赫的世界一流大学。中世纪时期,受罗马教廷的认可和庇护,牛津大学的校长一般由主教任命。随着大学的发展以及自身实力的增强,牛津大学开始摆脱对罗马教廷的依赖,开始由教师推选校长,自由开展学术活动。为了保护牛津大学的利益,教廷和王室通过颁布许可状和特许令,赋予牛津大学各种特权,不仅确保了牛津大学师生的利益不受侵犯,还使得牛津大学享有史无前例的权益和社会地位。[1]从都铎王朝到斯图亚特王朝,在王权支持下,牛津大学的办学规模不断扩大,在校学生人数明显增加。1850年,英国拉开了政府干预高等教育的序幕,牛津大学在这一过程中,传承自治传统的同时谋求创新发展。王室通过颁发特许状向院校授予大学地位,持有特许状的高等教育机构须遵循普通法并履行相应义务,但享有自我规制权,无须向政府汇报其内部事务。每一所持有特许状的英国大学在法理上都被赋予了院校自治权和学位授予权,有权对学校的学术事务实施管理。[2]大学自治是牛津大学的发展动力,也是一大办学特色。而特许状恰恰是牛津大学合法性的根源所在,因为它为大学自治提供了法律上的保障。大学自治的悠久传统让牛津大学本科教育质量保障体系独具特色,实现了自我管理、自我治理和自我保障。

(二)英国政府的市场化改革

作为一个高福利与高社会保障的国家,英国在经历了70年代的石油危机和全球性经济衰退之后,国家内部出现了经济停滞、通货膨胀与高失业率等现象,被称为"英国病"(British Disease)。相关数据显示,1971—1979年英国政府的财政赤字达到支出总额的10.3%,通货膨胀率最高时达到25%,1979年失业人数为139万人。[3]随着新公共管理运动的兴起,评估性国家理论逐渐成为英国政府进行市场化改革的理论基础。以撒切尔夫人为首的保守党上台执政后,彻底摒弃

---

[1] 周常明.牛津大学史[M].上海交通大学出版社,2012:8.
[2] 周常明.牛津大学史[M].上海交通大学出版社,2012:8.
[3] 孙洁.英国的政党政治与福利制度[M].商务印书馆,2008:112-113.

了战后英国长期实行的社会民主主义共识政治,并充分发挥自由市场的效率,开始实施一系列"撒切尔主义"的政策主张。在高等教育领域,"撒切尔主义"主要表现为由"慷慨、政府资助、有计划的大规模扩张及民主政策的模式"转向"制度严格、大力削减成本、鼓励私人投资、以市场为导向、缓慢扩张实施多样化决策的模式"。英国政府拒绝全部用国家拨款资助大学,主张大学应该通过向工商业界以及其他有钱的校外基金会出售服务,来使自己更加自给自足。[①]英国高等教育市场化改革,使得政府减少了对大学的"慷慨资助",甚至需要大学"自给自足"。这种做法导致了英国大学在20世纪70—80年代的预算紧张,进入发展萧条状态。

(三)博洛尼亚进程的推动

1999年,29个欧盟成员国的政府在意大利博洛尼亚共同商讨欧洲高等教育的改革计划,并通过了《博洛尼亚宣言》。这一宣言标志着博洛尼亚进程的正式开始。博洛尼亚进程旨在创建欧洲高等教育区(European Higher Education Area,EHEA),涉及不同国家发展高等教育的共同结构,并在学历的等效性或学分水平方面达成协议,使学生能够在欧盟成员国之间转移其学历和学分。英国积极参与欧洲高等教育区的建设,在博洛尼亚进程中扮演着重要的角色。1998年,英国率先签署《索邦宣言》。2003年,英国发表《关于实施"博洛尼亚进程"的国家报告》。2004年,英国成立高等教育欧洲处(Europe Unit)。2005年,英国参与"博洛尼亚进程"秘书处的工作等。博洛尼亚进程的学位制度虽然是以英国的教育体系为基础设计的,但随着博洛尼亚进程的深入推进,欧盟成员国的大学变得越来越有竞争力,日益成为英国高等教育国际市场的竞争对手,在一定程度上刺激了英国大学本科教育质量的提升,重塑竞争优势。博洛尼亚进程作为牛津大学本科教育质量保障的外部推力,有效提升了本科教育的质量。博洛尼亚进程解决了牛津大学在世界范围内与其他高等院校资格证书分散、国家证书认证制度多样化的问题。在博洛尼亚进程中,牛津大学要求学生参与教育质量保障,注重学生评教,关注学生的反馈及投诉情况,重视学生的满意度,并通过展开相应的调

---

① 瞿葆奎.英国教育改革[M].人民教育出版社,1993:774.

查问卷及网络测评等收集学生反映的信息。[①]

(四)英国高等教育质量保障署的影响

1997年,英国高等教育调查委员会发表了《学习社会中的高等教育》(*Higher Education in the Learning Society*),又称《迪尔英报告》(*The Dearing Report*)。该报告总结反思了英国高等教育的目的、模式、结构、规模、拨款以及面临的危机,并对英国高等教育未来20年的发展提出了质量保障、经费投入、教师培训、高等教育与工商界关系等方面的改革建议。《迪尔英报告》指出,英国高等教育目前存在的问题是在拨款不再增长的情况下,削减成本所带来的短期压力将对教育质量造成损害。因而,在经费投入方面,建议进一步加大对高校的投入,要求对高等教育公共拨款的实际增长要达到45%,与英国经济增长比例同步。在《迪尔英报告》的影响下,英国高等教育质量保障署(Quality Assurance Agency for Higher Education, QAA)成立,其职能主要是评估英国高等教育的质量标准并提供质量改进的相关建议。在博洛尼亚进程开始之前,牛津大学主要是通过高校内部的自我评估来提高高等教育质量。在博洛尼亚进程开始后,牛津大学为适应高等教育国际化的发展,在英国政府的引导下,逐渐引入外部质量保障评估,由英国高等教育质量保障署进行学科评估和院校评估。

二、牛津大学本科教育的质量策划

牛津大学本科教育质量保障体系的参与主体呈现多元化特征。根据高等教育质量保障体系实施主体的隶属情况,可以将高等教育质量保障体系划分为外部教育质量保障和内部教育质量保障,涉及政府、社会、专业团体和院校自身等不同主体。各主体部门权责独立、各司其职,实现了整个高等教育质量保障体系的协调统一。

(一)牛津大学本科教育的外部质量策划

1.英国高等教育质量保障署

从20世纪70年代末开始,英国政府在整个教育体系中实施"撒切尔主义"的教育政策,营造一种注重成本效益、绩效评估和质量测量的意识形态环境。到了

[①] 魏敏敏.牛津大学教育质量保障的政策研究[D].天津大学硕士学位论文,2014.

20世纪90年代,市场责任和绩效评估成为整个社会突出而又普遍的文化标志。英国大众高等教育的发展,给高等教育质量的提升带来了巨大压力,英国政府需要在公共问责和机构自治中间寻求平衡,并且需要把中心逐渐向后者转移。在这种背景下,作为高等教育独立质量机构的英国高等教育质量保障署应运而生。2001年,英国高等教育质量保障署发布了学术基础框架(Academic Infrastructure),并以该框架为基准开展对英国高等院校的院校审计以完成质量保障目标。英国高等教育质量保障署的成立标志着高等教育质量保障监督的政府权力的减少和转移,质量保证工作主要由第三方独立机构进行。

英国高等教育质量保障署与学术界及其他相关利益团体共同制订了"学术规范体系",通过制定合理的高等教育质量标准和保障机制来维护公众的利益,并且有效促进英国高等教育质量的不断提高。这不仅为英国高校外部教育质量保障机制的评估活动提供了统一的评判标准和依据,帮助高校完善内部质量保障体系,引导其自律,而且为高等教育基金委员会及其他利益相关者提供了有价值的参考信息以加强他律。

在考虑大学对质量和标准的管理时,英国高等教育质量保障署在设置基本准则时考虑了牛津大学的学术标准、教育内容等方面,以使其与高等教育质量保障署的基本准则保持一致。英国高等教育质量保障署的审核小组进驻院校寻求一定的证据,审查牛津大学是否落实了准则内容,并在相关领域取得了一定成效,同时建议院校结合审查报告对已采取或正在采取的任何必要步骤进行适当的更改。

2.校外督察员

作为教育政策支持的校外督察员(External Examiners),负责向主管教育的副校长提交报告,并将其分发给各学部和各学院。同时,校外督察员还负责处理有关校外审查、质量保证等方面的一般咨询和建议。校外督察员的所有报告均应按照《校外督察员报告指南》随附的表格模板进行准备。

该表格旨在平衡获取基本信息和对与考试/评估系统、过程和结果相关的任何方面进行详细的定性评论,分为A和B两部分,涵盖了本科生和研究生两个学历等级。A部分的问题包括:学生的学术水平和成绩是否与校外督察员所在的高等教育机构相媲美;该审查计划的标准是否恰当地反映了"英国学位授予机构高等教育资格框架"和任何适用的学科基准;评估过程是否根据该审查计划的预期结果严格和公平地衡量学生成绩;评估过程是否符合大学的政策和法规等7个问题。B部分的问题包括学术标准、评估实施过程的严谨性、提请监督委员会注意的问题,以及应广泛推广的良好实践和提升机会等方面。此外,牛津大学还要求,在向学校提交报告之前,校外督察员不得公开讨论报告内容。[1]

3. 专业、法定和监管机构

专业、法定和监管机构（Professional, Statutory and Regulatory Bodies, PSRBs）是由专业和用人单位、监管机构以及对某一专业或一组专业人士具有法定权力的人组成的多样化群体。专业、法定和监管机构的主要职责是为成员提供服务,并代表专业人士的利益,对符合专业标准的课程进行认证或认可,提供通向该专业的方法或被雇主认可的课程,涉及本科生课程和研究生课程,如表2-1所示。[2]

表2-1 专业、法定和监管机构提供的课程（部分）

课程名称	课程层次	师资/部门	学部	专业机构
化学	本科生	化学	数学,物理与生命学部	皇家化学学会
软件工程	研究生	计算机科学	数学,物理与生命学部	英国计算机协会
地质	本科生	地球科学	数学,物理与生命学部	地质学会
工程	本科生	工程	数学,物理与生命学部	测控研究所
数学	本科生	数学	数学,物理与生命学部	精算师协会
统计数学	本科生	数学/统计学	数学,物理与生命学部	精算师协会
物理学	本科生	物理	数学,物理与生命学部	物理研究所
综合免疫学	研究生	纳菲尔德外科科学系	医学学部	皇家内科医学院
临床心理学	研究生	心理学	医学学部	英国心理学会
法学	本科生	法律	社会科学学部	律师监管局

---

[1] 此内容主要参考牛津大学 External Examiners 官网的内容。
[2] 此内容主要参考牛津大学 Professional Bodies 官网的内容。

(二)牛津大学本科教育的内部质量策划

根据牛津大学的质量保障治理框架(Quality Assurance Governance Framework),该校的质量保障体系涵盖了校级、学部和院系三个层级,各个层级都承担着具体的质量保障活动。

1.校级层面

根据《大学章程》和《规章》的规定,大学理事会是牛津大学的主要行政和决策机构,负责"大学目标的实现、行政管理以及财务和财产的管理",并拥有"履行这些职责所需的所有权力"。因而,大学理事会有26名成员,4名来自校外,对与教学和研究有关的所有学术事项均负有总体责任,负责起草和实施大学的战略计划,其中规定了大学在特定时期内的总体目标(包括与教与学有关的目标),并受教职工大会的约束。教职工大会是一个独立机构,其人员由学术人员、学部负责人以及高级研究、计算、图书馆和行政人员构成,负责批准更改大学的法规和条例;审议理事会提出的重大政策问题;选举理事会和其他大学机构的成员,并批准副校长的任命。[①]

大学理事会的许多具体工作都委托给5个主要的委员会,包括教育委员会、通用委员会、人事委员会、规划与资源分配委员会和研究委员会。其中,教育委员会由本科生小组、研究生小组和考试小组构成,对校内教学和学习的各个方面以及更广泛的学生经验进行战略监督,包括保证大学教育的质量,特别是质量保证和质量控制机制的设计、实施、评估和审查环节;提高教学质量;维护学术标准。同时,教育委员会需要向大学理事会报告任何重要的教学和学习政策。[②]

2017年,《高等教育和研究法》(*Higher Education and Research Act*)规定,所有高等教育机构必须设立学生事务办公室(Office for Students, OfS)。学生事务办公室的监管框架要求高等教育提供者必须在学生事务办公室进行注册,并要求提供者必须满足相应的办学条件。按照这一规定,牛津大学于2018年7月在学生事务办公室进行了注册。[③]学生事务办公室通过质量和标准审查(Quality and Standards Review, QSR)提供的数据以及学校提交的报告和学生反馈,来持续监

---

① 此内容主要参考牛津大学Governance官网的内容。
② 此内容主要参考牛津大学Quality Assurance Governance Framework官网的内容。
③ 此内容主要参考牛津大学Office for Students Registration官网的内容。

控大学是否符合学生事务办公室监管框架的要求。

2.学部层面

牛津大学内有四个学术部门,分别是人文学部(Humanities Division);数学、物理与生命学部(Mathematical, Physical & Life Sciences Division);医学学部(Medical Sciences Division)和社会科学学部(Social Sciences Division),所有学部都有一个专职的学部负责人和通过选举产生的学部委员会(Divisional Boards)。学部委员会在学部和院系层面对教育质量进行保障,以确保该部门下的学部和院系组成成员能够圆满地执行大学及其所辖部门的质量控制程序。通常情况下,教学的责任由学部负责人委派给学部的教育或教学的副负责人(或同等效力的负责人)。同时,为确保教育委员会与分学部委员会的关系是一个双向的过程,分学部的教育委员会(或同等效力的组织)的主席均为学校教育委员会的"当然成员"(Ex Officio Member)。①

除了四个学术部门外,继续教育部每年为来自世界各地的学生提供超过1000门课程,通过吸引高素质的成人学习者,增强大学的地方、国家和国际影响力。这一学部由继续教育委员会监督,并向大学理事会报告。

3.院系层面

学院是牛津大学最基本的教学单位,学院独自享有财政、人事、招生、课程设置以及教学等活动,是大学治理权力运行的主要载体,更是大学教育活动的重心所在。在提供辅导和小组教学方面,学院发挥着核心作用。日常课程管理和监督的职责属于各个学院的治理范围,包括计划级别的监督职责。审查委员会及其成员经有关部门批准设立监督机构,监督检查过程。

学院集体会议执行自己所属院系的质量保障和提质程序。该学院的年度结论和报告周期将由会议机构进行审议。会议机构包括高级导师委员会和研究生委员会。同时,审议还需要经过校级质量保障附属委员会(Quality Assurance Subcommittee)。学院会议在分学部的委员会、校级教育委员会和教育委员会附属的小组(Panels)和附属委员会(Subcommittees)中都有代表。②

---

① 此内容主要参考牛津大学Quality Assurance Governance Framework官网的内容。
② 此内容主要参考牛津大学Quality Assurance Governance Framework官网的内容。

三、牛津大学本科教育的质量控制

在一个越来越严格和透明的公共资金问责制时代,大学很难向外界证明其内部质量评估和审查机制足以确保对质量进行监控和维护,所以牛津大学的本科教育质量保障体系中的质量控制也兼顾内外部两个层面。

(一)牛津大学本科教育的外部质量控制

在牛津大学外部教育质量控制中,英国高等教育质量保证署发挥了重要的作用。该机构负责的具体工作包括:①对大学和学院进行评审;②发布报告,说明高校的学术标准和教育质量管理工作是否值得信任;③根据"学术基础框架"为大学和学院提供指导,帮助它们维持较高的学术标准,并提高教育服务的质量;④调查学术标准和教育质量方面存在问题的原因;⑤为政府提出建议,帮助其审批关于学位授予权和大学身份的申请;⑥关注欧洲和国际高等教育的发展趋势。[1]

具体而言,牛津大学于2016年3月在所有英格兰高等教育机构的高等教育审查(Higher Education Reviews,HER)计划的基础上,接受了英国高等教育质量保证署的审查。牛津大学提供了自我评估文件(Self-Evaluation Document,SED)和全面的支持性文件资料,以及代表大学学生团体的牛津大学学生会提交的学生书面材料(Student Written Submission)。基于这两份材料,英国高等教育质量保证署于2016年6月发布了关于牛津大学调查结果的报告。该报告的结论表明,牛津大学设置和维持奖项的学术标准、学生学习机会的质量、有关学习机会的信息质量和学生学习机会的增加均符合英国的期望。而牛津大学根据这一报告的建议进一步发布了相应的行动计划,即《牛津HER行动计划》(*Oxford HER Action Plan*)。该行动计划的进展由学校教育委员会监督,2017年8月更新后的行动计划提出了三条建议:一是与学院联合会(Conference of Colleges)合作,建立一个适当的机制,通过该机制,大学可以定期了解学院内部投诉和申诉的性质和程度;二是确保制定适当的程序,用于建立、监测和审查所有的合作伙伴关系;三是提供明确的指导,以在全校范围内对学生工作量采取一致的计量方法。[2]

---

[1] 马健生,等.高等教育质量保证体系的国际比较研究[M].北京师范大学出版社,2014:113.
[2] 此内容主要参考牛津大学Action Plan Relating to the Recommendations Resulting from the HER官网的内容。

(二)牛津大学本科教育的内部质量控制

1.层级质量控制

在牛津大学内部教育质量控制中,校级、学部和院系三个层级均有独立负责的质量管理内容,具体职责分工如下:

> 校级层面的学校教育委员会由三个小组支持:本科生小组(Undergraduate Panel)、研究生小组(Graduate Panel)和考试小组(Examinations Panel)。本科生小组和研究生小组集中关注影响这些学生群体的更广泛的学术供给和支持的问题,因而其职权范围包括学术支持和关顾服务、入学技能发展和反馈。为确保提供统一的服务,小组成员包括学监、学部、学院和学生代表。考试小组为进一步评估与考试有关的问题,一般由教育政策支持人员组成,并由负责教育委员会的专职教育副校长担任主席,以确保与各学部和各学院之间合作进行更广泛的质量保障和改进工作。此外,教育委员会下辖有附属委员会,各附属委员会负责具体审议其职权范围的责任,与质量保障和学生体验直接相关的有6个。[①]

根据QAA高等教育质量规范,各学部的质量保障委员会是负责审查有关确保教育质量和标准的机构。以社会科学学部为例,质量保障委员会由该部门的8名成员以及主席组成,通常每学期开会2次。委员会主要负责评审学部提出的相关变更建议、新计划(如课程建议、评估方法等)以及校外督察员的报告。同时,委员会还负责审查课程材料和课程发展,并酌情将一般政策事项转交给本科生或研究生学习委员会。学部的本科学习委员会每学期举行一次会议,审议与本科生有关的学术政策、教与学以及信息和资源问题。这是一个以本科生为重点的论坛,用于分享一些好的实践案例,并讨论共同感兴趣的领域。根据学校/学部的质量保障日历,委员会将考虑各单位对学术政策咨询的回应,为英国高等教育质量保障署的审查提供建议,并接收整个学部的信息以供审查。

院系审查在各学部和学院的学术、组织运转和财务活动的监督中起着核心

---

① 此内容主要参考牛津大学Education Committee官网的内容。

作用。各学部和教育委员会将6年作为一个周期,共同进行审查。审查是大学质量保障体系的正式组成部分,可帮助牛津大学履行《英国质量准则》(UK Quality Code)规定的广泛义务。该审查涵盖了学院/系中学术活动的质量:研究的质量、研究概况和策略以及未来的挑战和机遇;本科和研究生课程的质量;学院/系的组织管理结构以及学院/系与本系及大学的服务之间的关系;学院/系内各部门之间、学院/系与同类学科领域之间的关系等。①

2.招生质量规定

牛津大学教育质量保障手册(Quality Assurance Handbook)明确指出,牛津大学在招生方面遵守如下条例②:

①高等教育机构招收学生入学的政策和程序必须确保是公平的、清晰的、明确的,并确保其不断地进行完善。

②高等教育的招生由那些能够胜任的且具备审判资格的机构来做决定。机构的所有人员务必熟悉招生政策和程序,以便应对申请人的投诉,且高等教育机构需制定相应的投诉应对政策。高等教育机构关于招生活动的宣传材料应该是精确的、实时的、容易理解的,可供申请学生参考后做出明智的决定。

③高等教育机构对申请人的筛选政策和程序应该是清楚明了的,遵循公平、礼貌、透明的准则,而且学术的和非学术的要求都被列入评判准则的条件中。

④高等教育机构有效安排招生流程,规范相关招生程序。告知申请人在入学后应有的义务及时间安排。高等教育机构如有重大改变,确保在第一时间告知申请人,及时通知到没有分配成功的申请人。高等教育机构的评审政策和程序应与高等教育的招生相联系,以确保它们能够持续支持机构的招生,并根据不断变化的环境调整自身政策。

⑤关于残疾学生的招生和录取,高等教育机构的宣传材料上应明确表明,残疾学生在申请和选拔过程中享有同样公平公等的机会。残疾学生的申请需要有效、及时地确认和评估,同时充分考虑申请人的意见。

⑥关于本科研究项目的招生和录取,只有具备相应资质条件的学生才可进

---

① 此内容主要参考牛津大学Departmental Reviews官网的内容。
② 此内容主要参考牛津大学Quality Assurance Handbook官网的内容。

入研究项目。在招生和录取过程中,至少有两名经过培训的高等教育机构成员决定才可确定招收。

3.课程质量设计

在课程质量设计方面,牛津大学为学生提供了范围广泛的课程,包括英语语言文学、数学、地理学、法学、经济学、管理学、统计学、地质学、人类学、教育学、物理学、生物科学、工程学、哲学等。当然,不同学院、不同系以及不同专业的课程一般来说也不尽相同。以计算机科学系为例,牛津大学形成了从学科基础课程到人工智能专业课程、从理论学习到项目实践的课程体系,其目标在于培养具有坚实基础知识的通用型人工智能人才。在第一学年,所有学生都必须学习数学、计算机科学基础理论课程,如离散数学、概率论、算法设计与分析、编程等。在第二学年,学生还需要完成四门计算机科学的必修课程,其中计算模型、算法与数据结构是基础性课程。在第二、三学年,牛津大学开设了众多细分方向的选修课程,如人工智能、计算机图形学、机器学习、知识表示与推理等专业理论课程。在第四学年,想要继续修读硕士学位的学生,可以选修更为深入的人工智能课程,如高级机器学习主题、并发算法与数据结构等,关于项目需求分析的课程则有助于培养学生在实际工作中的应用能力。从课程内容设置来看,人工智能人才培养十分注重数学和计算机科学的基础理论教育,而非拘泥于技术本身,有利于发展学生将基础理论运用到新领域和新技术中的能力,同时也关注人工智能领域新兴理论和技术的学习,增强了学生在面对技术更迭日新月异时代的适应性。牛津大学计算机科学系的所有学生在第一学年还必须修读"道德与责任创新"课程,旨在增强学生对理论和实践中日益突出的道德挑战的理解和自我反思。该课程主要关注计算机科学领域的现实伦理问题,如与人工智能和数据驱动算法相关的算法偏见、数据隐私等。[①]

此外,对于新课程和新专业而言,牛津大学制定了明确的政策和课程指南,主要包括6个部分:监管框架;更改考试规则的时间表;新课程的来由;重大事项变更的建议;既得利益和监管变动的生效日期;新课程或者专业被批准后采取的行动。在设计新课程方案时,需考虑的因素主要有:高等教育资格框架;该学科

---

① 谷腾飞,张端鸿.英国高校人工智能人才培养模式研究——以牛津大学为例[J].中国高校科技,2021(9).

知识本身;任何适用学科基准声明的适用性反思。同时,还需要考虑外部专家的建议、报考考生对新课程的期望程度、教程安排和协调的监督等。①

4.教学质量监控

教学质量监控旨在通过对教学过程的各环节进行持续的监督,以保障和促进教学质量提升。在这一过程中,教育管理者积极参与教学监督,通过各方面反馈的信息发现教学中出现的以及可能出现的问题,并采取相应的干预措施。

就手段而言,教学质量监控通过教学监督、学生反馈、审查学生的表现以及同行观察等手段,从内部或外部的反馈中了解教师和学生的需求,改进教学质量。就要素而言,教学质量监控的要素包括导师队伍、学生团体、教学管理、研究项目、教学资源配置、课程监督、相关管理部门的配合与协调等。尤其在管理部门参与方面,牛津大学的管理体制是委员会指导下的校长负责制,学校的各级委员会负责制定学校的发展战略规划,对学校事务进行决策,而具体的学校事务则由校长及其组成的行政班子负责。就方法而言,教学质量监控的方法包括教学信息监控,即通过定期教学检查和动态反馈,实时实地全过程监控;教学制度监控,即通过建立各种管理制度和机制,对教学质量进行监督和监控;专项评估监控,即通过专业评估、教学条件评估、学科建设评估、优秀课程评估等,对教学各环节实施过程性评估。②

四、牛津大学本科教育的质量改进

在牛津大学,教育质量保障体系不仅为本科生提供了高质量的学习机会,还要使学生满足牛津大学授予的学位标准。牛津大学为进一步考虑其质量保障安排,以确保建立有效的系统来制定定性和定量标准,监测质量和提高标准。因此在质量改进中,牛津大学依照外部的英国质量准则和内部的年度课程监督来进行。

(一)英国质量准则

2014年8月,英国高等质量保障署发布了完整且经过修订的《英国质量准

---

① 此内容主要参考牛津大学 External Examiners 官网的内容。
② 此内容主要参考牛津大学 Teaching And Learning: Quality Assurance 官网的内容。

则》。英国所有大学都有责任设定和维持其学术奖项的标准,并确保为学生提供适当的学习机会。作为获得公共资金的条件,要求大学必须满足一些基准监管要求,其中一项要求是准则中包含的一系列全国公认的"期望"(Expectations)。"期望"被定义为高等教育部门对学术标准和质量的保障,准则中提出了英国所有高等教育提供者都必须达到的期望。

为帮助学术人员和行政人员了解质量准则,牛津大学在《英国质量准则》等相关质量保障文件及流程的基础上,制定了自身的质量准则,包括三个部分。在这三个部分中,每一项都附带着许多良好实践的指标。在牛津大学看来,这些指标并不是检查清单,而是帮助高等教育机构自身达到相关期望的重要途径。如表2-2所示[①]。

表2-2 牛津大学根据《英国质量准则》制定的质量准则

A 制定和维护学术标准	A1 英国和欧洲学术标准参考点	学位授予机构确保满足高等教育资格框架的要求;满足英国高等教育质量保障署关于学位资格认定的要求;满足学科基准要求,即对本学科预期的广泛知识、理解和能力的描述
	A2 学位授予机构的学术标准参考点	满足学术治理安排和学位授予机构的学术框架和规定;确保学生和教职工对已批准的课程有清晰的了解
	A3 确保学术标准和基于结果的学术奖励方法	满足模块、程序和资格的设计和批准;学习成果评估;监测和审查与英国学术标准和学位授予机构自身标准的一致性;学位授予机构在制定和维持学术标准的关键阶段使用外部和独立的专业知识
B 确保和提高学术质量	B1 课程设计、开发和批准	批准新课程或对现有课程进行重大更改被视为大学履行、维持课程标准和确保学生学习机会质量的责任关键,可将其视为一个整体,并在设计和内容方面反思是否符合内外部的期望

---

① 此内容主要参考牛津大学 A Brief Guide to the UK Quality Code and its Implementation at Oxford 官网的内容。

续表

B 确保和提高学术质量	B2 招聘、选拔和录取	要求高等教育机构确保学生能够在高质量信息的指导下做出明智的决定;包括学生在内的整个过程是清晰、明确的;学术和非学术入学要求是透明的,不应包括任何不必要的入学障碍;如果选择学生时使用了申请表中未包含的信息,如面试、附加测试,机构应向潜在学生清楚地解释这些选择工具的含义、使用它们的原因以及它们对选择决定的贡献,同时保留在选择中行使学术判断的权利;决策与后续步骤一起清楚地传达;如果课程有任何重大变化,允许学生随时了解情况
	B3 学与教	确定了三个具体目标,包括促进平等、多样性和机会均等的包容性学习——通过课程的设计和交互方式以及对学生的支持来实现;机构、教职员工、学生和其他利益相关者合作——机构负责提供包容性学习机会和支持,学生负责有效利用这些机会;热情和有能力的员工通过教学和其他类型的学习支持(无论是正式的还是非正式的)促进学习——机构应确保其员工具有适当的资格、发展和支持,并确保他们参与反思性实践
	B4 促进学生的发展和成就	包括支持服务(如残疾建议、咨询等);学习资源(如图书馆、信息技术、专业设施等);与进展相关的活动;发展学术和专业技能的机会;课外活动(如志愿服务、实习等);职业信息和指导
	B5 学生参与度	高等教育机构应确保学生在一个地方拥有广泛的机会,让学生参与高质量的教育过程,并创造一个积极鼓励学生充分参与的环境。实施一系列学生反馈机制:调查其他研究活动(如焦点小组);学生代表结构;委员会的学生成员与决策者的对话;学生咨询活动、在线讨论论坛和学生参与新项目;正式的质量审查流程(如课程审查和部门审查)
	B6 对先前学习的评估和认可	高等教育机构应通过有效的政策、法规和流程来确保奖项的学术标准和学生对这些标准的判断,并且所有相关的不同受众都可以使用这些标准;参与评估的工作人员必须接受培训并为其提供支持,评估设计和实践必须以专业实践和学术知识为依据;评估必须安全进行,结果必须准确记录并及时传达;支持学生在良好的学术实践中发展技能,适当地参与评估过程以促进共同理解,并通过对其表现的有效反馈来支持他们的学习;评估的设计是包容性的,以确保所有学生都有机会证明他们取得了所需的学习成果

续表

B 确保和提高学术质量	B7 校外督察	校外督察员就以下方面提供知情评论和建议：一个机构是否维持为其奖项设定的门槛学术标准(见A部分);评估过程是否严格和公平地根据计划的预期结果衡量学生的成绩,并按照机构的政策和法规进行;学生的学术水平和成绩是否与其他英国高等教育机构相媲美;校外督察员观察到的与学习、教学和评估相关的良好实践和创新以及提供给学生学习机会的质量
	B8 计划监督和审查	计划监督和审查能够确保高等教育机构在学术标准和学习机会质量方面履行其职责,确保提供并继续提供适当的学习机会以实现计划的预期学习成果;实现其既定目标,在课程和评估方面保持最新和有效;评估学生的学术标准;与高等教育机构的使命和战略优先事项保持一致
	B9 学术申诉和学生投诉	要求高等教育机构能够有效处理学术申诉和学生投诉,确保任何提出申诉或投诉的学生不会因此而处于不利地位
	B10 与他人共同参与高等教育管理	涵盖了多种形式的合作安排,从联合授予学位课程到学生的交流和实习。基本原则是学位授予机构对学术标准和学习机会的质量负有最终责任
	B11 研究学位	研究学位是在一个研究环境中授予的,为进行研究和学习研究方法、程序和协议提供了安全的学术标准。这种环境为学生提供了获得学术、个人和专业成果所需的支持
C 高等教育提供者的信息	四个基本原则	高等教育提供者提供的学习机会信息应该是清晰、及时、最新和透明的,并以目标受众的需求为重点;高等教育提供者对其提供的有关高等教育学习机会的信息负责。同时,提供者对他们选择传达信息的机制和媒体具有自主权;目标受众和信息用户可以在合理的地方可用和可检索信息。信息的格式和传递应考虑不同受众的访问要求;高等教育提供者提供的信息应公平准地反映他们提供的高等教育学习机会

(二)年度课程监督

牛津大学以其卓越的学术水平与教学质量著称。为确保学生在校期间的学习质量,课程管理和监督是最明显的质量改进措施。

年度课程监督程序规定了牛津大学用于监控本科课程、研究生教学课程和研究生研究计划的质量和标准的方法。牛津大学通过一系列程序而不是单个事件来监控课程,具体程序包括招生统计、督察员和校外督察员的报告、年度计划统计、学生反馈和评估、毕业生去向数据等。①

在招生统计方面,牛津大学本科生的招生统计数据每年发布一次。审查本科生招生统计数据是为了确定应用程序数量、来源和质量方面的总体趋势,特别考虑与关键人口特征相关的任何趋势,确认招生过程符合招生通用框架。招生委员会负责审议本科生招生的相关事宜,并就招生事宜向教育委员会提出政策建议。

在督察员报告方面,学术委员会通过收到督察员报告来确保考试过程的完整性,并根据收到的信息和提出的问题对整个课程进行审查和反思,包括学生的整体成绩;按性别分析学业表现;坚持考试规定标准。除了审查委员会的报告,学术委员会还将接收并详细考虑校外督察员的意见和建议,针对联合课程的评论和建议传递给相关的课程组织委员会。

在年度计划统计方面,教学学位小组和研究学位小组代表教育委员会在机构组织层面审查学生的进步和表现。除了按学习和部门级别考虑整体绩效外,还单独考虑和组合了许多特征,具体取决于特定的兴趣领域和政策优先事项。

在学生反馈和评估方面,主要包括学生晴雨表调查(Student Barometer Survey,SBS)和全国学生调查(National Student Survey,NSS)。学生晴雨表调查涵盖整个学生体验,还包含针对学院和系的特定问题。全国学生调查涵盖了学生学习经历的所有方面,于每年8月公布调查结果。教学学位委员会和研究学位委员会作为教育委员会的下属委员会,负责审议与教学和学习有关的事宜,将确定需要进一步调查或采取行动的领域提交给专家组或小组委员会进行审查。

在毕业生去向数据方面,高等教育毕业生的目的地(Destinations of Leavers from Higher Education,DLHE)是一项由全国高等教育机构进行的年度调查,该调查收集了所有高等院校毕业生的信息,了解他们在获得学位半年后的工作情况。作为教育委员会的一个小组委员会,教学学位小组负责考虑与学生就业结果有关的事项,可以更广泛地考虑本科毕业生的就业问题。无论是作为一个整体还是与行业趋势进行比较,该小组按照关键特征(包括性别和种族)进行分析,为未来政策制定提供有用信息。

---

① 此内容主要参考牛津大学Annual Monitoring of Courses官网的内容。

牛津大学本科教育的整个审议周期在程序中确定，并在随附的"质量保障日历"模板（Quality Assurance Calendar Template）和"学部质量保障日历"（Divisional Quality Assurance Calendars）中得到反映。比如，校级的2020—2021年的质量保障日历表明，在新型冠状病毒大流行期间哪些活动可能被暂停，而哪些活动被认为是必不可少的。当然，每个学部都可以调整和扩大校级保障日历，创建自己的质量保障日历。①

牛津大学通过年度监测可以审查来自内部与外部各种来源的证据及其观察结果，以便确定要采取的行动并报告所取得的进展。这种监测是大学保证其奖项标准和向学生提供高质量学习机会的关键机制。为确保一个完整周期，牛津大学在监测中还着重考虑学生评估与反馈、年度课程统计数据以及毕业生数据等。

五、牛津大学本科教育质量保障体系的基本特征

牛津大学在多年的改革与发展中形成了复杂但有序的高等教育组织运行机制及其结构。值得一提的是，独具牛津大学自身特色的本科教育质量保障体系，为稳固及提高牛津大学人才培养质量起到了不可替代的作用。

(一)学生中心,重视参与

近年来，随着高等教育的大众化和普及化，学生在高等教育中的主体性角色持续凸显。英国高等教育质量保障制度目标突破了传统的单一学术标准维度，通过提出学习机会质量目标，将对学生的保障放置在与学术标准相同的重要位置。②学习机会质量强调学生在录取到毕业的整个过程，都能够获得确保其学术成功的有效支持，大学为所有学生提供了高质量的课程和学术体验。学习机会质量目标的提出以政策保障方式加强了学生在高等教育活动中的重要主体作用，督促牛津大学对学生的持续关注和投入。

牛津大学本科教育质量保障体系中，学生主要通过两种方式参与：一是学生代表以学生观察员的身份参与到校委会中；二是通过学生调查来了解学生对学习、学校支持与生活的看法。具有影响的学生调查主要有学生晴雨表调查和全

---

① 此内容主要参考牛津大学 Procedures for the Annual Monitoring of Courses 官网的内容。
② 刘膺博, Martin Lockett. 英国高等教育质量保障制度：起源、演变与发展趋势[J]. 现代教育管理, 2020(7).

国学生调查两种形式。[1]这些数据同时会被学校以及学生会采用,以更好地促进他们的学习,并为改善教学质量提供依据。根据学生事务办公室于2019年7月5日发布的结果,牛津大学的学生已经连续三年抵制全国学生大调查,这一举动获得了牛津大学学生会的支持。[2]这一定程度上促使牛津大学相关部门更加主动地去了解学生的心声和诉求。

(二)内外合力,共同保障

高等教育质量保障体系的不断改进、完善及教育质量的提升是以系统化的内外质量保障体系为基础的。[3]虽然牛津大学一直崇尚院校自治,但在问责制时代,依然接受英国高等教育质量保障署的评估。2009年,牛津大学接受了英国高等教育质量保障署对其进行的院校评估。从另一个角度而言,评估结果也是对学校现有与未来的学术标准以及对学生学习质量充满信心的重要体现。此前,在2008年10月,牛津大学教育委员会为迎接这次院校评估,还专门制定了质量保障手册。该手册是教育委员会指导下学校质量监控与提高的重要文件,它与保障署的实践准则紧密联系在一起。[4]教育委员会是一个校内质量保障的宏观治理机构,致力于与各部门就质量保障框架进行持续商讨,提出指导各部门进行质量保障的政策与指导并监控各部门的执行,具体质量保障操作分别由分学部、院系等来完成。各学部和各院系对课程和教学质量的审查几乎是与学生学习过程同步发生的。

根据英国高等教育质量保障署对于牛津大学质量评估的最新报告,牛津大学在本科教育质量保障方面取得了一系列良好实践,如在全校采取了全面的招聘和录取方法来支持大学在扩招方面的计划;在平等和多样性方面颁布了大量政策,并采取了一系列举措;系统地使用问卷调查来提高学生的学习体验。通过提高数据的可获取性和广泛传播性,监测、通报和增加学生的学习机会。这也从

---

[1] 朱国辉,谢安邦.英国高校内部教育质量保障体系的发展、特征及启示——以牛津大学为例[J].教师教育研究,2011(2).
[2] 此内容主要参考牛津大学 Oxford Students Success Fully Boycott National Student Survey 官网的内容。
[3] 樊增广,史万兵.英国高等教育质量保障体系的历史演进及其经验借鉴[J].东北大学学报(社会科学版),2014(6).
[4] 朱国辉,谢安邦.英国高校内部教育质量保障体系的发展、特征及启示——以牛津大学为例[J].教师教育研究,2011(2).

侧面反映出牛津大学在学术标准设置及人才培养质量等方面达到了英国政府的期望。①

(三)层级分明,垂直协作

在大学治理结构中,虽然牛津大学并未采用系统的质量保障方法,却还能保持一致的标准,其中最大的原因在于大学与学院之间明确的职责划分。本科生所在学院负责提供所有课堂教学和课程项目,而大学则负责组织讲座、实践课程和其他课程。按照目前的安排,尽管导师负责监督学生的学习进度,但是大学和学院都没有任何正式的手段来保证对方提供的教育水平。在某种程度上,教育委员会及其附属小组和附属委员会、分学部和院系联合协作制度的实际效果弥补了大学和学院之间正式监督手段的不足。

根据不同的学科,导师会与本科生进行每周至少一次的小组辅导。每次辅导一般有两到三名学生参加。学生会在约一小时的时间中与导师就相关课题进行深度讨论。这种为每个学生量身打造的授课方式将使学生最大程度地接受严谨的学术训练,其所带来的巨大获益不是任何讲座所能带来的。②英国高等教育基金委员会实施教学卓越框架第二年,牛津大学便一举获得金奖。评估小组根据一系列的官方数据以及牛津大学提交的书面材料,归纳总结出牛津大学获得金奖的理由如下③:①出色的学生参与度以及为学生提供个性化、高质量的学习环境和教学资源;②学生积极参与研究和出版书籍以及拥有良好的认可教学的制度文化;③学生对教学的满意度以及毕业后雇主对学生的满意度都远远高于其他学校的基准。正是这种学院制与导师制的实行,使得牛津大学可以及时进行质量控制和改进。

---

① 此内容主要参考英国高等教育质量保障署 Higher Education Review of the University of Oxford 官网的内容。
② 此内容主要参考牛津大学 Udergraduate 官网的内容。
③ 此内容主要参考牛津大学学生事务办公室 Tefoutcomes 2019 官网的内容。

第三章
南洋理工大学本科教育质量保障体系

高质量的本科教育体系是助推南洋理工大学(Nanyang Technological University)国际排名和社会声誉显著提升的关键因素。多年来,南洋理工大学在本科教育改革方面始终秉持"质量第一"的发展思路,在培养全方位的人才、追求教育卓越、少教多学和国际化等四大教育理念的引领下,形成了一套先进的人才培养模式。

一、南洋理工大学本科教育质量保障体系的产生背景

重视本科教育是一流大学成熟的标志,世界知名大学都把本科教育作为大学发展的立校之本,不遗余力地进行本科教育改革。[1]南洋理工大学能够建立起完备的本科教育质量保障体系,并且以质量取胜,其背后的驱动力可以从以下几个方面进行分析。

(一)世界高等教育改革趋势所迫

在依托高端科技和创新型人才的今天,高校作为培养创新人才和生成尖端科技成果的核心场所,逐渐成为各国提升综合实力的关键,世界各国纷纷将建设一批世界一流大学作为提升本国高等教育质量的重要举措。20世纪末,以知识型产业为主的经济逐渐占据全球经济体系的主导地位。世界各国纷纷将高等教育改革纳入国家发展战略中,如俄罗斯的"联邦创新大学计划"、德国的"卓越计划"、韩国的"面向21世纪的韩国智力计划"、日本的"COE基地建设计划"、中国的"211工程"和"985工程"等。而提供优质的高等教育服务是新加坡一直以来的教

---

[1] 邬大光.重视本科教育:一流大学成熟的标志[J].中国高教研究,2016(6).

育追求,在世界各国都将一流大学建设作为高等教育发展重要议题的形势下,新加坡政府和高校力图通过国家层面和高校层面的战略规划来保障高等教育质量稳步提升。1997年,新加坡制定了"东方波士顿计划",提出将新加坡国立大学和南洋理工大学建设为世界一流大学。2003年,新加坡启动了"环球校舍计划",提出要使新加坡的所有学校成为"同类学校中的第一流"。[①]如今,为在大国竞争中脱颖而出,新加坡积极开发与部署未来社会,依托科技力量推动国家智慧化转型,抢占未来发展先机。作为新加坡"智慧国家2025"最大的试验基地,南洋理工大学率先响应国家战略的号召,通过研发智能基础设施、打造智慧校园,实地践行工业4.0浪潮中孕育的新技术和可持续发展方案,对原有教育体系进行改革,以期为智慧国家建设提供技术和政策支持。[②]

(二)大学核心竞争力的诉求

随着世界大学排名趋向国际化发展,越来越多评估机构开始依据一定的评价体系发布全球大学排名,在众多项全球大学排名中,南洋理工大学虽然榜上有名,但其在不同排行榜中的位次不仅不同,排名也相差甚远。例如,2014年,南洋理工大学在QS世界大学排名中位列全球第39名,在泰晤士高等教育世界大学排名中位列全球第76名,在世界大学学术排名中位列151—200名中。南洋理工大学在不同排行榜中的排名差异与各个排行榜的评价指标体系有着密切关系。比如,QS世界大学排名注重学术领域同行评价,泰晤士高等教育世界大学排名强调外部评价、国际师生比例等高校的综合性发展,世界大学学术排名注重师生在国际顶尖刊物上发表的科研成果及获得国际奖项的数量。由此可见,南洋理工大学的科研水平相较于英美国家高校而言还有待进一步提升,而科学研究作为大学的一项职能,是大学核心竞争力的关键组成部分,提升大学核心竞争力必定要提升科研水平,只有这样,大学才能获得更好的发展和更高的国际声誉。综上所述,南洋理工大学提升核心竞争力的发展诉求成为激励其创建世界一流大学的直接动因。[③]

[①] 阮蓁蓁,孟祥臣.新加坡世界一流大学学科建设的特征[J].中国高校科技,2018(Z1).
[②] 此内容主要参考南洋理工大学 Nanyang Technological University 官网。
[③] 乔娜.新加坡南洋理工大学创建世界一流大学研究[D].陕西师范大学硕士学位论文,2019.

(三)劳动力市场的需求变化

工业4.0深刻地影响了未来的工作世界,加剧了劳动力市场的两极分化:一方面,市场对具有高知识水平和技能的劳动者的需求越来越多;另一方面,市场对具有中初级知识和技能水平的劳动者的需求逐渐减少,传统的操作工人甚至将因生产自动化而被裁员。[1]劳动者只有通过教育培训不断提升自己的知识技能,才能适应瞬息万变的未来社会。为帮助年轻一代适应更具复杂性、创新性的工作世界,世界经济论坛(World Economic Forum)于2020年发布《未来学校:为第四次工业革命定义新的教育模式》(*Schools of the Future: Defining New Models of Education for the Fourth Industrial Revolution*),总结了工业4.0背景下未来教育发展的特征和方法,提出教育4.0的全球框架,用以指导各国教育系统更好地对接未来工作需求。未来工作要求从业者具备多项重要能力,如复杂问题解决能力、批判性思维能力、人际协调能力、判断和决策能力、自我管理能力、谈判能力、创造力等。[2]为此,新加坡政府制定《技能创未来计划》(*Skills Future*),通过一系列高质量的教育和培训,营造终身学习的社会文化氛围,帮助每个新加坡人充分发挥其热情与潜能。[3]在此背景下,南洋理工大学积极转变教育模式,引导和支持本科生转变学习和生活方式,以实现教育4.0转向,满足工业4.0时代的人才需求。[4]

二、南洋理工大学本科教育的质量策划

(一)质量方针

质量方针是学校赖以发展的生命之魂,能够充分体现一所学校的办学定位,是学校长期发展过程中的理性思考、历史积淀及重要价值观。20世纪90年代中期以来,全球化对高等教育战略产生深远影响,为了将公立高等教育机构,特别是大学的学术水平、研究质量和管理效率发展成为世界一流大学的水平,新加坡

---

[1] 杨进.工业4.0对工作世界的影响和教育变革的呼唤[J].教育研究,2020(2).
[2] 此内容主要参考世界经济论坛World Economic Forum官网。
[3] 此内容主要参考新加坡政府网站Government of Singapore官网。
[4] 陈玥,王灵菁,田娇娇.工业4.0时代世界一流大学的本科教育如何变革?——来自南洋理工大学的经验及启示[J].西南大学学报(社会科学版),2022(1).

政府制定了高等教育国际化战略和将新加坡发展成为世界级"教育网络中心"及东南亚"教育枢纽"的政策,引进海外顶尖大学,使当地高校与之建立合作关系,以此提高新加坡大学的国际排名和声望。南洋理工大学根据自身的发展情况,制定了相应的质量方针,始终秉承"创新高科技,奠定全球性卓越大学;全方位教育,培养跨学科的博雅人才"的愿景和使命,志存高远,走国际化发展之路。也正是在这样的质量方针的指导之下,南洋理工大学才能够准确定位自身的发展目标,超越时空、民族、意识形态的局限,逐步走向世界。[1]

(二)质量目标及标准

南洋理工大学肩负着为新加坡培育领袖人才的使命,而完成这一使命的前提是要把本科教育作为培养人才的首要目标和核心任务。2007 年,南洋理工大学本科教育检讨委员会(BRC)彻底检讨本科教育制度,重新定义本科教育属性:伦理性、完整性和道德品质;领导、团队合作、相互尊重和沟通技能;专业、公共服务和社会参与全球公民;自律、学科深度和终身学习;创意、创新和跨学科的整合,确定本科课程改革与新课程指导思想,着力加强学术文化、学习体验、团体生活、终身学习、体制发展等 5 个方面的改革。[2]基于以上目标理念,南洋理工大学提出形成"研究型、创业型、技术变革型"本科教育体系的发展目标。

1.成为研究型大学

南洋理工大学致力于成为世界一流大学,而一流的大学必定是卓越的研究型大学。南洋理工大学校长苏雷什于 2021 年 1 月发起"NTU2025 战略计划"(The NTU 2025 Strategic Plan),提出依靠"教育、科研、创新和社区"四大核心支柱打造一所全球性研究型大学的愿景,并绘制了今后五年南洋理工大学本科教育发展的蓝图。[3]关于卓越的研究型大学的定位,南洋理工大学提出:①一所卓越的研究型大学能为优秀学生提供受到启发和挑战的机会去学习和研究;②为大学领导、教师、教职员工、学生提供开展科学研究、发挥潜力的社会;③为学生一生的探索和贡献做好准备;④为其所在地区、国家和全球社区制定最高的服务标准;

---

[1] 邱锡光,林銮珠.新加坡南洋理工大学国际化办学经验与启示[J].中国农业教育,2015(1).
[2] 郝文斌.新加坡南洋理工大学本科教育的理路及其启示[J].中国高教研究,2018(12).
[3] 此内容主要参考南洋理工大学 Nanyang Technological University 官网。

⑤通过科研技术创新,成为国家经济增长的催化剂,也是城市、地区和世界公民智力和技能发展的推动者;⑥从这所研究型大学毕业的校友也将在工业、政府、学术界等社会各行各业中发挥领导作用。[①]

2.成为创业型大学

除了立志成为研究型的大学之外,通过对国内外形势的判断以及与欧美新兴大学的交流,南洋理工大学树立了"创业型大学"的发展理念,以实现快速发展。[②]为了成为创业型大学中的佼佼者,南洋理工大学在五个方面进行了部署。第一,从领导核心来看,南洋理工大学的管理核心是由资深学者、杰出企业家、行业翘楚和政府代表组成的校董会,管理模式也类似于企业的管理模式,校董会统领学校各项事务,大胆尝试新思路,探索新路径,制定出提升南洋理工大学国际地位的战略规划,为南洋理工大学成为创业型大学做好顶层设计。第二,从学科创新来看,南洋理工大学不仅突破了传统的以知识为核心的发展外围,打破了学校与社会的界限,积极拓展校外合作资源,而且使不同学科交叉交流,以学科创新提升南洋理工大学的学科竞争力。第三,在资金筹措方面,南洋理工大学积极寻求多元化的资金筹措渠道,除政府出资、学生学费以外,在争取国立研究基金会支持的同时,与知名企业开展合作、获取校友的捐赠等都是南洋理工大学筹措办学经费的重要渠道。这种多元化的经费筹措渠道也为南洋理工大学成为创业型大学奠定了一定的基础。第四,从创业型学术组织来看,南洋理工大学建立南洋科技创业中心,具备健全的创业项目体系,在创业与创新活动中为学生提供必备的创业知识与技能教学,同时开展创业训练。第五,从创业文化系统来看,南洋理工大学秉承企业家精神,创造出集学术文化、管理文化和公司文化于一体的学术创业精神,在开设创业课程、开展创业活动的过程中,逐步塑造和发展大学创业文化,并且以一种创业精神激励着南洋理工大学的全体师生,创业文化深深熔铸于南洋理工大学的每一位成员心中。[③]

[①] Christensen S. Higher education and entrepreneurial citizenship in Singapore[J]. Learning and Teaching, 2012(3).

[②] 燕凌,洪成文.新加坡南洋理工大学的成功崛起——"创业型大学"战略的实施[J].高等教育研究,2007(2).

[③] 乔娜.新加坡南洋理工大学创建世界一流大学研究[D].陕西师范大学硕士学位论文,2019.

3.成为技术变革型大学

以第四次工业革命为契机,重塑教育系统的结构和体系,推动人类工作方式与学习技能向智慧化阶段转型,成为当今世界一流大学本科教育变革的重要导向。南洋理工大学作为代表新加坡高等院校发展水平的重要院校,率先响应国家战略的号召,通过研发智能基础设施、打造智慧校园,实地践行工业4.0浪潮中孕育的新技术和可持续发展方案,力求成为技术变革的引领者,为智慧国家建设提供技术和政策支持。①从南洋理工大学的"卓越五峰"战略中不难看出战略的五个组成部分——可持续发展的地球、未来医疗保健、新创意媒体、新丝绸之路和创新亚洲都旨在创新科学技术,利用新技术造福社会,实现人类福祉。②南洋理工大学有机会凭借新技术成为探索创新学习方式的全球领导者,从"翻转课堂"、连续评估模式、在线课程到边做边学的"创客空间",再到互动学习小组、小课堂和微课堂模式,南洋理工大学已经成为教育教学方式创新的领先者和佼佼者,其师生也已经在许多关键领域成为亚洲和世界的顶尖研究者,这些关键领域涉及人工智能和机器学习、机器人技术、3D打印技术和先进的增材制造技术、物联网、可再生能源和环境可持续发展等。

针对上述目标,南洋理工大学实行专业建设国际标准,这也是该校本科专业建设的突出亮点。在本科专业的发展方向方面,南洋理工大学逐渐改变本科专业过分强调为经济发展和就业需求服务的倾向,新的专业设置需要严格的审核程序,审核重点不仅包括社会需求、学生就业,还涵盖特色优势、分年招生计划、教师配备等标准。在教师招聘方面,南洋理工大学面向全球招聘最优秀的人才。在教师绩效考核指标上,同等看待教学、科研,学生的教学评价意见往往会决定一名教师职务的晋升。同时,积极开展国际合作项目。目前南洋理工大学与欧洲、美洲、亚洲等多所知名大学建立深入合作关系,如与法国国家科学研究中心开展学生交换计划、科学与学术信息交流,与麻省理工学院建立新加坡—麻省理工联盟等。③

---

① 此内容主要参考南洋理工大学 Nanyang Technological University 官网。
② 孙文梅,等.新加坡南洋理工大学卓越五峰战略及启示[J].世界教育信息,2014(24).
③ 郝文斌.新加坡南洋理工大学本科教育的理路及其启示[J].中国高教研究,2018(12).

三、南洋理工大学本科教育的质量控制

质量控制是指为了达到质量目标所进行的活动,这一系列活动能够对本科教育质量产生重要影响。南洋理工大学主要从生源与师资控制、课程资源控制以及教育问责的实施三个方面对其本科教育质量进行控制。

(一)生源与师资控制

南洋理工大学十分重视对学生综合能力的整体评估,重点选拔具备跨界潜能的优质生源。学校基于能力导向招生(Aptitude-Based Admissions),在充分考虑学生的热情、兴趣和优势的前提下,招收在领导力、创业精神、艺术文化和体育等领域表现优异的申请者。[1]除了积极吸纳本国的优秀生源之外,南洋理工大学一流的师资、特色鲜明的课程等也吸引着世界优秀学子前来学习。目前,南洋理工大学本科阶段留学生比例约为20%。[2]

除此之外,师资是影响本科教育质量的关键因素,南洋理工大学在师资队伍的建设上严格把关,师资来源呈现出国际化、高水平的特点。南洋理工大学的人才战略实施是建立在新加坡目前经济社会发展的成就和全球化视野的基础上的,在引进、培育、管理和考核人才的过程中注重强化全球化视野和择优机制。在选拔人才方面,南洋理工大学可以说是"百里挑一"。[3]基于博弈理论,新加坡南洋理工大学拥有十分严格的人才引进标准,主要从教学、科研和社会服务等多方面来综合考虑应聘者,绝不会因为人员缺少就降低用人标准。截至2017年6月,除去兼职教师,南洋理工大学共拥有8311名教职员工。其中,教学人员共有1726人,教授占12%,副教授占34%,助理教授占24%。[4]从教授占教学人员总数的比例不难看出,南洋理工大学选聘教授的标准十分严苛。教授的任职条件是:教学和科研能力突出,具有高质量和国际水平的科研成果,科研成果能获得国际

---

[1] 刘宏,贾丽华,范昕.新加坡高校人才战略的理念建构和实践运作——以南洋理工大学为例[J].公共管理与政策评价,2017(4).

[2] 燕凌,洪成文.新加坡南洋理工大学的成功崛起——"创业型大学"战略的实施[J].高等教育研究,2007(2).

[3] 引用自 Hong L, Jia L, Xin F. Formulation and implementation of talent strategy in higher education: a case study of Nanyang Technological University in Singapore [J]. Public Administration and Policy Review, 2017,6(4).

[4] 乔娜.新加坡南洋理工大学创建世界一流大学研究[D].陕西师范大学硕士学位论文,2019.

同行专家的高度认可;具有服务学校、服务教育和服务社会的热情;领导和管理能力突出,能为团队建设提出建设性建议;晋升教授后能提高学校的社会声誉和国际知名度;评审教授晋升材料时,不仅要得到学校专家评议会的统一认可,还要有5位国际知名学者对竞选者的教学科研能力、科研成果和社会服务情况做出评价,只有通过多数国际专家的高度认可后,竞选者才有可能晋升为教授。晋升副教授时,要求同样十分严苛。南洋理工大学晋升副教授的标准是:有较高的教学能力,具有创新性的科研成果,获得高水平的学术成就;有在本学科领域内做出重大贡献的潜力;具有承担行政和管理工作的心理素质和工作能力。同时,南洋理工大学采取"绩效为主"的考核原则对教师和科研人员进行考核。2006年,新加坡南洋理工大学获得自主办学权后,学校花费了两年时间对800名终身教职人员进行了重新考核。考核突出"绩效",考核内容包括教学能力、科研水平和社会服务三方面,[①]同时也参考考核教师近3年的业绩,其中对于教授和副教授的考核内容权重为人才培养:教学科研:社会服务=5:5:2;对于讲师的考核内容权重为人才培养:科学研究:社会服务=8:2:2;对于双师型教师的考核内容权重为人才培养:科学研究:社会服务=2:2:8。由此可以看出,对教授和副教授的考核强调教学与科研并重;对讲师的考核侧重考察知识传授、学生评价、课外辅导等教学能力,在一定程度上降低了科研能力的考核内容权重;对双师型教师的考核注重社会服务能力的考察,比如行政管理能力、提供决策咨询能力、服务企业能力等。除此之外,南洋理工大学通过丰厚的薪酬待遇、人本化的管理及自由的学术环境等吸引国际顶尖人才,诸如诺贝尔奖获得者、院士及学科领域专家等。目前,南洋理工大学已邀请了十几位诺贝尔奖获得者、权威学者安博迪教授及宾西法尼亚大学沃顿商学院的著名学者刑吉天等。[②]

(二)课程资源控制

2010年3月1日,新加坡召开了以"无边界学习"为主题的"2010年教育大会",大会提出,基于全球化和科学技术对现代社会的发展影响,教育内涵需要丰富和延伸,以满足时代发展对教育的要求。教育不再只是简单地传授基础知识,

---

① 吕杰.新加坡大学教师管理的理念与作法[J].中国高等教育,2004(9).
② 吴敏.南洋理工大学"弯道超车"发展分析[J].大学(研究版),2014(12).

培养学生的生活能力和应对不确定未来的能力也非常重要。因此,除了基础知识学习以外,参与全球竞争,以批判性思维和创造性思维同来自不同国家和文化背景的人合作是学生接受教育后应获得的能力。进入21世纪后,新加坡面临着由工业时代转向知识经济时代的现实,新时代要求高等教育培养的人才是能符合现代化要求,灵活多变,具有开拓性、创新性、国际化视野、团队合作精神,以及能够与人有效沟通的"通才"。新加坡政府和高校及时肩负起这一使命,大力调整学校课程结构,将专业教育和通识教育有效结合起来。2012年7月,南洋理工大学改革本科课程,设计了跨学科导向的人才培养方案,为本科生提供超越学科界限的知识与技能,帮助其从多维度理解、解决复杂问题,以更好地适应瞬息万变的未来社会。未来社会更需要复合型人才,这种人才不仅具备某个学科领域的专业知识,而且对商业、企业发展等其他领域都有所了解。

除此之外,南洋理工大学的课程安排秉持"多元并蓄"的原则,尽可能地为学生提供多元化课程选择。现行的本科生课程体系由两部分构成:专业课程和通识课程。专业课程学分要求占据本科课程总学分的比例不超过70%,通识课程学分要求占据本科课程总学分不的比例少于30%。[①]专业课程体系包括"专业核心课程"和"专业必修课程"。其中,专业核心课程分为主修课程和辅修课程,主修课程依据兴趣领域和项目类型分类,辅修课程是为了扩充学生专业知识而开设的一类课程。在通识教育课程方面,南洋理工大学实施的通识教育课程结构由三部分构成。一是"通识核心课程",主要包括交流技巧、新加坡研究、可持续发展、伦理道德、职业与发展、创新与创业和数字文化七个领域的知识。[②]通识核心课程旨在培养学生的国际公民意识和终身学习能力,以及加强其对本国历史文化的认同感。二是"通识必修课程",分为商业与管理、文学艺术与科学以及技术与社会三大类。学生可以根据自己的兴趣和志向在每一领域至少选择一门课程。这些必修课程领域代表了广泛的人类知识的核心范畴,每一领域又有诸多课程模块供学生选择。三是"通识自由选修课程",学生可以基于兴趣和能力选择任何课程,只要最后完成学校规定的学分(0—42学分)就可以。除限定选修的三大类课程领域外,还涉及其他多元开放的课程,比如企业家精神、现代语言

---

① 此内容主要参考南洋理工大学 Nanyang Technological University 官网。
② 此内容主要参考南洋理工大学 Nanyang Technological University 官网。

等。[①]此外,学生可以通过辅修课程、双学位、双专业课程计划以及一些国际合作项目获得通识自由选修课程学分。由此可见,南洋理工大学的课程体系具备全方位、多元化的特征,能够有效帮助学生具备多种技能和更广泛的知识,从而实现其本科人才培养的目标。

(三)教育问责的实施

教育问责的实施能够对学校各项工作的开展进行有效的监控,从而使整个办学过程既符合既定的发展方向,同时又严守质量标准。校董事会作为南洋理工大学的管理支柱,同时也是南洋理工大学的问责实施机构,对于学校运行和开展的所有活动履行最终的职责。校董事会成员的职责主要包括:①了解大学发展所面临的风险与挑战,并能够提供有效且可行性高的意见和建议;②引导与规划大学的战略发展方向,确保大学战略发展目标得到贯彻和落实;③任命校长,并对其工作做出评价,带领南洋理工大学在学术研究上达到新的高峰,提高国际声誉以推动南洋理工大学发展成为卓越的科技大学。除了管理学术和研究活动,校董事会也协助南洋理工大学寻找外来资源,为大学管理层提供有力的指导并且在教学事务、财务管理和筹措资金等方面献策献力。南洋理工大学内部还设立执行委员会、审计委员会、提名委员会、劳资委员会、投资委员会、学校规划与发展委员会和创业委员会等7个分委会,以辅助董事会对大学进行管理与监督。每个分委会中都由一名董事会成员担任主席,分委会可以根据实际情况自行确定发展目标与作用。总体上,校董事会作为南洋理工大学的问责实施机构,在负责学校宏观发展方向和管理以及监督大学能否成功达到其战略指向和规划目标等方面,发挥了重要作用。

四、南洋理工大学本科教育的质量改进

质量改进是质量保障体系建设在实践层面的活动,也是影响质量目标是否能够得到实现的重要因素。南洋理工大学为改进本科教育质量,构建了较为完善的内部和外部质量改进体系,主要从本科教育质量、教师的考核与评估等方面进行质量评估与改进。

---

① 乔娜.新加坡南洋理工大学创建世界一流大学研究[D].陕西师范大学硕士学位论文,2019.

(一)内部质量评估与改进

1.签署本科绩效协议

南洋理工大学肩负着为新加坡培育领袖人才的使命,其前提是要把本科教育作为培养人才的首要目标和核心任务。2007年,南洋理工大学本科教育检讨委员会(BRC)彻底检讨本科教育制度,重新定义本科教育属性:伦理性、完整性和道德品质;领导、团队合作、相互尊重和沟通技能;专业、公共服务和社会参与全球公民;自律、学科深度和终身学习;创意、创新和跨学科的整合,确定本科课程改革与新课程指导思想,着力加强学术文化、学习体验、团体生活、终身学习、体制发展等5个方面改革。[1]按照2005年新加坡大学自主化要求,在南洋理工大学与新加坡教育部签订的绩效协议中,有9项大学考核指标涉及本科生培养。如本科课程的认选率、所招收学生的质量、师生比例、本科学生参加海外交流计划的百分比、淘汰率、逾期留校率、毕业生在毕业后6个月内找到全职工作的人数比例、学生对教学质量的看法、大学援助本科生(仅限新加坡公民)的支出占其学费收入的比例等。绩效协议的签署意味着南洋理工大学进一步强化本科生培养,并且从多个方面为本科教育提出明确的质量标准。这对本科教育工作有着良好的规范与引导作用。为落实绩效协议的相关内容,南洋理工大学采取了一系列的措施,如为了了解学生对教学质量的看法,学校规定教授在每门课程结束时必须进行学生调查,确保教学效果令人满意,以此在课程的建设过程中不断提升其质量。

2.注重教师的绩效考核评估

教师考核管理,既是高等学校人才队伍建设和人事制度改革的核心枢纽,也是激发教师队伍创新活力、提高学校质量水平的关键抓手。[2]为避免简单化的市场竞争规则造成大学教师精神萎缩的局面,同时保证教学质量,南洋理工大学教师的考核始终以教学质量为主线,在每个学期末由学院组成的考核委员会对教师绩效进行综合评价。[3]综合评价涉及教学、科研和公共服务三个方面。科研考

---

[1] 郝文斌.新加坡南洋理工大学本科教育的理路及其启示[J].中国高教研究,2018(12).
[2] 蒋达勇.教师考核管理:一种跨文化的比较与建构——南洋理工大学的经验与启示[J].华南师范大学学报(社会科学版),2021(1).
[3] 燕凌,洪成文.新加坡南洋理工大学的成功崛起——"创业型大学"战略的实施[J].高等教育研究,2007(2).

评内容主要包括7项指标,如近三年SCI期刊论文篇数、近三年SCI期刊论文第一作者篇数、知识产权情况、获取的竞争性项目经费等;教学考评内容主要包括4项指标,如大班教学指数、小班教学指数、所指导研究生数量、所指导本科生数量;公共服务考评内容主要包括4项指标,如学术服务工作量、学术服务素质等。①不同类型人员的具体考核指标权重有所区分,以工学院为例,其年度考评内容共计15项,其中教学4项、科研7项、公共服务4项。教师综合评价结果分A、B、C、D、E 5个等级。其中,A等级表明被考核教师能力水平达到卓越标准;B等级表明被考核教师多项能力超出职级要求,达到优秀标准;C等级表明被考核教师在一些方面超过职级要求,达到良好标准;D等级表明被考核教师基本符合职级要求;E等级表明被考核教师未达职级要求。各个等级的教师所占比例分别约为10%、20%、60%、5%和5%。未达到考核标准的教师将由专门的委员会对其年度绩效完成情况进行审核评估,确保公平公正。②绩效考核结果作为当年发放个人表现花红(奖金)和下一年度工资涨幅的依据。③南洋理工大学以严谨规范、重点突出的教师绩效考核制度为抓手,合理运用绩效考核评估的结果,着力提升教师在教学、科研以及公众服务方面的工作,从而保证本科教育教学质量的发展。

3.完善学校管理制度

大学制度是大学办学与发展的规制,人们通常认为制度优则大学卓越,制度劣则大学平庸④,优质教育的实现必定要以健全的组织与管理体系为保障。南洋理工大学为了实现相应的质量目标,注重大学的内部治理,加强顶层设计,发扬民主管理,重视学生终身发展,为挺进世界一流大学榜单提供了重要保障。⑤⑥南

---

① 蒋达勇.教师考核管理:一种跨文化的比较与建构——南洋理工大学的经验与启示[J].华南师范大学学报(社会科学版),2021(1).
② 陈素珊.研究型大学高水平教师队伍发展与考核评估——以新加坡南洋理工大学为例[J].科教发展评论,2020(0).
③ 王斌,王锋.高校行政管理人员绩效考核办法研究与探索——基于新加坡南洋理工大学的启示[J].教师教育论坛,2019(11).
④ 别敦荣.论现代大学制度之现代性[J].教育研究,2014(8).
⑤ 薛珊,刘志民."后发型"世界一流大学建设的路径及启示——以新加坡两所大学为例[J].高校教育管理,2019(4).
⑥ 季俊峰.一流大学的建设经验与启示——以新加坡南洋理工大学为例[J].南昌航空大学学报(社会科学版),2014(4).

洋理工大学的制度建设主要体现在三个方面。第一,有清晰的内部治理架构。南洋理工大学的内部治理结构由大学董事会、校长、教授会(评议会、校务咨询委员会)、副校长及五大学院院长组成,形成了董事会领导下的校长负责制的领导体制,其治理模式是校院系三级管理模式,形成了大学行政权力与学术权力的合理分离和有机契合。[①]第二,实行学院制管理模式。学院制管理模式的最大特色便是独立性极强,学院是独立的办学实体,学院内部的经费使用、人才录用、课程设计、科学研究和教学运行等都由学院独立管理。第三,提倡教授治学、民主管理。南洋理工大学的教授会(评议会、校务咨询委员会)参与学校民主管理,譬如,教授会由全职教授组成,主要行使表决权,每年召开一次会议,会议议题由票决方式通过,基本职能是表决学校重要行政决定和重大学术决策,比如对学校重大发展规程、学术研究等重大决策进行表决及反馈意见。[②]除此之外,南洋理工大学使教师、学生、校友等在学校的管理事务中具有相当的发言权和建议权。一是设立顾问委员会、咨询委员会等,在全校范围内开展民主治理,充分考虑民意,加强权力监管,在组织内部构建和谐的关系结构。二是鼓励学术自由,大力发扬民主,给予教师充分的发言权和建议权,特别是经过教授大会投票推选出的教授代表可与校领导共同商定学校发展的行政事务。这一理念也促进教师、学生、校友等在学校管理中起到积极作用,大大提升了管理效能,推动了本科教育质量的发展与提升。[③]

(二)外部质量改进

2005年,新加坡政府公布了《大学自治:迈向卓越巅峰》。该报告赋予南洋理工大学更多自主权,南洋理工大学也正式成为自主大学,从法定机构转变为非营利企业,这标志着南洋理工大学与政府关系的重构。政府通过与南洋理工大学签署政策性协议、绩效协议和大学质量保障体系,为其提供战略发展方向和指导,明确了大学自主的范围,通过共同商定不同专业每年拟培养的毕业生的数量,从而确定给大学的年度拨款金额等。由此,南洋理工大学与政府之间的关系由之前的

---

① 吴敏.南洋理工大学"弯道超车"发展分析[J].大学(研究版),2014(12).
② 徐晓红.新加坡南洋理工大学(NTU)治理结构之考量[J].北华大学学报(社会科学版),2018(5).
③ 薛珊,刘志民."后发型"世界一流大学建设的路径及启示——以新加坡两所大学为例[J].高校教育管理,2019(4).

直接管理和领导转变为宏观指导和外部监督。①除了接受来自政府的监督之外，学校还采用了外部评价系统，邀请外国专家参观并提出意见，争取得到国际组织的认证，从而保证教学与研究的国际标准。与此同时，南洋理工大学重视对顾客群体的调查，通过收集毕业生的雇主对毕业生的意见，了解毕业生对工作的适应能力，以便使课程设置和工业要求挂钩，更好地促进人才培养质量提升。②

五、南洋理工大学本科教育质量保障体系的基本特征

（一）奉行多元化的价值取向

南洋理工大学的战略目标就是围绕教学、科研和社会服务三个方面满足师生、学校和社会的发展需求，而支撑这样的战略目标的价值取向也是具有多元性的，主要有本体价值取向、工具价值取向和功利价值取向③。①本体价值取向强调个体的全面发展。南洋理工大学始终信奉和践行"以人为本"的人才培养理念，强调将学生的主体性与学校教育融为一体，为学生提供丰富的学习体验，在尊重学生个体差异性的基础上，促进每位学生的自由、全面发展。②工具价值取向强调利用手段实现一定的目的。南洋理工大学明确表示以建立"全球性卓越大学"为直接目标，制定的一系列发展规划和实践举措都要以服务于此目标为宗旨。无论是国家层面，还是高校层面的战略规划都含有明显的工具价值取向，即关注高校发展质量，实现卓越发展。③功利价值取向强调个体在实现自身发展的同时促进其他事物发展。对于高校发展来说，其功利价值取向便是指高校在实现自身优质发展的基础上，在某种程度上通过社会服务促进社会经济的发展。南洋理工大学提出"将南洋理工大学带给世界，将世界带给南洋理工大学"，在建设世界一流大学的过程中，从实现自身的高度发展到服务新加坡，再到服务全球，不仅是战略目标高度的提升，也是学校发展价值取向的升华，对于指导南洋理工大学建设具有重要意义。④

---

① 谭伟红.新加坡南洋理工大学的竞争优势研究——基于钻石模型的分析[J].西南交通大学学报(社会科学版),2016(3).

② 燕凌,洪成文.新加坡南洋理工大学的成功崛起——"创业型大学"战略的实施[J].高等教育研究,2007(2).

③ 乔娜.新加坡南洋理工大学创建世界一流大学研究[D].陕西师范大学硕士学位论文,2019.

④ 乔娜.新加坡南洋理工大学创建世界一流大学研究[D].陕西师范大学硕士学位论文,2019.

(二)实行高标准的专业建设

实行专业建设国际标准,是南洋理工大学本科专业建设的突出亮点。南洋理工大学按照国际学术咨询团的建议,逐渐改变本科专业过分强调为经济发展和就业需求服务的倾向,新的专业设置需要严格的审核程序,审核重点不仅包括社会需求、学生就业,还涵盖特色优势、分年招生计划、教师配备等标准。在教师聘用和职称评定等方面,南洋理工大学执行严格的同行评议程序。教师招聘坚持国际同行评价,一般一个职位有约50人申请,确定10人进入视频面试,初选3人到学校面试。入职教师具有全球竞争力,对晋升到副教授职称的教师实行终身教职。目前,南洋理工大学65%的教师来自海内外70个国家,大多数新加坡籍教师也从国外获得学位,教师学缘结构涉及570所国外高等学府。同时,南洋理工大学与欧洲、美洲、亚洲等多所知名大学建立深入合作关系,开展多个合作项目,如与法国国家科学研究中心开展学生交换计划、科学与学术信息交流,与麻省理工学院建立新加坡—麻省理工联盟等。此外,一流的本科教育需要稳固的设施条件。2014年以来,南洋理工大学持续改进教室等教学基础设施,新建教学示范中心和学生公寓。信息化建设已通过ISO20000国际认证体系,每个学院都有专门的IT办公室,并投入巨资对教室进行信息化改造。

(三)促成全方位的发展局面

新加坡在国家层面提出"五大价值观":国家至上、社会为先;家庭为根、社会为本;关怀扶持、同舟共济;求同存异、协商共识;种族和谐、宗教宽容。[1]南洋理工大学则基于新加坡的国家价值观,通过制定"5C"素养计划,即本科毕业生应具有公民意识(Civic-Mindeness)、沟通力(Communication)、创造力(Creativity)、品格(Character)和竞争力(Competence),力图把爱国、自信、奉献、责任感、团队协作以及创新精神、全球意识等贯穿于学生日常教育。[2]对于"5C"人才的培养,南洋理工大学十分注重综合施策,形成了与自身整体办学实力和影响力相称的一系列行之有效的做法,主要体现在以下方面。①积极推进跨学科教育。2010年该校制定了"南洋理工大学2015战略"的"卓越五峰计划",即在可持续发展的地

---

[1] 姜卫平.新加坡构建核心价值观的启示[J].思想政治工作研究,2014(7).
[2] 乔娜.新加坡南洋理工大学创建世界一流大学研究[D].陕西师范大学硕士学位论文,2019.

球、未来医疗保健、新创意媒体、新丝绸之路和创新亚洲五个领域推进跨学科研究。2012年,学校设立跨学科研究生学院,进入跨学科研究生学院的研究生除了修读主要学科的课程外,还需选择另一门学科作为副修,以此把跨学科的学习研究落到实处。南洋理工大学也因此成为亚洲第一所为研究生提供跨学科教育的大学。②与全球名校、知名企业联合育人。2009年4月,在南洋理工大学校长徐冠林的倡议下成立了由美国加州理工学院、中国上海交通大学和印度孟买理工学院等七所大学组成的"G7国际科技大学联盟",旨在集中各成员科研优势,开展教学、研究、师生交流等多方合作,普及和发扬工程科技教育,并以跨领域的工程科技研究来共同解决人类目前面对的气候变化、水资源短缺等问题。目前,南洋理工大学已与全球37个国家或地区的300多所大学有教育研究合作关系,开展合作教育项目50余个。除此之外,十余年来,该校先后与一大批全球知名科技企业在前沿科技研发、学生实习实践等方面建立了合作关系,学校科研水平得以迅速提升,先进科研成果在全球广泛运用,学生创新创造能力培养得以广泛开展。③扎实开展创业创新教育。南洋理工大学特别重视对学生的创业创新教育,在实践中形成了独特的实践体系:一是与新加坡经济发展局联合创办南洋科技创业中心;二是开设大量创新创业教育专门课程;三是强化专业师资,鼓励支持教师创业;四是不断改革和创新教育教学方法。①④强化人文素质教育。2004年,南洋理工大学设立人文与社会科学学院;2005年,设立艺术、设计与媒体学院,正式开启了新时代的人文素质教育。其目标在于培养学生的人际交往沟通能力、历史文化传承能力和批判性思维能力,促进健全人格与个性发展,同时在全校营造浓厚的文化与氛围,响应国家"优雅社会"建设的号召,促进复合型、优雅型人才的成长。②

---

① 宋海斌,王军杰.新加坡南洋理工大学创新创业教育的实践与思考[J].民族教育研究,2018(3).
② 龚成,邹放鸣.新加坡南洋理工大学"5C"人才培养理念的实践及启示[J].中国高等教育,2018(10).

第四章
东京大学本科生教育质量保障体系

教育质量是高等教育发展的核心,也是人才培养的关键。本科生教育质量处于人才培养的核心地位,是大学生存的根本。当下,人才竞争就是国力竞争,各国不断推进高等教育改革以保障本科生教育质量的发展,确保世界一流人才的培养。东亚国家在高等教育改革时十分注重顶尖大学的引领与示范作用,渴望借助顶尖大学的社会影响力,推动国家高等教育改革。东京大学(The University of Tokyo)是日本的领军大学,在本科生教育改革方面开展了富有成效的一系列举措。研究其本科生教育质量保障体系,对我国更好地培养适应国际需求的一流人才、提升我国高等教育质量、增强国家核心竞争力具有重要意义。

一、东京大学本科生教育质量保障体系的产生背景

21世纪90年代以来,日本推出一系列高等教育改革的措施,在改革浪潮中,作为日本大学之首的东京大学能够转变传统观念、调整发展思路、科学制定规划、切实推进改革,确保东京大学的本科生教育质量水平,推进东京大学比肩世界顶尖大学。东京大学本科生教育质量保障体系的产生背景有如下三个方面。

(一)高等教育国际化带来的机遇与挑战

1.提升高等教育的国际竞争力

21世纪以来,打造具有国际竞争力的高等教育体系是日本高等教育改革的重大任务之一。在知识经济兴起与全球化浪潮下,高等教育质量水平成为衡量国家综合实力的重要标准。从世界大学排名来看,日本位于排名前列的学校较多。日本也培养出较多的诺贝尔奖获得者,同时也为世界的发展贡献了大量的

知识产出。但是，日本大学的科研水平、论文产出相较于同等排名的学校还有较大差距，且日本大学的排名也出现了下降的趋势。[1]其中很大一部分原因在于日本大学内部管理的僵硬化和教育内容的封闭化。为了提升日本高等教育国际竞争力，文部科学省发布了《大学的构造改革方针》，提出建立30所具有世界一流水平的顶尖大学，又称"远山计划"。此外，文部科学省还实施了"21世纪COE计划"以促进日本高等教育国际化。[2]该计划委员会选定并资助了包括东京大学在内的50所大学。东京大学作为日本的顶尖学府，意味着其不仅要引领日本的高等教育发展，还要比肩世界一流大学。因此，东京大学确立了以质取胜的发展战略，提升日本高等教育的国际竞争力。

2.培养多元化国际人才的需要

20世纪80年代，日本政府提出"要培养世界通用的日本人"，即培养能够理解各国文化与传统、具有较强的国际意识、适应国际环境需要的日本人[3]。进入21世纪，随着全球化与市场化的影响，人员、信息、资金的全球流动更加广泛，具有多元化特征的国际人才成为国际竞争中的关键资源。此外，伴随第四次工业革命的出现，人工智能、大数据、物联网等尖端科技将被运用到未来社会生活的各个领域。日本为了更有利地参与国际竞争，发挥自身优势，最大限度地利用自身资源，对人才培养提出了新要求。因此，日本高等教育以培养高水平的创造型国际人才为目标。东京大学也将教育目标调整为培养具有国际视野、开拓精神和社会责任感的综合素质高、创新能力强的顶尖人才。这一目标的确立对东京大学的本科生教育质量提出了更高要求。

3.周边国家高等教育崛起的冲击

教育全球化发展的同时，还存在世界各国对教育资源的激烈竞争。日本周边国家的迅速崛起，特别是中国高等教育的高速发展，给日本带来极大的冲击与压力。一方面，从大学的竞争力来看，在世界大学排名上，东亚其他国家与地区之间的大学产生了强烈竞争，且日本大学的排名正处于下降的趋势。另一方面，

---

[1] 天野郁夫.日本高等教育改革：现实与课题[M].陈武元，等译.厦门大学出版社，2014：8.
[2] 有本章，张慧洁.日本的高等教育改革——以社会条件、职能、构造为中心[J].复旦教育论坛，2004(1).
[3] 王留栓.日本大学国际化发展战略及其经验探析[J].世界教育信息，2004(4).

从吸引尖端人才的人力竞争上来看,日本不仅要与欧美发达国家竞争亚洲教育市场,还要同亚洲国家竞争人才资源。虽然日本高等教育已经进入普及化阶段,但是在国际竞争上仍显得后劲不足。为了确保日本高等教育体系的国际竞争力,实现日本大学的发展与扩张,日本政府亟须解决大学数量与质量之间的冲突,进行高等教育质量变革。东京大学作为日本大学发展的风向标,一直以创办富有国际竞争力和引领世界的大学为战略目标,从而深入推进大学的建设[①]。在国内外竞争压力下,东京大学被期待能够突破发展瓶颈,成为创建技术型社会、知识型社会和学习型社会的"引路人"。

4.高等教育的普及化发展

从就学规模来看,日本率先从高等教育大众化进入到高等教育普及化的阶段。在这一阶段,学生会不可避免地陷入学习动机低下的情境,此时专业知识技能的学习已经不是学生进入大学的核心目的。[②]然而,高等教育普及化使得学生的就业形势并不明朗,许多大学生的就业场域逐渐从主要劳动力市场向次要劳动力市场转移。从数量上来看,日本高等教育已进入普及化阶段,但是在结构和发展上并未形成与数量相对应的发展格局。这是日本高等教育面临的不可忽视的现实与课题,此时就要求日本高校能够根据产业结构变化、就业形势变化,及时调整人才培养方案,使得本科生的个人技能能够符合社会的要求,弥合人力资源需求与劳动力供给之间的鸿沟。人才需求的变化也在时刻影响着东京大学培养目标的制定。同时,高等教育进入普及化也影响着东京大学质量观的改变,要求在进行课程设置与质量评估时,需更加凸显学生的主体地位、注重科学研究成果的产出以及制定能够兼顾多元评价主体考核的质量标准。

(二)国家内部的发展需求

1.经济因素制约发展

20世纪90年代,日本累计财政赤字和国际债务总额不断增高,日本国内经济面临崩溃。长期的经济低迷使得日本在全球化的浪潮下竞争力疲软,于是日本开始反思产学关系。日本认为振兴经济需实现产业转换,从工业主导走向知

---

① 王晓燕.日本国立大学法人化改革中的大学章程建设——以《东京大学宪章》为例[J].全球教育展望,2009(4).
② 天野郁夫.日本高等教育改革:现实与课题[M].陈武元,等译.厦门大学出版社,2014:33.

识经济,将"知识产业"作为重中之重,进行教育改革。大学是知识型社会和知识经济的核心机构,承担着培养高端人才的使命。因此,大学改革成为教育改革的重点,其中对本科生教育的改革更是重中之重。必须对高等教育体制进行根本性改革,激发大学活力,提高大学的创新能力。东京大学作为日本的顶尖学府,自觉承担着社会使命,以知识创造为己任,寻找经济发展的良方。

2.少子化引起生源减少

20世纪80年代,日本高等教育面临着人口骤降带来的冲击。人口的急剧减少带来了高校生源竞争,面对高等教育领域激烈的生源竞争,国立大学面临着生源不足、质量不高、财政危机等问题,不少大学甚至面临着倒闭的困境。为了解决这一危机,一方面,日本政府引入市场竞争机制,完善对大学的评估体制,强调大学教育资源的整合。大学为了获得更多的资金,就必须提高自身的教育质量,这样才能在生源争夺上获得更大竞争力。另一方面,国立大学需从招生方式、教学手段、管理模式等方面进行变革。不仅如此,国立大学也面临着更新学生入学后的指导与教育、创新教学科研以及改变经营方针等挑战。东京大学在这一挑战下,增加了入学招生的考察方式、丰富了课程的类型、实行了多样化的体验学习等方式以增强自身的竞争力,获取优质生源,保障本科生教育质量。

3.国立大学法人化改革

自20世纪90年代起,面对长期经济不景气、社会发展缓慢的情况,日本政府决定实行国立大学法人化改革。国立大学法人化改革被视为二战后日本高等教育领域内最大的改革。其目的是解决国立大学过于依赖政府组织、运行效率低下、政府财政负担过重的情况。其方式是改变日本国立大学的行政属性、压缩行政机构和大学教师编制。通过给予高校自主权以激发其活力,提高知识创新能力。[1]在国立大学法人化改革实施之后,东京大学对自身的发展提出了更高要求,重申《东京大学宪章》的目标定位,并进一步提出要开展"世界最高水准的教育与研究"。为了增强东京大学内部活力,以教师人事制度为例,当前东京大学教师人事管理正从原有的稳定保障型向流动竞争型过渡,引入了绩效评估、年薪

---

[1] 熊庆年.站在时代的前列 迈向世界知识的顶点——东京大学的战略[J].清华大学教育研究,2007(5).

制、交叉聘用等以能力为导向的竞争制度,提升了大学教师的研究水平。①

(三)东京大学的内部因素

1.东京大学的重要地位

东京大学自明治时期创立以来,便承担了培养国家领导人与社会中坚力量的使命,是日本明治维新和社会变革的强心剂。东京大学对日本的政治、社会、经济、文化等各个方面都有十分卓越的贡献,它是位于日本高等教育金字塔顶端的大学,其重要地位不言而喻。第一,在历史上,明治政府为了摆脱西方列强的威胁,维护民族独立,想要尽快通过大学教育来培养国家领导人,使日本能够成为和西方列强抗衡的强国。②东京大学便因此得以成立,其所带有的基因便赋予了该校不同于其他大学的使命。第二,东京大学在日本的社会地位极高,被誉为"出首相的大学"。这既与东京大学最初的培养目标一致,更能够说明其在教育质量上处于顶端水平。第三,在国际地位上,东京大学因培养出众多诺贝尔奖获得者而在国际上极具盛名,其更是着眼于世界,要创造不仅是日本的更是世界的东京大学。

2.东京大学的自治特点

国立大学法人化改革为国立大学在大学身份、经营方式、社会参与制度、人事制度等方面赋予极大的自主权。③在获得自主权的同时,离开了政府庇护的各大国立大学,自身的管理运营、教育质量都面临着新一轮的挑战。东京大学根据日本高等教育的发展蓝图,合理运用办学自主权、管理自主权和运营自主权,深入推进大学体制建设。首先,在大学规划上,东京大学能够独立自主地决定自身的发展目标,并付诸行动实现目标。东京大学的中期目标便是围绕其独特的大学理念而开展的,是基于东京大学对自身的理性认识和发展愿景的自主选择。其次,在内部治理上,东京大学形成了独特的组织体系,要求个人必须做到自律管理,同时又有相应制度来制衡权力关系。最后,在大学运营上也参考了企业经

---

① 鲍威,姚锦祥,闵维方.法人化改革后日本国立大学教师人事管理制度的变革:从稳定保障型向流动竞争型的过渡[J].清华大学教育研究,2020(2).

② 金龙哲,王东杰.东京大学[M].湖南教育出版社,1992:32.

③ 施雨丹.日本国立大学法人化改革:背景、内容及启示[J].清华大学教育研究,2007(1).

营管理,在行政管理、财务管理上具有自主权。高度的自治权赋予东京大学在学校建设、质量保障方面更广阔的发展空间。

二、东京大学本科生教育的质量策划

质量策划是质量保障体系的一部分,致力于制定质量目标并规定必要的运行过程和相关资源以实现质量目标,须遵循基本的工作方法:首先制定质量方针,根据质量方针设定质量目标,根据质量目标确定工作内容(措施)、职责和权限;然后确定执行程序与具体要求;最后付诸实施。在东京大学本科生教育质量保障体系的质量策划的过程中,首先由国家及学校明确培养的目标与方针;其次从法律层面对本科生教育的内容及要求进行规定;最后在学校实施层面建立管理组织进行监督,创造高质量的管理环境,保障本科生教育质量水平。

(一)教育质量方针及目标

质量策划的首要任务是确定质量方针并制定与之相适应的质量目标。进入21世纪,日本以建立研究型大学为目标,以培养创新型人才为核心,以期形成独特的本科生创新人才培养机制和本科生教育质量保障体系。为此,日本政府在"教育再生实行会议"中提出了高等教育五个方面的改革与发展任务。①推进适应全球化需要的教育环境建设;②推进能够产出引领社会发展的创新成果之教育与研究环境建设;③加强本科生教育培养学生并向社会输送人才的教育功能;④加强大学的成人教育功能;⑤加强大学治理改革,通过确立财政基础强化办学基础。[1]

为了配合这一发展任务,东京大学再次更新《东京大学宪章》,从学校定位和人才培养目标上,为东京大学本科生教育提供明确的指导方向。一方面,在学校定位上,东京大学以学问自由为基础,探求真理和创造知识,并以维持与发展世界最高水平的教育为目标。另一方面,在人才培养上,专注培养具有广阔国际视野,专业水平高,具有理解力、洞察力、实践力、想象力和国际精神的开拓者和各领域的领导人。[2]同时,《东京大学宪章》除了强调学术要求与管理规范外,也特

---

[1] 文部科学省.文部科学白书(2013年)[M].日经印刷株式会社,2014:41.
[2] 此内容主要参考东京大学官网《东京大学宪章》的内容。

别注重大学的社会职能。东京大学强调学校与社会的密切联系,将视角定位于世界,主张研究成果反馈社会,同时创造回应社会需求的研究活动,推进大学与社会的双向合作。东京大学对自身的学校定位和教育理念体现出东京大学对本科生培养的基本方针。其内容分为两个部分,一部分强调"通识教育"与"专业教育"的有机结合,以广泛的通识教育为基础,使学生具有广阔的视野和创造精神。另一部分着重培养学生的责任感,使学生能够不断追求真理,肩负日本乃至世界发展的重担,创造一个开放、平等、自由的世界。[①]

(二)法律法规体系与实施

为了建立本科生教育质量长效保障体系,在质量方针和目标的要求下,需从法律层面对本科生教育的内容、职责和权限进行规定。首先,从日本高等教育整体治理上来看,《面向2040高等教育总体规划报告》描绘了2040年日本高等教育发展愿景以及重构日本高等教育体制的应有之义,其核心是规定每所学校应在校长的领导下完善"三大政策",即文凭政策、课程政策和入学政策。[②]《大学的结构改革方针》提出了国立大学结构改革的三个方向:合并重组、法人化,以及形成第三方评价的竞争机制,其目的是进一步完善本科生教育质量保障体系。其次,从大学的职责把握来看,《国立大学法人法》就国立大学行政管理进行了规范,使国立大学拥有独立的法人资格,国立大学可以根据自己的权利和责任实施有效的运营管理。最后,从大学的实施举措上来看,文部科学省在中央教育审议会上就大学治理的问题对《学校教育法》进行修订,确立了大学认证评价制度。依据《学校教育法》严格把控学校的办学审批和跟踪调查入学本科学生的学业情况,依据《学校教育法施行细则》完善校内保障措施。日本从法律层面对高等教育体系进行构建,对高校执行措施进行要求,从实践层面落实进行规范。这对于本科生教育质量保障体系的发展和完善而言,意义十分重大。

东京大学也积极响应国家关于构建高等教育质量保障体系的号召,确保东京大学本科生教育质量的发展。东京大学完善了《东京大学宪章》,其中规定了

---

① 此内容主要参考东京大学官网《东京大学宪章》的内容。
② 陈武元,李广平.日本高等教育质量保障体系的重构及启示[J].中国高等教育,2021(2).

学校理念、基本组织及运营方式。①既从外部回应了政府对高等教育管理模式的变革,又对影响高校发展的内因进行了重构。内外呼应共同保障本科生教育质量水平。除此之外,东京大学还以《东京大学宪章》为指导,制定《中期目标及规划》并每6年进行反馈和更新,其中规定了达到每个阶段目标的具体措施。这些措施均指向教育质量的提升、研究水平的提升以及学校与社会的联系。②

(三)教育组织基础与支持

在法律保障本科生教育高质量发展的条件下,学校实施层面的要求也不容忽视。本科生的教育质量保障除了重视学术的自由与创造性外,大学的自治水平也关乎质量的发展,因此对质量水平的监控管理至关重要。东京大学十分注重教育组织建设,致力于创造一个人事自律、运营高效、权责明确的管理环境。东京大学形成了以校长为核心的教育质量保障组织体系,为东京大学本科生教育质量保障体系的开发和实施提供了组织基础和支持。

首先,大学管理自治的根本在于人事的自律,学校总长(校长)、副校长、系主任、研究科长、研究所长以及教员等皆需对自身进行严格、自律的管理。从大学校长再到师生都需以实现东京大学目标为己任,自觉承担责任并为之努力。其次,东京大学的系、研究科、附设研究所等,作为自主运营的基本组织的同时,也担负着积极参与大学运营的职责。在国立大学法人化的影响下,东京大学的管理运营方式也逐渐由官僚制向企业制转变。③最后,东京大学在基层学术组织层面确保了以教授会为主导的内部自治,从学校层面构建了以校长为核心的管理体制。此外,东京大学设置理事会、经营协议会以及教育研究协议会,又赋予校长对理事、副校长等人的任命权,强化了校长在决策和执行过程中的权力。同时,各教师代表又参与校长的选举及任期时长的限制,在一定程度上又制衡了校长权力。④完备的教育组织管理为东京大学的本科生教育质量保障体系提供了外部环境基础,能够在质量保障机制运行中做到权责分明,有据可依。

---

① 王晓燕.日本国立大学法人化改革中的大学章程建设——以《东京大学宪章》为例[J].全球教育展望,2009(4).
② 此内容主要参考东京大学官网"中期计划和目标"的内容。
③ 此内容主要参考东京大学官网《东京大学宪章》的内容。
④ 顾建民,等.大学治理模式及其形成机理[M].浙江大学出版社,2017:170.

三、东京大学本科生教育的质量控制

质量控制是指为了达到质量要求所进行的活动。为了达到规定的质量要求,需在前期预防、测量手段、确定标准、及时反馈等生产过程的各方面进行一贯式监测,并能够及时反馈与调整。在本科生培养过程中,多种因素均可对本科生教育质量产生影响。东京大学主要从本科生生源、课程资源、教育标准、实习实践等四个方面进行控制,对入学选拔到学校学习再到毕业考察进行全过程控制与调整,以期达到本科生教育应有的质量水平。

(一)生源质量控制

对于本科生教育质量保障来讲,选拔出高质量学生进入大学,使其接受高等教育本科阶段的学习,是质量控制的第一步。从东京大学入学考试的基本方针、东京大学对高中毕业生的要求标准、东京大学的入学选拔方式,可以看出东京大学对生源质量的高标准、高要求,以确保学生能够完成课程要求、达到毕业标准,实现东京大学的本科生培养目标。

1.入学考试的基本方针

东京大学是日本第一所国立大学,从建立之初便承担着培养"具有全球视野的国民精英"的使命。在这样的使命下,东京大学的目标是:第一,培养能够对本国的历史和文化深刻理解的同时,具有国际广阔视野的国际型人才。第二,培养能够以高度的专业知识为基础,具备发现和解决问题能力的创造型人才。第三,培养能够在承担国民公共责任的同时,发挥坚韧的开拓者精神,进行自我思考的人才。因此,东京大学要求考入学生具有健全的伦理观和责任感、主动性和行动力。[①]东京大学采用较为严格的选拔方式,在世界范围内遴选优秀高中毕业生,分为一般选拔、学校推荐、外国学校毕业生特别选考等。每种方式都采用笔试与面试以及与其他考察方式相结合的多流程选拔,从生源质量上确保东京大学本科生教育质量。

东京大学入学考试的内容与高中学习内容密切相关,基于上述东京大学的教育目标,其入学考试有以下三个基本方针。第一,考试的内容与高中教育阶段

---

① 此内容主要参考东京大学官网"入学案内アドミッシュン・ポリシー"的内容。

的目标是一致的。第二,为了能够充分应对入学后的"教养教育",需不拘泥于文科、理科而进行广泛学习,重视具备国际性的广阔视野和外语交流能力。因此,文科类考生也要求掌握理科基础知识和能力,理科类考生也要求掌握文科基础知识和能力。此外,对于任何一个科类考生,都要求其具有外语基础能力。第三,东京大学不鼓励学生填鸭式地将知识死记在脑中,而重视培养学生具有用学过的知识解决问题的能力。

2.与高中教育的衔接

东京大学期望从世界各地招收认同东京大学的教育理念,并对学习拥有高涨热情和强烈渴望的学生,同时该校也希望学生积极充分地利用大学内的教育和研究环境,独立自主地学习,并拥有成长为各领域领军人物的意愿。东京大学不鼓励招收只注重考试成绩、将所有学习时间都用来备考的学生,而是欢迎出于兴趣在课堂内外学习各个领域各种知识的学生,因为这些学生渴望具有更宽广的眼界,能将学习中出现的各种问题以及个人见解联系起来,探究和追求更深层次的问题。

为了招收理想的学生,东京大学对申请的高中毕业生在国语、地理与历史、数学、理科以及外语方面都提出要求。第一,国语体现了学生对国家文化的理解程度,高中毕业生必须掌握理解文章大意的阅读能力和正确运用日语的表达能力。除此之外,还需要有基于自身体验的语言运用能力。比起细节知识量的掌握,东京大学更加重视将知识关联起来进行分析、思考的能力。第二,在地理与历史科目中,高中毕业生需掌握地理、历史、社会现象等综合知识,并且具有能够将知识关联起来的思考能力以及有逻辑的表达能力。第三,数学是自然科学的基础科目,东京大学认为高中生在数学科目的学习上需具备数学的思维能力、数学表达能力及用数学解决现实生活问题的能力。第四,东京大学认为无论是自然学科还是尖端技术领域,理科是析出问题本质、解决课题的基础学科。东京大学希望报考的高中生,能够广泛学习理科各门科目,掌握有关理科的基础知识,并且需要具备深入观察自然现象的洞察力,重视基于科学原理分析自然现象的能力,以及注重整合和综合理解广泛领域的知识和技术的能力。第五,基于东京大学的教育目标,该校十分看重国际人才的培养,因此在外语学习上,学生不仅要掌握简单的语法、发音和单词,还需要具有批判性思维,能理解他国文化背景。①

(二)课程质量控制

高等教育质量控制的核心之一,就是对课程资源质量的控制。课程的设置也是东京大学本科人才培养的关键。东京大学课程设置具有"重视通识教育,循序渐进地开展专业课程"的特点,前期阶段以通识教育(也称"教养教育")为主,后期阶段以专业化培养为主。前期所有学生进行通识课程的学习,直至三年级才开始选择院系、专业和方向并开展专业课程。

前期阶段是学生入学后统一在教养学院接受的时长两年的通识课程。该课程没有具体的专业偏向,目的是为新入学的学生打好学习基础和培养人文素质,其主要分为四种。其一是基础课程。基础课程设置的目的是让学生掌握最基本的文理科知识,培养学生自主思考的能力。除了学习外语、信息收集、体育与健康等必修科目外,还需要学习社会科学、自然科学、研究方法与基础等科目,从而培养基础的学术能力。其二是展开科目。展开科目是由"社会科学研讨会""人文科学研讨会""自然科学研讨会""文理融合研讨会"等构成的任意选修科目。展开科目作为前期课程的基础课程和后期课程的专业课程的交汇点,为学生进入之后的专业选择和专业化学习打好基础。其三是综合科目。综合科目是为了拓宽学生的知识面和培养学生的综合判断力,通过跨学科的设置来培养学生多角度思考问题的能力。其四是主题课程。主题课程是通过限定主题,聚焦当下研究热点,分为"学术会议""全校自由研究研讨会""国际研修"等,使学生能接触到前沿的科学研究,提供接触、理解热点时事的机会,培养学生的学术能力与判断能力。

后期阶段是学生在接受了知识过渡性的基础课程后,有了一定的专业认识,能够自主选择专业,在学校的后两年时期进行高度专业化的学习。在后期阶段的学生可根据各专业培养方案进行学习,也可以根据自身的学习兴趣,在各专业或研究所中进行学习。给予学生前期阶段充分的过渡学习,以衔接后期阶段的专业课程学习的这一过程也被称为"推迟专业化"。一方面,强化了学生的通识

---

① 此内容主要参考东京大学官网"高等学校段阶までの学習で身につけてほしいこと"的内容。

教育,重视学生的综合素质培养。另一方面,给予学生充分的时间培养专业兴趣,在认识自己的基础上进行专业选择。

(三)标准过程控制

东京大学根据自身教育理念和教育水平,自主制定了学校的中期目标与计划。严格的标准化管理是东京大学本科生教育质量保障体系的基础。[①]自2004年起,东京大学每6年更新中期目标与计划,并对上一期中期目标与计划进行实绩考核,以此来保障其本科生教育质量。

1.中期目标

中期目标的设定理念源于东京大学的教育特色和教育使命。东京大学的本科生教育的特色是以充实的教养教育为基础、以高质量的专业化教育为目标,集结世界各国英才,承担国际责任,使东京大学成为世界的大学。教育使命是提高教育与研究的专业化水平、培养国内外各个领域的尖端人才、进行创造性知识生产等。《中期目标及规划》的制定也充分展现了东京大学对于正在制定和实施的教育方案质量的自主权和责任,这些目标都是针对当下亟须解决的问题与影响未来发展的关键问题而设立的。以"第四期中期目标(2022—2028年)"为例,东京大学的中期目标是提高教育与科学研究的质量、提高业务运营效率、改善财务状况、完善研究所评价体系等。[②]

在教育质量保障上,东京大学对自身的发展不断提出新要求。第一,提高东京大学的教育与研究质量在于清楚认识到自身使命,东京大学秉持可持续发展理念,将解决世界范围内的复杂问题视为自身职责。第二,在教育教学质量上,本科阶段需在通过探究所在专业的课题,掌握基本方向与锻炼思维逻辑能力的同时,扩大学习视野并接触其他专业知识,培养全能型人才。同时,本科阶段培养的学生能够应对工业4.0时代与产业结构变化所带来的不确定性因素。第三,在研究水平上,要不惧时代风险,不断增强学术研究的先进性和多样性,继承和发扬探求真理的学术热忱。第四,东京大学的发展离不开社会各界的共同努力。东京大学积极联合国内外大学、研究所等,推进合作关系以实现师资、物资共享。同

---

① 此内容主要参考东京大学官网"研究組織・プロジェクト"的内容。
② 此内容主要参考东京大学官网"第四期中期目标和中期计划"的内容。

时，东京大学也在助力构建知识型社会，积极和大企业、医院、学校等进行产学协作。

2.中期计划

中期计划是在中期目标的指导下实施的具体举措。以"第四期中期计划（2022—2028年）"为例，东京大学的中期计划在为达成中期目标时梳理出许多详细的举措及评价指标。在提高本科生教育质量与研究水平这一目标下，为了达到解决社会问题、提高教学质量、提高研究水平、进行产学协作的要求，东京大学提出了具体的计划。其中，关于本科生教育的具体措施是根据本科生培养目标制定的，是提升本科生教育质量水平的有效举措。

第一，为了解决世界面临的问题，东京大学设立了多个课题组专门解决社会问题。一方面，针对困扰人类社会的自然问题，如碳排放、温室效应、传染病疫苗研发等问题，设立了专门的研究点。另一方面，针对如人口老龄化、多元文化交融、女性权益等人文社会科学的问题，加大研究力度，为创造更加和谐多元的世界贡献力量。第二，在教育质量上，其一是为了更好地使本科生适应社会的现代化、国际化发展，面向全体学生开展具有多样性、包容性、全球性的基础课程，同时学校也给各国学生提供了跨文化交际的场所。其二是熟练构建各类数字模型，使得教育成果可视化，同时更新教学手段，运用VR、AR等技术丰富学生课堂。其三是为了培养本科生自主创造的能力，积极和NGO、NPO等非营利组织合作，为学生提供体验式学习，锻炼学生的创新思维。其四是重视外语教学，为学生创造国际交流的机会，增强学生的综合能力。第三，为了提高研究水平，建立了国际先进的研究点。东京大学积极与国际先进的研究所进行合作学习，派遣本科生去国外学习与聘请高精尖人才，争取构建一个面向国际、解决世界难题、培养各界精英的研究型大学。[1]第四，积极借助社会各界力量，与国内外大学及研究所合作，共建尖端科技研究点，如重力波望远镜KAGRA、红外线望远镜TAO、统合染色体医疗科学、强磁场科学等。同时，东京大学还与各大医院等进行合作，为攻克移植技术、癌症防治、医疗器械制造等重大难题做出努力。[2]

---

[1] 此内容主要参考东京大学官网"研究活动"的内容。

[2] 此内容主要参考东京大学官网。

(四)实习实践控制

东京大学从初入学校的严格筛选,到在校期间的专业培养,都是其本科教育质量保障体系的重要一环。在本科生即将步入社会的阶段,为了帮助其更快适应社会,东京大学还开展了学生就业指导。同时,为了使毕业生能够适应社会需求,东京大学在学生实习实践、论文标准与课程学分要求上也采用了严格的控制手段。这是学生毕业前的最后一道关卡,也是东京大学本科生教育质量保障体系质量控制的最后一步。

1.实习实践

东京大学为了使本科生毕业后能够更好地和社会接轨,十分注重学生学习的体验感与实践感,在校期间会安排多样的体验学习、开展产学合作并对此有专门的学分要求。一方面,东京大学的一大教学特色就是体验式学习。该校为本科生提供了能够接触到别样民俗与文化的机会,体验不同的生活。以2022年的国内体验项目为例,如TSCP学生委员会开办的东京大学校园内低碳活动,旨在培养学生的环保理念。学生也可以亲身参与日本环境保护,了解联合国可持续发展目标。[①]除了国内体验外,还有丰富的国际访学与交流活动。另一方面,东京大学注重发展产学协作的培养模式,使该校本科生在进入社会后能够快速适应并展现突出能力。在提高学生适应力的同时,也完成了东京大学研究成果服务社会的重大使命,增强学校与社会的联系。此外,东京大学对本科生的毕业状况进行统计,明确学生的就业领域。以2021年本科毕业生状况为例,东京大学共有3157名本科毕业生,其中共有1443人继续深造学习,就职学生共有1053人,就业领域大都集中在金融和公务领域。[②]

2.就业指导

为了解决毕业时期学生过大的就业压力与心理压力,东京大学设立了专门的保健中心、精神保健支援室、事业支持室。对学生的身体健康问题、心理问题、进路迷茫、人际交往障碍等问题给予针对性指导与建议。保健中心主要关注学生的身体健康问题,对学生进行定期体检,特别是在新冠疫情期间,东京大学更加关注学

---

① 此内容主要参考东京大学官网。
② 此内容主要参考东京大学官网"本科生毕业后状况"的内容。

生的健康问题。"精神保健支援室"主要对学生进行心理健康检测、对需要的学生进行心理指导、定期开展心理健康讲座等。"事业支持室"会向学生提供就职活动的信息,如往届毕业生的就业信息、就职活动的流程、面试对策以及就职过程的心理疏导等。

四、东京大学本科生教育的质量改进

质量改进是质量管理的一部分,它致力于增强满足质量要求的能力,质量改进的最终效果是获得更高水平的产品。时代的迅速发展不断对人才提出新要求。为了适应时代的发展,东京大学质量保障体系也处在不断变革与发展的进程之中。

（一）内部审核与改进

东京大学内部将依据中期目标进行自我考核,并生成详细的自评报告,递交第三方评价机构。东京大学通过内部审核程序,发现本科教育过程中存在的问题,针对问题提出解决方案,以实现本科生教育质量不断优化和改进的目的。以2020年东京大学的自评报告为例,学校以先前设定的"第三期中期目标（2016—2021年）"为标准,对自己6年间的教育活动、研究活动等进行考察,并按照层级对每个项目的开展情况进行自我等级评分。[①]

首先,在教育水平上,东京大学对教育内容和教育成果、教育实施体制、对本科学生的支援情况、入学选拔四个方面进行了考察。一是关于本科生教育内容和成果方面,在广泛的通识教育的基础上,有效融合了多样的专业教育。在前期课程和后期课程中开发了多项新项目,增加体验性学习,促进学生的国际化,使学生全面综合地发展。二是关于本科生教学体制方面,形成以教养学部为主,全学校共同参与的保障体制。东京大学不断完善、更新前期课程评价方式,丰富后期课程跨学科的课程设计。三是关于本科生支援方面,丰富完善支援体系,设置"学生交流所""精神保健支援室"等关注学生的心理健康、职业选择等的机构。完善多种奖学金评选机制,为经济困难学生提供经济支持。四是关于入学选拔

---

① 此内容主要参考东京大学学位授予机构官网。

方面,东京大学设立了"高大衔接研究开发中心",对入学学生进行追踪调查。①

其次,在研究水平上,东京大学要构建研究型大学,学校高标准的研究水平是培养具有研究能力本科生的关键。东京大学对研究水准及研究成果、研究实施体制两个方面进行了考察,并详细列举了每个研究所的研究成果。一方面,东京大学以在各个科学领域做出卓越贡献为目标,并期待能够创造性开拓新的学术领域。为此,学校开设了许多尖端科技研究点,与国际先进研究所对接并聘请国内外尖端人才,全面提升研究水平,强化研究的先进性与国际性。另一方面,东京大学为提升研究人员质量和教师质量,完善了教师招聘制度及任期制度。如2016年设置"卓越教授制度"和2018年设置"特别教授制度",还有面向年轻教师的"东京大学卓越研究员"项目等,极大地提高了教师研究水平和积极性。教师是质量保障的关键因素,东京大学对教师质量提出了更高要求,保持教师活力。

最后,在与社会合作及贡献上,东京大学希望其培养的本科生能够满足社会的发展需求,引领社会的变革。一是东京大学作为构建知识型社会的研究据点,将大学内产生的知识推广至世界,为日本以及世界发展做出贡献。东京大学整合校内资源,利用公开大学的方式投放至社会,促进知识型社会的构建。二是广泛应用东京大学的研究成果,积极协助和促进民间各类公益活动,以解决国家乃至世界问题为己任。三是和社会大型企业或机构进行合作,资源同享,共同开展研究。例如日本电气公司(NEC)和东京大学共同开展AI技术研究、AI应用的社会伦理及法制研究等。四是积极弥合人才培养和社会需求之间的缝隙,积极改革人才培养机制,培养社会发展所需要的人才。自2019年4月起,东京大学开展"东京大学Found X"项目,支持本校本科生开展创新创业活动。②

此外,针对不同的第三方评价机构要求的差异,东京大学自评的基准会有所调整。如:2015年,东京大学从大学理念与目的、教育课程和学习成果、招生状况、学生援助、教育和研究环境、教育研究组织、教师和教师组织、内部质量保障、大学运营与财务以及社会合作与贡献十个维度进行考察。③无论何种标准,东京

---

① 此内容主要参考东京大学学位授予机构官网。
② 此内容主要参考东京大学学位授予机构官网。
③ 此内容主要参考东京大学官网"東京大学自己評価書"的内容。

大学从未松懈自我审核与改进,通过校内措施进行内部质量监控,既是学校对前期工作的自我审视,也是之后学校发展的关键参考。以自我评价为基准,东京大学能够准确定位学校发展,精准制定下一期的中期目标,并进一步巩固本科生教育质量保障体系。

(二)外部评估与改进

日本政府自上而下地推动大学认证改革并将接受大学认证评价视为大学的基本义务。2003年,日本《学校教育法》修订案确立了大学认证评价制度,即所有国立、公立和私立高等院校(含大学、短期大学和高等专科学校)需定期接受由文部科学大臣认证的评价机构所实施的评价。"大学改革支援和学位授予机构(NIAD-QE)""大学基准协会(JUAA)""高等教育评价机构(JIHEE)"等机构先后成为评价机构,对大学进行认证评价。三个机构各有不同的侧重,从不同的维度对大学教育质量进行评估与审核,同时也是本科教育质量评估的有效参考。基于各个机构的发展历程与对理想大学的价值判断不同,所以各大学在选择第三方评价机构时也会有所侧重。国立大学大多会选择具有独立行政法人并由文部科学省直接管辖的NIAD-QE,东京大学也选择NIAD-QE对其进行审核与评估。NIAD-QE从教育课程和学习成果、招生状况、设备设施与学生援助、教育研究组织、教育质量改进体系、财务运作、管理运营和信息公开七个维度对学校进行认证评价。[①]对此以NIAD-QE对东京大学"第三期中期目标(2016—2021年)"完成度的考察为例,分析第三方评价机构从外部对东京大学进行评估与考察的情况。

1.培养尖端人才

NIAD-QE对东京大学本科生教育活动的开展状况及教育成果的水平进行评价,评价结果是该校能够较好完成计划培养目标。[②]评判标准主要是基于东京大学在本科生教育质量保障上的行动与完成目标所付出的努力。在教育内容及其教育成果的审查上,该校得到了较好完成计划培养目标的评价。同时,该校也着力推进国际化教育、丰富教育内容、促进专业化教育,整合前期课程与后期课程的衔接度,培养全面高素质人才[③]。具体而言,有如下突出贡献:一方面,东京

---

① 李昱辉.日本大学认证评价:目标、动向与挑战[J].国家教育行政学院学报,2020(2).
② 此内容主要参考东京大学学位授予机构官网。
③ 此内容主要参考东京大学学位授予机构官网。

大学优秀本科生的后期课程可以在研究生院课程中进行选修,较好完成本科生与研究生一贯式连接,推进建设"国际卓越研究生院"的目标。另一方面,开展跨学科学习,培养具有综合能力的国际人才。通过开展"全球校园"项目,东京大学4年间派遣了403名学生参与到70个国家或地区的165个国际访学项目中。

2.强化研究水平

NIAD-QE对东京大学研究活动的开展状况及研究成果的水平进行评价,并判定其有何优异之处及特别突出的贡献,[①]同时对其建设研究型大学和培养具有创新能力的本科生的进程进行评定,评价结果是该校能够卓越地完成计划培养目标。在研究成果及研究水平的审查上,东京大学得到了较好完成计划培养目标的评价,并有如下突出贡献。第一,为了推进学术研究的先进性与国际性,开展全球学术与研究项目,新设了世界顶级的研究机构,如数物连携宇宙研究所(Kavli IPMU)、神经元智力研究所(IRCN)。第二,推进了和国际研究点共同开展研究的计划。2016年到2019年期间,该校合作共同完成研究2000余项,参与人数也增长了10%,其中海外参与的人数增加了53%。第三,为了促进研究的多样性,扩大教育和研究的视野,推行"新图书馆"计划。东京大学对原有藏书进行重整与运用,2019年学校藏书量达到9808355册。[②]

3.增强社会合作

NIAD-QE对东京大学社会联系的评价结果是该校能够较好完成计划培养目标。一方面,东京大学能够较好地完成设定的目标,即促进大学与社会的联系,将大学作为创造知识型社会的据点,为日本以及世界的发展做出贡献。东京大学与日立制作所、三井不动产等大型企业缔结合作关系的同时,还积极推进与国际大型企业的合作。此外,东京大学也在积极构建自身的技术创新体系,突破关键技术以及尖端科技研究问题。另一方面,东京大学致力于建设面向社会的开放型大学。集结大学资源以及毕业生、退休教员的力量共同开展"公开在线讲座"并建设"东京大学TV"。正规公开讲座(UTokyo OCW)相较于2016年有了极大的扩充,"东京大学TV"在YouTube的点击量也达到了1436662次。

---

① 此内容主要参考东京大学学位授予机构官网。
② 此内容主要参考东京大学学位授予机构官网。

五、东京大学本科生教育质量保障体系的基本特征

东京大学对日本其他大学具有引领性作用,其本科生教育质量保证体系的构建是引领日本政府高等教育质量保障的关键风向标。东京大学本科生教育质量保障体系具有完善的制度要求、理性的规划发展、优化的学科建设、与时俱进的发展理念等特征。在国际环境纷繁复杂的时代下,能够与时俱进、适宜地调整发展方案是保障东京大学本科生教育质量水平的关键法宝。

(一)规范制度标准,夯实质量基础

日本高等教育的发展离不开高等教育法律的不断完善,以法律的形式体现政府政策要求,推动大学的深入改革。为了形成完善的高等教育质量保障体系,完善的法律体系建设是必不可少的。第一,日本高等教育法制建设有着自上而下、层层把关的特征,在宏观层面做出指示,而在微观层面做出解释。首先,《学校教育法》与《教育基本法》进行宏观把控。这两部法律是日本关于教育的根本法,是其他教育类法律的基础。其描述了教育活动的框架范围,所有教育活动都在这两部法律的规定下实施。《大学设置基准》与《学位规则》是针对大学的法律标准,规定了每所大学的发展趋向与样态。其次,《国立大学设置法》与《国立大学法人法》等法律从中观层面规定了国立大学的行使权利,赋予大学办学自主、学术自主、运营自主、财务自主等自主权。大学可以根据自己的权利和责任实施有效的运营管理。最后,《学校教育法实施细则》《教学管理细则》等法律在微观实施层面对大学提出操作要求。第二,在法律框架下,日本构建了高等教育以政府、高校、中介机构参与的多元质量保障体系。政府的作用是在宏观层面做出法律要求,制定质量标准。《学校教育法》要求各所学校必须参与认证评估。高校的作用在于形成内部质量保障体系,制定校内标准并严格自律,通过开展教育与研究活动、进行自我评价、进行自我改进,三步统合构建高校内部质量保障体系。中介机构作为评价机构,是高校发展的监控者与促进者,设置高校外部审核与评估的标准,完善质量保障体系。第三,日本定期针对高等教育的发展状况开展教育审议会,出台各种报告以规定和明确高等教育的发展趋向。2018年出台的《面向2040高等教育总体规划报告》确立了未来20年日本高等教育的发展构想。要

求更加注重高等教育质量、高等教育国际化以及大学与社会的联系。①

教育质量保障体系的维护离不开法律的支持,东京大学在严格遵守法律规定的前提下,也合理运用《国立大学法人法》《独立行政法人通则法》赋予它的自治权,颁布一系列规章制度,以保障东京大学本科生教育质量保障体系的发展。首先,在学校整体的宏观定位上,东京大学颁布了《东京大学宪章》,规定了学校的学术定位、组织架构和运营管理,学校一切教育教学与研究活动都是在《东京大学宪章》的规定下进行的。《东京大学业务方法书》规定了东京大学的权利与义务、学校运营的基本事项、《中期目标》的制定规则等。②其次,在东京大学的中观监测基础上,《东京大学学部通则》规定了各个本科学部的课程要求、培养方案以及课程评价体系。《中期目标》是六年间东京大学发展的战略蓝图,《中期计划》是针对目标的具体举措。最后,《东京大学课程规则》《东京大学学位规则》等则从微观层面具体规定每一项课程、学分、实习等内容的细则。③《东京大学学生生活关联规程》《东京大学学生惩戒处分规程》等则从本科生个人生活方面进行了管理。东京大学的各项规范细则,对本科学生提出了更高水平的要求。这种严格的制度规范是以学生发展为中心的,融合了日本对高等教育发展的期待与要求,是东京大学本科生教育质量保障体系的基础。

(二)找准学校定位,制定教育标准

日本高等教育质量保障体系的一大显著特点就是标准化。第一,日本政府对高等教育有着明确的发展愿景与标准要求。以高等教育标准为例,日本期待建立一个管理弹性化、办学个性化、学习机会与形态多样化、能够"适应社会变化、面向21世纪、体现终身教育思想的高等教育体制",并以此为目标进行高等教育改革。④以高校管理为例,《面向2040高等教育总体规划报告》强调了大学需发展教学管理系统,从内部保障教育质量水平。为此,文部科学省成立了教学管理委员会,发布《教学管理准则》,并从学习目标具体化、课程的组织与实施、教学管理的基础三个方面提出标准,帮助大学明确建设方向。这使得高校在管理上更

---

① 此内容主要参考文部科学省官网"2040年に向けた高等教育のグランドデザイン(答申)"的内容。
② 此内容主要参考东京大学官网"国立大学法人東京大学業務方法書"的内容。
③ 此内容主要参考东京大学官网《东京大学学位规则》的内容。
④ 胡建华."教育再生"政策下的日本高等教育改革与发展[J].外国教育研究,2021(2).

加系统化。①第二,日本大学对办学条件、师资审核、课程要求、毕业要求都划定了严格的执行标准,从入校到毕业关都进行严格的标准把控。审查学校的办学资质是日本高等教育质量保障的第一步。高校教师是大学教学质量的根本,为了促进教师的发展,日本明确大学教师评估制度,对教师的国际化、专业化以及教师管理的弹性化都提出要求,使得教师发展亦有章可循。②第三,日本每所大学都必须建立PDCA周期,每个课程也需要有严格的周期,制定标准后需严格按照标准执行。PDCA是指计划(Plan)、实施(Do)、检查(Check)和反馈(Action),日本政府将其应用于对大学的治理与质量考核之中。③每所大学每六年都需公布学校的中期目标,并严格按照中期目标规划大学发展,并需要对上一期中期目标的完成情况进行评价与总结,对于中期目标的评价又可以作为下一期中期目标设定的参考,以此形成PDCA循环。每形成一次循环,都会将发展目标提升到另一新的高度,各高校也在新的标准下不断前进与发展。

东京大学严格遵守《学校教育法》的要求,对自身的发展也设定了严格的标准。东京大学本科生教育质量保障体系在日本高等教育质量保障体系下,也形成了严格的规范标准。第一,东京大学自身有着严格的学校定位与教育理念,在《东京大学宪章》中有着明确体现。即要建设世界的东京大学,建立一个"超越国家、民族、语言的束缚,追求人类普遍真理,通过教育和研究,为世界和平与人类的福祉,为人类与自然的和谐共存、各地区的可持续发展、科学技术的进步、文化的批判性创造等做出贡献"的世界性大学。④东京大学的本科生课程设置、学校组织与管理、招生等无不是在此标准下展开。第二,东京大学在招生考试、课程内容选择、师资建设等方面都有明确的规范。在招生考试中,针对不同人群设立多种考试形式,考察内容也从基础知识、实践认识到基本品德等均有考察。在课程上,针对学生需求、社会发展、国际环境等设立充满现代化、国际化、信息化的课程标准。在教师人事管理上,不断完善选聘制度,对教师提出严格考核。第

---

① 陈武元,李广平.日本高等教育质量保障体系的重构及启示[J].中国高等教育,2021(2).
② 葛新斌,姜英敏.日本大学教师评估制度改革动向分析[J].比较教育研究,2004(9).
③ 吕光洙,姜华,王蒙.日本大学治理改革——PDCA在国立大学法人评价中的应用[J].现代教育管理,2017(12).
④ 此内容主要参考东京大学官网《东京大学宪章》的内容。

三,东京大学也遵循PDCA的管理模式,提出中期目标与规划。当前正处于第四期中期目标实现之中,并根据中期目标的实现程度对自身的发展进行自我评价与改进,保障本科生教育质量的发展。

(三)注重跨学科教育,培养通用人才

在现代大学,跨学科教育不只是一种理念,更是一种人才培养模式。[①]在当今复杂的社会情况下,本科生将很难运用大学所学的单一学科知识应对现实问题。跨学科教育的产生是人们对知识变化和社会发展产生的新诉求。在高等教育领域,跨学科教育既作为大学的发展选择,又作为学生的个人需求,成为了保障大学教育质量和人才培养的统一选择。日本高等教育在人才培养目标中明确指出,需培养能够适应社会发展的全面型人才,要培养世界通用的日本人。在此标准下,东京大学高等教育质量保障体系的跨学科特征日益凸显,特别是东京大学将自身定位为"研究型大学"以来,其对学科的整合度和对本科生的培养都呈现出跨学科的特点。主要表现为积极探索跨学科教育模式,在跨学科培养本科生方面进行了卓有成效的实践。

第一,注重前期通识教育,循序渐进地自由选择专业课程。进入东京大学的所有学生前两年都会进入教养学院,接受通识教育。在本科三年级开始选择院系、专业和方向,并学习专业课程。在前期教养学院的学习中,东京大学着重培养本科生广阔的思维视野、基本的文化素养、充分的学术准备。首先,东京大学入学之初共设置六个学科(人文社会科学Ⅰ、Ⅱ、Ⅲ,自然科学Ⅰ、Ⅱ、Ⅲ),学生从中选择一个科目。除此之外,还需探索社会、文化、人类、宇宙、物质、生活等更广泛的主题、问题和方法,以此获得更广阔的知识面。其次,东京大学认为所有本科生都应加强对自己国家文化和历史的认识,具备基本的文化素养。最后,东京大学在前期课程的安排中还涉及关于研究方法与基本学术常识的学习,要求学生掌握基本的学术技能,为后期进入专业课程及研究生学习打好基础。通识教育的广泛基础和基本的专业知识给予学生探索不同院系的机会,学生可以依据自身情况自由选择专业。

第二,开展体验式学习,培养本科生的综合能力。东京大学为了让学生体验

---

① 陈涛.跨学科教育:一场静悄悄的大学变革[J].江苏高教,2013(4).

到异文化、异价值观之间的交流,开展了多种体验式学习的项目。在培养本科生跨文化交流能力的同时,也拓宽了学生的全球视野,有助于培养国际化人才。一方面,东京大学本科生可以参与国内项目,如企业实习、研究所体验、农业水产体验等。学生们致力于社会贡献,综合学校所学,解决实践中遇到的现实问题,提升学生对于各类知识的整合与应用能力。另一方面,东京大学本科生可以申请国际项目,体验不同文化,接触不同价值观,培养学生的多样性。[1]

第三,注重学科融合,尝试开辟新的专业领域。东京大学一直致力于学科重组,想要解决学科被高度分化的现状,期待建立起学科之间的联系,形成交叉与交融的学科。东京大学的《中期目标》也一直强调进行学科融合,开辟新领域的重要性。东京大学建立了跨学科的研究机构,使之成为知识创新的平台。例如,支持生命科学教育的广播电视网、纳米量子信息协同机构等。[2]在本科生课程中,东京大学会设置多样的研究课题,使学生能够接触到其他专业领域的知识,拓宽知识视野,提升综合素质。

(四)开创特色项目,适应时代发展

在东京大学本科质量保障体系中,适应性是其核心特征。东京大学能够把握发展契机、完善自身保障体系、达到目标定位的原因在于其极强的适应性。无论是对国际形势还是对国内政策变化的把握,东京大学总能根据环境的变化对自身发展战略不断进行调整和修正。东京大学的本科生教育在适应国际化、高等教育大众化以及日本社会发展需求上,均开创了特色项目,以提升学校的本科生教育质量水平。

第一,为了适应国际发展的需求,大力开展国际化教育。随着全球化、国际化、信息化的推动,各国人才成为国际竞争的关键资源。大学的国际化逐渐成为各大学衡量培养实力的关键因素,东京大学十分重视自身国际化的发展。首先,在规划制定上,将大学国际化发展作为学校的重要任务。东京大学建立之初便将自己的视野放到全球,培养目标也是为世界培养通用型人才。从要建立"世界的东京大学"这一使命可以看出东京大学必须重视国际化发展的任务。其次,以

---

[1] 此内容主要参考东京大学官网。
[2] 熊庆年.站在时代的前列 迈向世界知识的顶点——东京大学的战略[J].清华大学教育研究,2007(5).

学术研究为跳板,促进国际前沿科技的研究。东京大学以解决世界范围内的公共难题为使命,开设多个国际性研究据点,广泛招聘国外研究精英,实现学术国际化。最后,在项目建设上,广泛安排国际交流与国际合作项目。东京大学不断与国际上尖端的研究所进行合作,攻克尖端科技研究。此外,东京大学有多样的国际交流项目可供本科生选择,拓宽了学生视野的同时,也激发了学生的创造力与国际理解力。

第二,为了适应日本高等教育发展普及化的需求,不断进行课程调整与改革。日本高等教育进入普及化阶段,意味着"高等教育"的应有形态也发生着改变。高等教育的职能、学术水平、招生方式等都面临着新的需求。首先,在高等教育职能上,应当更加关注高校所提供的教育能否让受教育者适应急剧的社会变化,东京大学更是将这一要求写入自身的教育理念与培养目标当中。东京大学培养的学生须能够适应复杂的国际环境,引领世界的发展。其次,在学术水平上,不再追求科研水平的成就,而在于研究为自身带来的"附加值"。东京大学致力于研究世界范围内的普遍问题,其定位与视野正是东京大学学术水准的保障。最后,在招生方式上,教育机会能否满足个人的自愿需求才是关键。东京大学针对学生的不同背景有着不同的招生方式,满足了学生个人需求的同时,也增加了东京大学的学生群像。

第三,为了适应日本社会发展的需求,着力开展创新创业教育。东京大学不仅为了使培养的学生能够适应日本产业结构变化,而且为了适应日本政府对于学生创新创业能力培养的政策需求,开展了本科生创新创业教育,以此培养学生多方面的能力。一方面,培养学生的创新思维。东京大学无论是从宏观上的理念设定,还是从微观上的课程安排与引导,都着重培养学生的创新能力,锻炼学生的创新思维。另一方面,培养学生的创新实践能力。东京大学有着丰富的校企合作项目,为学生提供了许多创业实践的机会。同时,学校还会给予创业资助,全面支持与培养学生的创新实践能力。①

---

① 此内容主要参考东京大学"産学連携協創推進本部"官网。

第五章
墨尔本大学本科教育质量保障体系

澳大利亚的高等教育在20世纪80年代就进入了普及化阶段,此后高等教育的建设与发展一直都是澳大利亚国家发展战略的重要组成部分。[①]在此过程之中,持续完善教育质量保障体系,实现由规模发展转向内涵发展,不断扩大在世界高等教育舞台上的影响力就成了澳大利亚高等教育建设的重中之重。作为澳大利亚八校联盟之一,墨尔本大学(The University of Melbourne)以其完备的高等教育质量保障体系,尤其是合理的本科人才培养质量保障体系为依托,实现了自身的迅速发展并跻身世界一流大学。

一、墨尔本大学本科教育质量保障体系的产生背景

高等教育普及化时代的到来,使得加强高等教育质量保障成为澳大利亚高等教育发展政策的核心。墨尔本大学亦将建设本科教育质量保障体系作为其化解大众化高等教育质量危机的办法和推进高等教育改革的重点。墨尔本大学本科教育质量保障体系的产生背景,可从如下几个方面展开讨论。

(一)国际层面:高等教育改革及竞争的需求

大学作为教学科研、人才培养以及社会服务的一体化机构,是提升知识经济,促进国际竞争力的关键。[②]依托科研创新和人才培养建立在知识生产和信息传递基础上的知识型产业也逐渐取代传统产业,在全球经济体系中逐渐占据主导地位。因此,各国着力推进高等教育改革,并将其纳入国家发展战略之中,且

---
① Denise B,Peter N,Helen N,et al.. Review of Australian higher education[J]. Policy Futures in Education,2008(12).
② 眭依凡.大学使命:大学的定位理念及实践意义[J].教育发展研究,2000(9).

在此过程中尤为强调高等教育的质量问题。美国作为典型的联邦与州的二级制,在联邦政府层面曾出台了《高等教育机会法案》(Higher Education Opportunity Act)、《高等教育法》(The Higher Education Act)等,对于美国高等教育体系的运作做了整体布局,并强调高等教育质量保障的重要性,各州也依据自身特色并结合联邦法案,将这种既保质又保量的理念贯彻落实。[1]与美国相类似,英、德、俄、法等传统高等教育强国也开始推行以建设世界一流大学为目标的高等教育改革计划,尤其重视对于高等教育质量的保障与监管。[2]此外,墨西哥、尼日利亚、智利等发展中国家也纷纷提出各自的高等教育改革方案,以建设世界一流大学为目标,确保自身在新一轮以尖端科技为核心的国际竞争中占据优势地位。另一方面,对世界大学排名的关注也促使了高校推进高等教育变革以及教育质量保障体系的完善。世界大学排名是衡量全球大学教学科研水平的重要手段,虽然说大学的排名存在各种弊端,但不可否认的是各个高校都十分重视自己在各类大学排名中的名次,也努力通过各种手段提升名次进而提升自己的国际影响力。[3]在此背景之下,大学排名的竞争性与国际化进程不断推进,以期为全世界的学生在全球范围内选择理想的大学提供科学的参考依据,[4]同时也不断刺激高校从根本上提升自身的核心竞争力。综观几个影响力较大的国际排名可以发现,美国的大学虽然依旧占据全球高校排名前列,但也有许多其他国家高校的排名正在稳步上升。究其缘由,不仅是外界激烈的国际竞争驱使高校必须提升自身综合实力以在世界之林中占据一席之地,更是由于大学排名的影响力的与日俱增驱使各大高校为排名而战。大学世界排名所引起的位次之争从另一个角度证明了知识经济时代的高等教育博弈已经全面开始,想要在这场博弈之中拔得头筹,就需要各大高校回归教育质量本身,积极采取有效措施提高教育质量,不断完善大学的高等教育质量保障体系。综上,国际背景之下的高等教育变革以及世界一流大学的竞争加剧,是高等教育未来发展改革的重要缩影,同时也是推进墨尔本

---

[1] 曹珊.全球化背景下美国高等教育人才培养与劳动力市场互动关系研究[D].南京师范大学博士学位论文,2014.
[2] 张澜涛.当代西方国家的教育及其改革[J].国际关系学院学报,1998(1).
[3] 郭丛斌,王亮,傅翰文.世界大学排名产生与发展的内在逻辑及启示[J].国家教育行政学院学报,2020(7).
[4] 朱明,杨晓江.世界一流学科评价之大学排名指标分析[J].高教发展与评估,2012(2).

大学完善自身高等教育体系以及高等教育质量保障体系的重要外部动力。

(二)国家层面:高等教育产业化及提升的需求

21世纪以来,澳大利亚政府不断推进高等教育国际化,大力支持高等教育的发展与出口,使得澳大利亚的高等教育蓬勃发展并走向产业化。[1]一方面,澳大利亚政府出台了《高等教育资助法》,通过联邦拨款计划(Commonwealth Grant Scheme)、高等教育贷款计划(Higher Education Loan Programmer)等项目帮助学生支付学习费用,帮助学生解决高等教育的资金问题。[2]另一方面,澳大利亚政府也不断拓宽高等教育的海外市场,凭借地域和语言的优势,澳大利亚较早向国际开放了教育市场,每年都有大量的学生涌向澳大利亚留学,巨大的海外学生学费收入,使得高等教育已经逐渐成为澳大利亚的重要支柱产业。[3]基于此,建设高效的高等教育质量保障体系已经成为澳大利亚联邦政府在教育管理工作上的重点,并且成为澳大利亚高等教育改革的重要议题。如何完善高等教育质量保障体系,确保高等教育提供者在一个相对统一的质量保障框架下提供高质量的高等教育,增强高等教育国际竞争力,保持高等教育强劲的发展势头成为澳大利亚政府、高等教育机构共同关心的重大问题。墨尔本大学作为澳大利亚最负盛名的大学,自然也要肩负起推进国家高等教育产业发展的重任,首要任务就是要完善自身的教育质量保障体系,为澳大利亚的其他大学作表率。

此外,面对经济全球化、科技发展和知识经济的挑战,澳大利亚政府意识到只有大力发展高等教育,提升高等教育品质,培养高质量的劳动力资源,才能更好地促进澳大利亚发展、增强国际竞争力。而高等教育规模的迅速扩张,以及信息技术(包括卫星通信、计算机网络等)的发展,在创造出多样化的办学模式、组织形式和教学方式的同时,也向高等教育质量的保障提出了挑战。[4]建立与高等教育发展相契合的质量保障体系成为消除人们对规模扩张带来教育质量下滑的

---

[1] 赵丽.澳大利亚高等教育国际化分析[J].中国高等教育,2019(11).
[2] 祝怀新,李玉静.澳大利亚高等教育资助制度改革新策略——《2003年高等教育支持法案》解析[J].高等教育研究,2005(3).
[3] Upali W. Jayasinghe, Herbert W.Marsh, Nigel B. Peer review in the funding of research in higher education: the Australian experience[J]. Educational Evaluation and Policy Analysis,2001(4).
[4] Qayyum A, Zawacki-Richter O. Open and distance education in Australia, Europe and the Americas: National perspectives in a digital age[M]. Singapore: Springer Nature, 2018.

担心,提升高等教育品质的内在需要。一来,完善的高等教育质量保障体系有助于大学在这样的环境里赢得巨大的发展机遇;二来,信息技术和数字技术的进一步发展以及经济的全球化,也能促进教育事业的国际合作与交流。[1]由此可见,澳大利亚国家层面的高等教育产业化需求以及提升本国高等教育质量的需求,成为驱使墨尔本大学完善自身高等教育质量保障体系的国家动力,系统且完善的高等教育质量保障体系具有监督、调控、引导、激励等多重功能,不仅能够保障大学的教育质量,还能够提升其教育质量,以满足社会和经济发展对于人才培养、科研成果以及为社会提供服务的需要。

(三)学校层面:学校底蕴与声望提升的需求

从学校基础资源来看,墨尔本大学拥有澳大利亚境内最古老,也是南半球最大的图书馆,还拥有完备的科学研究网络。从最先进的生物光学显微镜到大数据文化信息平台,从代谢组织学到生态经济学,无论是学生还是校内的科研工作者和教师,均能便捷地通过科研网络获得研究所需的资源,最大限度地化解学术研究过程中的障碍与知识界限,让新发现、新想法成为可能。从师资力量与课程建设上看,墨尔本大学经过一个多世纪的发展,打造了世界顶尖的师资队伍与科研团队,同时也相当重视国际课程的高质量建设。[2]为此,墨尔本大学积极与国内外高校合办交流课程,进一步加强一流科研资源的互通性,还加入了科研密集型研究大学联盟——Universitas 21,形成研究型大学国际网。[3]此外,墨尔本大学还开展了"收藏项目计划",不仅能为学生提供丰富充足的文化收藏资源,还能使这些文化收藏品始终焕发活力。丰富的校园资源为墨尔本大学师生的生活、学习以及科学研究提供了极大的便利,同时也为提升与保障墨尔本大学整体教育质量及其国际影响力奠定了基础。

墨尔本大学的发展既根植于欧洲文化与传统,又着眼于未来的发展变化,正如其校训所言"在对未来的敬仰中成长"。[4]在欧洲传统文化的熏陶下,建校之初的墨尔本大学以艺术、医学、法律和音乐等欧洲传统学科为主,学校的规章制度

---

[1] 司晓宏,侯佳.澳大利亚高等教育发展特征探析[J].高等教育研究,2012(3).
[2] 郝世文,饶从满.墨尔本大学教师发展的理论与实践[J].高教发展与评估,2019(6).
[3] The University of Melbourne. Annual report 2000[R]. Melbourne:The University of Melbourne,2001:6.
[4] 吕芳.墨尔本大学建设世界一流大学研究[D].西南大学硕士学位论文,2018.

继承了欧洲学院制学府的传统,试图通过对欧洲传统大学的效仿实现在学术上的更高造诣。经过了一个多世纪的学校结构和规章制度的发展完善后,墨尔本大学形成了自己独特的发展路径,而其发展路径的核心要义就是提升墨尔本大学在澳大利亚乃至全球范围内的声望,使其成为世界上最优秀的大学之一。[①]目前墨尔本大学想要实现进一步提升声望的目的,必须面对并解决"明确学校自身定位与发展方向、促进学生健康与幸福以及实现教育的可持续性与弹性"这三大挑战。大学必须要实现其首要的育人任务,而育人的关键又在于教育质量,因此问题的最终落脚点还是要提高大学的教育质量。所以说,墨尔本大学的教育质量保障体系的建设是大学自身迎接未来挑战,实现声望提升和世界一流大学建设的必然要求。

二、墨尔本大学本科教育的质量策划

质量策划是质量三部曲中的起始环节,致力于制定质量目标并规定必要的运行过程和相关资源以实现质量目标,它明确了质量管理的目标和实现目标的途径,是质量管理的前提和基础。墨尔本大学本科生教育的质量策划主要靠其制定的教育方针与目标、使得教育方针目标具备法律效力的法律法规体系以及具体落实计划目标的组织机构来实现。

(一)教育质量方针与目标

一流本科教育是一流大学建设的重要组成和基础,一流本科教育是一流大学的底色。[②]早在20世纪90年代的《墨尔本议程》(Melbourne Agenda)之中,"使墨尔本大学成为世界上最优秀的大学之一"便成为其大学的重要发展目标。为了实现这一发展目标,提高大学自身的社会认可度与社会贡献度,墨尔本大学相当重视其本科教育。在墨尔本大学系列发展战略规划"提升声望"(Growing Esteem)战略之中,不仅将资源汇集、优化管理、凝聚文化、社会服务和多维合作等方面作为学校发展与改革的重要组成要素,更是强调了推进本科教育的重要性,并逐渐形成围绕科研、教学、社会参与三项高校职能的"三螺旋"模式(The Triple

---

① 侯海东,张会议.墨尔本大学:永不止步的光荣学府[J].教育与职业,2009(22).
② 邬大光.重视本科教育:一流大学成熟的标志[J].中国高教研究,2016(6).

Helix)①。在《墨尔本研究：确保卓越和影响到2025年》(*Research at Melbourne：Ensuring excellence and impact to 2025*)中，墨尔本大学将"在不断发展的世界高等教育市场之中保持自身的教学质量与学术地位"作为亟须解决的三大挑战之一，并提出未来的人才培养方针与目标。②《推进墨尔本2030》(*Advancing Melbourne 2030*)中明确指出，墨尔本大学的持久目标是通过教育和研究的变革性影响造福社会，使得墨尔本大学将着力点放在促进国家进步、提升国家利益之上，通过提升墨尔本大学在全球的声誉与影响力，将澳大利亚推向世界高等教育舞台的中心，并使其在世界舞台中发挥前瞻性的领导作用。而实现这一发展目标的关键之一就在于培养卓越的学生，学生作为大学之中知识生活的重要参与者，校内思想积极碰撞与对话的重要组成部分，自然成为大学发展进程中的关注重点。因此，墨尔本大学主张要将学生培养成为具备以下品质的人才：

①坚守真理和事实，遵守学术道德，能以认真严谨的态度对待科研与学术，且具备相当的学术信仰；②具备独立的批判思维能力、认知分析解决问题的技能、理性的探究能力以及自我学习能力，能够游刃有余地处理各种复杂的事情；③保持好奇心和创造性，敢于创新和挑战，敢于打破传统束缚，既要掌握科学研究的哲学和方法论基础，也要对新观念、新思想持开放的心态；④掌握广博的知识，不仅熟悉自身专业领域的知识，还要通晓与之相关的专业知识和技能，以及所学专业的基本理念、价值观念和道德准则；⑤具备良好的信息通信技术，并能熟练运用网络技术，以迎接"信息革命"和"知识社会"的到来；⑥具备强烈的国际意识，尊重人权，尊重其他文化，对多元文化世界持开放包容的心态；⑦具备相当的领导力与领导才能，不仅能承担社会和公民责任，也敢于表明自身立场，反对偏见、不公正和权力的滥用等。③

总而言之，墨尔本大学以《提升声望》系列文件为载体，面对变化莫测、充满挑战与不确定性的未来，提出了自己的教育目标与方针，即在浓厚的学术研究氛围之下，培养卓越的、具有社会责任感的学生。除此之外，墨尔本大学认为提升

---

① 韩梦洁,白晋延,郭驰.墨尔本大学的学术治理结构及运行战略[J].高教发展与评估,2018(4).
② The University of Melbourne. Research at Melbourne：ensuring excellence and impact to 2025[Z]. Melbourne：The University of Melbourne,2012.
③ 此内容主要参考墨尔本大学官网 Advancing Melbourne 2030 的内容。

学生的研究能力是大学保持声望与卓越的关键,也是应对未来挑战的关键,因此还格外强调培养学生卓越的研究能力,以确保所培养的学生能在各自所从事的领域中成为学术领导者。

(二)法律法规体系与实施

墨尔本大学的本科教育质量策划同样离不开完善的法律法规体系的建设与实施,这些法律法规根据其适用范围可以分为宏观的国家体制层面和微观的学校管理层面。一方面,澳大利亚在整个国家体制层面为包括墨尔本大学在内的高等教育机构打造了坚实的法律保障体系;另一方面,墨尔本大学自身也建立了内部质量保障机制,以此来提高教学质量,并作为学校重点发展战略予以重视。从国家体制层面来看,澳大利亚联邦政府于2000年引入了第一个高等教育质量保障框架并通过了《澳大利亚国家高等教育资格认证协议》(*Quality assurance in Australian Higher Education*),旨在通过设定最低标准,提供学费和财政保障,确保优质的教育服务;[①]进入21世纪后,澳大利亚联邦政府对国家高等教育审批程序草案进行了审查与修改,进一步提高政策透明度,给予高等教育院校更大的灵活性。2007年,澳大利亚政府发布了《布拉德利报告》(*Bradley Review*),[②]针对高等教育的资金、推广以及质量保障等问题展开探究,并强调要加强对澳大利亚高等教育质量保障的相关支持;提高高等教育质量相关数据资料的透明度;提供有效且高效的质量保障服务。[③]2011年,联邦政府颁布了《高等教育质量和标准署法案》(*Tertiary Education Quality and Standards Agency Act* 2011),通过制定联邦议会法案来规制高等教育的财政,以资金调控等手段促使大学教学改革,将教学质量作为竞争标准进行资源分配,从而以立法的形式凸显高等教育质量保障问题的重要性,使高校进一步重视质量建设。也正是在此基础之上,澳大利亚政府相继制定了《2011年高等教育质量标准框架》(*Higher Education Standards Framework*

---

① Vidovich L. Quality assurance in Australian higher education: globalisation and 'steering at a distance'[J]. Higher Education, 2002(3).

② Birrell B, Edwards D. The bradley review and access to higher education in Australia[J]. The Australian Universities' Review, 2009(1).

③ Shah M, Jarzabkowski L. The Australian higher education quality assurance framework: from improvement-led to compliance-Driven[J]. Perspectives: Policy and Practice in Higher Education, 2013(3).

2011)和《2015年高等教育质量标准框架》(*Higher Education Standards Framework 2015*),从高等院校标准、教学标准、学历资格标准、研究标准、信息标准和课程保障标准六个方面对澳大利亚的高等教育质量确立了标准。[1]从学校管理层面来说,墨尔本大学形成了以《墨尔本大学法》(*University of Melbourne Act*)、《墨尔本大学章程》(*Melbourne University Regulations*)和《大学条例》(*University Regulations*)为基础的学校法律管理体系。作为其他法案政策的核心与基础,《墨尔本大学法》从法律层面确立了大学、大学的管理主体(大学理事会)以及其核心职能,同时也赋予了大学设立其他附属法案的权利,并规定了大学需要通过理事机构的决议或授权官员的决定采取行动。[2]而《大学章程》《大学条例》则作为《墨尔本大学法》的补充法案,也成为《理事会条例》(*Council Regulation*)、《学术委员会条例》(*Academic Board Regulation*)、《副校长条例》(*Vice-Chancellor Regulation*)的法律基础。这些法案的确立从教学、科研和服务社会三个方面出发,构建了完善的本科教育质量管理框架以及评估体系,使得墨尔本大学的本科教育质量保障有法可依。

(三)教育组织基础与支持

本科教育质量的提升、监控和管理并不仅仅是大学或大学内某一部门的责任。墨尔本大学作为一所公立的高等教育机构,首先要接受澳大利亚政府对全国高等教育的管理和监督,其次也离不开结构严谨、高度组织化的学校监管机构体系对大学教学质量的保障,以及教职工和学生的支持。墨尔本大学将其独特的管理结构称为"墨尔本运营模式"(Melbourne Operating Model)。该模式最大的特点就是简化了墨尔本大学员工的工作方式,将所有组织部门都划分为两个相互依存的领域——学术部门与行政部门。[3]

学术部门由墨尔本大学各院系、研究生院、研究机构和相关行业合作伙伴构成,其主要职能在于领导墨尔本大学的教学、研究以及各种科研活动的开展。作为一所综合性的世界一流大学,墨尔本大学目前设立有包括教育、艺术、工程、法律在内的十多个院校,每个院系下又根据其研究方向、研究层次的不同划分了不

---

[1] 此内容主要参考墨尔本大学官网Tertiary Education Quality and Standards Agency Act 2011的内容。
[2] 此内容主要参考墨尔本大学官网University of Melbourne Act的内容。
[3] 柳方怡.澳大利亚公办大学理事会制度研究[D].大连理工大学硕士学位论文,2018.

同的研究院,各个研究院都有其自成体系的学术管理模式与教育方针,并且汇集了对应领域中顶尖的学术人才,以确保学术活动以及学生培养的有序开展与进行。学术部门的工作重点在于统筹协调大学的教学、课程、学术研究、科研活动等方面的事项,确保大学能够提供给本科生丰富、广博的知识,而不仅仅局限于自身所学专业,同时也保证每个对知识有渴求的学生都能获得有针对性的、细致的指导与帮助,从而促进科学知识的再生产与再创造,推进墨尔本大学优秀科研成果的产出,提高大学的国际竞争力与影响力,也进一步提高墨尔本大学对于优秀人才的吸引力。

行政部门则主要负责大学的行政管理工作,由大学理事会、学术委员会等部门组成。大学理事会是大学的管理机构,拥有大学的总体指导权和监督权,其成员来自政府、商业界、学术界、学生等各个领域,理事会下设分管财务、风险管理、薪酬管理、教学、研究等事务的委员会并作为大学理事会的决策咨询机构,协助大学理事会决策。大学理事会从宏观上引导大学未来的发展方向、发展目标和发展战略;确定大学的年度预算及业务计划;制定大学运作的政策和程序原则;监督和检讨大学的管理和表现;做好大学整体的管理与问责工作。学术委员会由墨尔本大学章程设立,该章程规定了理事会授予它的权力和职能。与大学理事会不同,该委员会主要负责学术活动的质量保证,包括对于教学、学习和研究的标准的制定与保障,由学术项目委员会(Academic Project Committee)、墨尔本大学专业和继续教育学院学术项目委员会(Melbourne School of Professional and Continuing Education Academic Programs Committee)、高等学位与研究委员会(Higher Degrees and Research Committee)、遴选程序委员会(Selection Procedure Committee)以及教学质量保证委员会(Teaching Quality Assurance Committee)五个子部门组成,并分别管理不同职权范围之内的事务。以大学理事会和学术委员会为代表的行政部门为墨尔本大学的总体战略与政策的制定指明了方向,也为大学进一步发展描绘了蓝图。此外,行政部门从管理组织的层面进一步加强大学内部教育质量的管理与保障,同时也负责校内资本的分配、校园基础设施的建设与完善,为墨尔本大学在世界上进一步提高声望而努力。墨尔本大学运营模式将大学中纷繁复杂的部门按照学术与行政分为两大类,旨在让各部门各司其职,并最大限度地在各岗位之中发挥与利用专业知识,提高大学管理与运作的整体效率,以最终实现高质量的教育与高效率的学习,最大可能地创造研究成果并做出社会贡献。

三、墨尔本大学本科教育的质量控制

质量控制是质量三部曲中关键的一个环节,即制定和运用一定的操作方法,以确保各项工作按原设计方案进行并最终达到目标的过程。质量控制不是优化的一个过程,而是对计划的执行,墨尔本大学本科教育质量保障包括了对于招收学生的生源质量控制、培养模式控制、标准过程控制与最终认证控制。

(一)生源质量控制

墨尔本大学对生源质量的控制可以从澳大利亚高等教育招生模式以及其自身的招生标准中体现。不同于中国的高考,澳大利亚没有全国统一的大学入学考试,而是以各个州自主命题开展考试评价工作,各个州都有其毕业成绩(Australian Tertiary Admission Rank,ATAR),这既是高中毕业的证明,也是用来计算大学入学、甄别优秀生源的重要依据。以维多利亚州(即墨尔本大学所在的州)的教育资格证书(Victorian Certificate of Education,VCE)为例,[①]在维多利亚州,高年级的考生需要通过维多利亚州院校招生中心(Victoria Tertiary Admission Center,VTAC)提交报名申请。这是一个独立于大学招生部门的第三方中介机构,它负责接收学生的申请资料,然后转交给各大学。各大学的学校录取中心(Universities Admissions Centre)负责完成对学生申请资料的审查、筛选。在招生工作完成后,VTAC负责代表学校发送入学通知书及其他重要的信息。与此同时,VTAC也负责为维多利亚州的考生以及参与维多利亚州考试的国际学生(International Baccalaureate)计算与授予ATAR成绩。[②]ATAR成绩是澳洲高等教育的招生标准,由ENTER(Equivalent National Tertiary Entrance Rank)发展而来。ATAR并不

[①] 蔡培瑜.澳大利亚高校招生考试制度研究[M].华中师范大学出版社,2016:122.
[②] 王国辉,高桂霞.澳大利亚普通高中职业教育课程的类型、内容与特色——以维多利亚州为例[J].现代教育论丛,2015(3).

是一个成绩分数,而是一个百分制的成绩排名,以0.05%为单位来划分。ATAR成绩为70即代表该学生最终成绩超过了当年完成高中学业并参加最终考试的所有学生中的70%。ATAR的评定不是简单地由最终考试决定,而是由学生11、12年级的平时成绩以及最终的会考成绩共同决定。如此一来,避免了一些优秀的学生由于最终考试的发挥失常而与好大学失之交臂,在某种程度上也提高了ATAR成绩的效度。[1]除此之外,墨尔本大学自身也对国内和国际的学生制定了相应的招生标准,不同专业学位的ATAR标准不同,除了达到申报专业学位的最低ATAR标准之外,还要求申请者获得维多利亚州的教育资格证书或者具备同等效力的资格证书。不同的专业对高中所修的科目也有一定的限制与要求,申请者不仅需要在高中修过对应专业要求的课程,同时需要满足该专业学位的一些额外要求。由于所有本科学位都用英语教授和评估,因此申请本科学位时还要满足相应的英语语言要求。满足上述条件仅仅是获得了申请墨尔本大学的资格,至于是否能被录取还需要经过学校的评估与筛选。墨尔本大学将根据ATAR、必修科目完成情况、综合评估、实践经历、各种调整因素(例如权益或者附加积分等),确定最终的排名并根据最终排名择优录取。

(二)培养模式控制

大学的培养模式决定了其培养的人才规格和质量,墨尔本大学的人才培养模式之中以其"墨尔本课程"(Melbourne Curriculum)最具特色,墨尔本课程由"墨尔本模式"(Melbourne Model)发展而来。[2]这项于2005年启动的大学课程体制改革颠覆了墨尔本大学承袭150余年的学术结构,它将原来的96个本科专业学位合并为6个"新生代"(New Generation)本科学位——文学、生物医学、经济学、环境学、音乐学和理学,并于2008年在第一批"新生代"本科生中全面实施。学制改为"3+2+3",即3年本科加2年硕士再加3年博士(或者更长)。所有本科生在完成3年本科学习之后,可以选择进入"新生代"专业硕士课程继续学习;同时,本科生必须在学校提供的"广度"组合课程里选择跨学科课程,即理工科的学生必

---

[1] 张丰.支持课程的选择修习:高校招生制度设计的突破点——澳大利亚"高考制度"的分析与启示[J].基础教育课程,2010(9).

[2] 付玉媛.科研·教学·参与:墨尔本大学"三螺旋"模式研究[J].现代教育科学,2017(8).

须学习人文学科,反之亦然。[1]发展至今,墨尔本课程所提供的本科学位由早年的6个发展为了现在的9个:文学、生物医学、经济学、设计学、美术学、音乐学、农学和口腔医学,但总体的运作模式依然没有改变。"墨尔本课程"的课程结构更注重学术训练与研究准备,尤其要关注本科生第一年和第三年的学习体验。[2]其核心原则是提升学生未来职业选择的开放性和灵活性。课程组合涵盖了近百个主要的专业研究领域,以保证学生能广泛接触不同的课程,并从不同学科的研究方法和思维方式中受益。独特的墨尔本课程赋予了所有墨尔本大学的在读生独一无二的"墨尔本体验",包括课堂体验、研究体验、实践体验、在线体验等,同时也帮助学生奠定了就业或进入研究生课程学习所需的知识基础。这种灵活性和准备性主要通过课程设计的"学术广度"和"学科深度"来实现。学术广度课程旨在使学生获得全面发展所必需的知识、能力和学习方法,重在培养知识迅速更新时代背景下学生跨学科学习的适应性和创新能力,以适应未来职业生活对交叉学科知识和专业实践能力的要求;学科深度课程旨在给学生提供专业核心课程知识的连贯性帮助,强调充分尊重学科知识内在固有的逻辑性和严谨性,例如要求每个学生至少选择一门学科作为主修,在3年中进行连贯系统的学习。[3]总体而言,在高等教育国际竞争日益加剧的时代背景下,墨尔本课程的实施不仅适应时代发展对人才培养规格的新要求,还能赋予学生卓越而独特的"墨尔本体验"。不仅能够提高人才培养质量以及学生终身学习能力,还有助于提升墨尔本大学在世界高等教育界的声望。

(三)标准过程控制

墨尔本大学通过"墨尔本课程"为学生的学习拓宽了广度,但并不是让学生在各个领域中都浅尝辄止。针对不同专业的本科生,墨尔本大学设置了一套系统且完善的培养标准,对于该学位所能选择的专业、课程、培养目标以及未来的职业发展走向做了详尽的阐述,以确保每名学子均能在墨尔本大学获得独一无

---

[1] James R, McPhee P. Case study: the whole-of-institution curriculum renewal undertaken by the university of Melbourne,2005-2011[M]//Strategic Curriculum Change in Universities. Routledge,2012:157-172.
[2] 李红宇,陈强,张毅.澳大利亚墨尔本大学"墨尔本模式"改革初探[J].清华大学教育研究,2008(6).
[3] 郑忠梅.从"墨尔本模式"到"墨尔本课程"——墨尔本大学的课程改革及发展启示[J].重庆高教研究,2016(1).

二的大学体验。如下将以文学学士(Bachelor of Arts)的培养方案为例(见表5-1),介绍墨尔本大学的学位培养标准过程控制。

表5-1　文学学士培养基本信息

学位	文学学士
CRICOS Code	002167E
层次	本科
培养标准手册	请见官网
培养时间	三年全日制或六年非全日制
所需学分	300
AQF级别	7
培养单位	帕克维尔学院

依据2020年QS世界大学学科排名,墨尔本大学的文学专业在澳大利亚媒体和传播、语言学以及艺术和人文学科方面排名第一,同样是维多利亚州最受欢迎的学位之一。在师资层面,墨尔本大学配置了文学领域中的国际知名学者与研究人员作为教师,对学生加以启迪与指导,让一流大师培养一流人才;在资源配置层面,墨尔本大学为学生提供了高质量的学习空间、最先进的技术和丰富的学习媒体,进而为学生创设良好的学习环境,解决其学习过程中可能存在的问题与障碍。从就业层面来说,学校提供了从语言类、心理学类到传媒影视类等40多个兼具多样性与深度的方向匹配岗位,以更好地契合学生的兴趣与职业目标。除此之外,学校还给予了学生丰富的海外交流机会,学生可以在全球范围与墨尔本大学合作的180多所大学中选择任意一所进行国际交流学习,获得的学分可以最终转换成本校的学分,也能获得许多开展专门实地考察或综合实习计划的机会,从而为未来的职业积攒工作经验。对于想要继续深造的同学而言,墨尔本大学为其开辟了进一步学习研究的途径,有学术志趣的学生在修满本科所必要的学分之后可以选择进入文学研究的更高学位进行学习。正因如此,墨尔本大学文学毕业生的就业率远远高于全国文学毕业生的平均水平。

学生毕业需要达到的标准:①对于自身专业或所选定的研究领域的相关知识有深入的认识与了解;②有能力参与所研究领域的国内外专业论坛与会议;③遵守学术道德与学术规范,掌握专业内基本的研究方法与研究理论,并能灵活运用这些方法理论获得创新性的学术成果;④有较好的环境适应性,能够适应不断变化的社会环境,并能运用所学知识解决问题;⑤富有社会责任感与正义感,为推进社会公平和反对歧视而努力;⑥具备良好的语言交流能力,能够与人进行有效的沟通,且具备较好的阅读、写作、语言和文化鉴赏能力;⑦具备终身学习的理念与想法,以及从事各种与专业相匹配的职业的能力;⑧较好地掌握信息技术,能熟练地进行数据的获取、处理与解释。[1]

(四)最终认证控制

对于本科毕业生的最终认证控制是质量控制环节中的最后一环,这个环节相当于生产流水线上的最后一道把关,产品只有通过了最后的检验才能够进入市场。为了把好最后的关卡,墨尔本大学在最终的学位认证上也提出了严格的要求。

1."顶峰项目"综合实践活动

"顶峰项目"(Capstone Projects)是墨尔本大学毕业年级的学生需要参与的一项综合科研实践活动,旨在帮助毕业生更好地适应变化纷繁的未来世界。"顶峰项目"包括工作实习、参与研究项目等形式,其核心理念是培养学生的"知识迁移能力"和"毕业生可雇佣性技能",以便让毕业生能够快速进入职业状态。[2]因此,"顶峰项目"不仅涉及对大学所学专业知识的考察,还包含了一系列超出大学课程范围的内容与经验,采用项目学习、案例研究与分析、基于问题的学习、工作实习、模拟和沉浸式体验等方式帮助学生实现知识的迁移与转换,使其更好地过渡与适应,最终顺利成为某一专业的优秀工作者或者更高阶层的研究者。[3]作为毕业前最富挑战性的关卡,"顶峰项目"旨在赋予学生攀登高峰的体验,向上攀登的过程无疑是充满艰难与挑战的,但是沿途的风景和登上顶峰的喜悦与自豪是其他课程所无法赋予的。学生独立自主地从一个项目的开始推进至结束,不仅能帮助他们获得卓越的学术能力、跨学科的知识、领导能力以及对于多元文化的包容性和适应性,还能让其掌握"一套灵活的、可迁移的技能"以应对不同类型的职业场景。不同专业的"顶峰项目"内容也不尽相同,但都在与自身专业紧密联系

---

[1] 此内容主要参考墨尔本大学官网Bachelor of Art的内容。
[2] 钱铭,汪霞.澳大利亚高校可雇佣性技能的培养——以墨尔本大学为例[J].高教探索,2012(3).
[3] Holdsworth A, Watty K, Davies M. Developing capstone experiences[M]. Carlton, Vic: Melbourne University Publish, 2009: 3.

的基础之上,超脱于本专业。为了提升学生的课程参与度以及重视程度,墨尔本大学规定,"顶峰项目"可根据课程项目的具体情况折算成12.5—50分不等的学分。独特的"顶峰项目"课程就像毕业前最后一次实战检验关卡,通过科研项目或实习项目来检验学生数年来的本科教育成果,不仅能在最后对学生的整体质量进行把关,还能进一步促进学生的成长与发展,使其真正实现从学生向一个"见多识广的公民"的转变,并为其所在地区或国家做出贡献。

2.大学理事会最终认证

除了通过"顶峰项目"的综合科研实践活动来完善毕业生的能力与素养之外,为了确保毕业生质量进一步标准化,墨尔本大学根据《墨尔本大学法》《墨尔本大学章程》和《理事会条例》确立了《毕业政策(MPF1055)》。[1]该政策中规定了毕业生获得大学文凭必须得到大学理事会的最终认可,也详细规定了获得文凭与学位的标准。如果说"顶峰项目"是毕业生毕业前的一次真实演练,那么理事会的最终毕业认证就是对于毕业生质量的最后一次把关。《毕业政策(MPF1055)》中回答了三方面的内容,第一,确定了获得大学理事会所颁发的学位、文凭或证书所要具备的条件与要求;第二,确定毕业典礼开展、举办、筹措的相关事宜,以及相关的负责人的安排;第三,阐述了不同情况下应该如何颁发学位、文凭或证书。其中就规定了:凡符合完成奖励课程要求的人均有资格获得大学理事会正式授予的学位;学士、硕士和博士学位学生只有完成所有学位要求,收到毕业办公室的毕业邀请,并回应这一邀请,方能在毕业典礼上毕业并获得文凭证书。如果学生没能在规定时间之内完成课程要求,就需要延期毕业,参与第二年的毕业评估。[2]大学理事会的最终认证对学生质量的严格把关以及《毕业政策》对于毕业事项的详细规定,进一步保障了墨尔本大学的本科教育质量,也倒逼大学促进教育之中其他环节的建设与改革,以实现高等教育质量的闭环。

---

[1] Poynter J R, Rasmussen C. A place apart: the university of Melbourne: decades of challenge[M]. Melbourne University Press, 1996: 25-26.

[2] 此内容主要参考墨尔本大学官网 Graduation Policy (MPF1055)的内容。

四、墨尔本大学本科教育的质量改进

(一)内部质量改进

1.人才培养与吸引

墨尔本大学作为澳大利亚排名第一和世界领先的大学,其成绩和声誉离不开对于卓越的研究能力、高质量的学生以及引领全澳洲的教育能力的关注。正如"提升声望"战略中所言,墨尔本大学拥有今天的荣光离不开校园内的那些世界顶级思想家与人才。正是有着高质量的人才培养队伍,墨尔本大学的教育质量才能得以保障,学校也才能培养出更多更优秀的人才。为了实现"提升声望"战略中所提出的大胆且鼓舞人心的目标——"为现在未来的几代人提供世界上最好的教育",墨尔本大学出台了《2015—2020年墨尔本大学人才战略》(*The University Of Melbourne People Strategy 2015-2020*)。该战略指出,培养一支能适应变化、应对变化并应用变化的高质量人才队伍是使墨尔本大学在未来不断发展变化的动态国际局势中保持领先地位的关键。[①]为此,必须进一步吸引优秀的师资与学术人才。为实现这一目的,墨尔本大学推行了"以人为本"的战略,以提高学校对优秀人才的吸引力,并为他们创造一个良好而便利的科研学术环境。"以人为本"的人才战略主要确定了五项重要任务:

(1)发展卓越的领导能力

要引领大学走向未来,并使其在世界范围内保持领先地位,就需要具备变革领导力的人才队伍。墨尔本大学以"卓越的、创新的和鼓舞人心的"研究而闻名,这也是其人才培养的核心理念之一。为实现这一目标,学校不仅重视对校内工作人员领导能力的培养,为校内的教师或其他工作者制定领导力培训的渠道,还在其人才招聘政策之中多次强调具备领导能力的重要性,并将具备领导力作为重要的选择标准。

(2)提升学校的人才吸引力

墨尔本大学以其在高等教育界的声誉吸引了一大批各领域中的顶尖人才参与教育教学和校园建设,而学校未来的发展及其声誉的进一步提升有赖于对优

---

① 此内容主要参考墨尔本大学官网 The University Of Melbourne People Strategy 2015-2020 的内容。

秀人才的进一步吸引和对优秀人才的保留与发展。为此,学校一方面通过建设"卓越人才招聘中心"招聘优秀人才,另一方面通过强化大学自身在世界学术界的影响力来进一步吸引与保留优秀人才。

(3)支持人才队伍的专业成长与职业生涯发展

墨尔本大学不仅关注对于优秀人才的吸引,同时也相当重视人才的专业成长以及其未来职业发展。学校一方面鼓励与支持本校的工作人员参与或从事尖端领域的探究,另一方面为其提供充足的物质条件以及基础设施以促进其专业发展和研究的开展,从而进一步实现对优秀人才的支持。

(4)重视绩效的考评以及提升

墨尔本大学通过制定绩效量化标准的方式,对于工作人员的科研绩效以及工作绩效进行更为科学、细致、可视化的考评,进而提升其工作效率。

(5)重视人才多样性

不同工作人员在年龄、种族、性别、国籍、身体能力和背景等方面存在差异,这为大学环境带来多样性与多元性。因而墨尔本大学在人才招聘以及校园政策制定的过程中纳入了多样性指标,以促进大学的多样性和包容性。

总而言之,墨尔本大学的人才战略确定了五个关键的必要条件,旨在重视领导力,提高卓越绩效,发展人才队伍,提高对人才吸引和保留的能力,并在大学之中嵌入多样性。通过有意识关注这些重要原则,进一步强化人才队伍,以实现"提升声望"战略中的愿景。

2.校内问责制度

所谓内部教育质量改进,指的是通过墨尔本大学内部的组织机构或法律法规对学校的教育质量进行评估与改进。墨尔本大学的质量保证和提升计划涉及一个长远的奋斗目标,目前需要优先解决的问题主要涉及四个方面,即国际化、提高研究水平、改革教学方式方法和谋求多元的资金支持。为了确保这一战略计划得以实施和运行,墨尔本大学制定了相应的问责方案,其中包含每年度的计划、报告和评估,也包含墨尔本大学质量保证计划的基本步骤[①]:①每年要向大学理事会报告开展计划的进展情况;②根据计划的开展情况及时更新战略计

---

① McInnis C, Powles M, Anwyl J. Australian academics' perspectives on quality and accountability[J]. Tertiary Education & Management, 1995(2).

划;③根据实施计划的表现情况对财政分配进行战略评估;④把财政预算作为一项激发计划实施的诱导和推动因素,鼓励大学各个部门根据实际运行计划;⑤根据计划目标和取得的成绩,在各部门之间建立竞争性机制;⑥综合年度评估计划,收集来自大学各利益主体的反馈和评估,主要包括教学质量评估、学生满意情况调查、对大学管理质量的调查、对学术资源、学生科研情况质量的调查、对墨尔本大学毕业生2—5年后的调查以及招聘单位对墨尔本大学毕业生满意度的调查等。此外,为了更好地抓住时代契机、占据发展优势,墨尔本大学围绕科研、教学、社会服务三大职能,针对学校的资源要素、组织要素、文化要素、职能要素和环境要素等方面采取一系列措施,提高学校的核心竞争力。这些提升学校核心竞争力和教学质量的措施就形成了著名的"提升声望"战略,并成为墨尔本大学打造世界一流大学的指导性方针战略。自2005年墨尔本大学制定第一份《提升声望》战略以来,"提升声望"系列战略文本有计划地、全局性地为提升学校核心竞争力与影响力而努力,并将高等教育质量保障视作关键着力点。[1]由此可见,墨尔本大学本科教育质量保障体系的内部质量改进还体现在其完善的问责制度以及指导性、方向性的方针政策的制定之上。大学每年依据发展现状制定当年的发展计划与目标,并就当年目标的完成情况,跟进年度的反馈报告,总结一年来所取得的成绩和存在的不足,并为进一步实现教育质量的提升以及学校声望的提升而努力。

(二)外部评估与改进

除了大学内部的教育质量自我评估与改进之外,墨尔本大学的质量保障体系同样也离不开外部的评估与改进,而其最主要的外部高等教育质量评估主体就是澳大利亚的高等教育质量和标准署(Tertiary Education Quality and Standards Agency,TEQSA)。TEQSA承担着监管、审核和报告澳大利亚高等教育质量的任务,负责对大学自评质量进行审核、提供报告,并向社会公布审核结果。澳大利亚高等教育质量和标准署是澳大利亚独立的国家高等教育质量保障和监管机构,于2012年起就分阶段在澳大利亚全国行使高等教育监管职责,并依据高等教

---

[1] Davis G, O'Brien L, McLean P. Growing in esteem: positioning the university of Melbourne in the global knowledge economy[J]. The tower and The Cloud, 2008.

育标准框架(Higher Education Standards Framework)登记和评估高等教育机构的绩效,所有高等教育机构必须满足这些标准才能进入澳大利亚的高等教育体系内。[1]其具体职责包括:①对符合条件的高等教育机构进行注册;②依据相关法案提供课程认证;③调查在质量评价及课程认证工作中各个高校或机构的执行情况;④根据教育部长或高等教育机构要求,对高等教育机构质量或监管工作提供建议或咨询;⑤收集、分析、解释并发布有关高等教育机构、质量保障活动、质量改进以及高等教育标准框架等方面的信息;⑥对高等教育机构合格标准提供建议和咨询;⑦就提升高等教育质量组织开展培训活动,与其他国家的高等教育质量保障机构展开合作;⑧制订TEQSA服务标准以发挥其规定的组织功能等。[2] TEQSA以相称性、必要性和风险性三个原则为基础开展整个澳大利亚的高等教育质量评估与监测,不仅给墨尔本大学的教育质量改进与评估提供了支持,也在很大程度上改革了整个澳大利亚的高等教育质量保障体系,强化了第三方的外部审核与评估,使得整个过程更为客观与标准化。

此外,TEQSA公布了《高等教育质量风险评估框架》(*Regulatory and Risk Framework*),评估了影响学生学业的风险、影响学界声誉的风险以及高等教育机构倒闭的风险。[3]风险评估的内容包括高等教育机构发展状况、学生学业成就情况、高等教育机构的学生数等,共计46项指标。通过对高等教育机构运行情况的相关数据与信息进行监测,为学生利益和高等教育领域声誉提供保护;同时为风险监管和报告机制提供定制化工具,为TEQSA和高等教育提供者提供双向沟通工具,帮助他们在正式监管活动或评估启动前就运行战略和潜在风险进行沟通。高等教育质量的相关数据更为透明化的结果就是整个高等教育保障机制变得更加市场化。[4]作为消费者的家长与学生能直观地通过数据了解学校的教学质量与具体教学情况,这在一定程度上加剧了高校之间的竞争,使得高等教育以学生为中心,以需求为导向转变,也使得大学高等教育质量的保障与提升成为各大高校的核心任务。墨尔本大学作为澳大利亚最负盛名的高校之一,也积极配合

---

① 马燕超.澳大利亚高等教育质量与标准署(TEQSA)研究[D].西南大学硕士学位论文,2016.
② 此内容主要参考澳大利亚高等教育质量与标准署官网what we do的内容。
③ 此内容主要参考澳大利亚高等教育质量与标准署官网Regulatory and Risk Framework的内容。
④ Gupta T. The marketization of higher education [J]. International Journal of Recent Research Aspects, 2018(3).

TEQSA的工作,根据其每年的评估与建议提升自身的教育质量保障体系建设。

五、墨尔本大学本科教育质量保障体系中的基本特征

(一)以人为本的质量保障出发点

人才培养是大学的核心使命和根本任务,对于墨尔本大学来说同样不例外,"培养什么样的人、如何培养人以及为谁培养人"始终是墨尔本大学教育不可回避同时也必须重视的根本性问题。[①]因此,墨尔本大学的本科教育质量保障体系十分重视人才培养的地位与重要性,各个环节与步骤也均围绕和服务于学校的育人环节。墨尔本大学期望用一流的师资和科研水平培养出学术能力卓越、知识广博,具有领导才能、能适应文化多元化的全球公民。墨尔本大学以学生为中心,将学生利益作为衡量一切服务与政策的标准,为学生提供优质服务,期待学生都能有自身的墨尔本体验。[②]其最负盛名的"三螺旋"人才培养模式便处处体现着"以人为本"的理念。该模式主要围绕着教学、科研和社会参与展开。首先,从教学层面来看,作为学校人才培养的中心环节,也是最为直接与关键的环节,墨尔本大学从师资力量、学科建设、教学环境等资源方面保证包括本科生和研究生在内的学生可以获得资源的质量;同时探索建立基于本土的国际化人才培养体系,为学生未来升学和就业提供多方位保障。从科研上看,为了培养毕业生卓越的科研能力,使其成为各行各业之中的学术领导者,墨尔本大学引进了一大批世界优秀人才作为教师,这些人本就是各个专业领域之中的佼佼者,让卓越的学术研究者与学生直接交流碰撞,能够更好地培养学生的科研素养。此外,墨尔本大学将创新意识和研究思维渗透在学生的学科教学中,旨在通过课程的深度与广度拓展学生的思维能力,达到教学和科研灵活转化的目的。最后是社会参与方面,人才培养的归宿之一就指向就业和社会参与,墨尔本大学有意识地将学校人才培养与社会需要紧密结合,着力培养毕业生的"可雇佣性技能",并依据社会需求调整学校的人才培养方案,实现对社会急需专业的人才培养的政策优惠与倾斜,最大限度地保障学校所培养的人才能够服务于社会需要。综上,虽然墨尔

---

① 李晓华,李纪珍,高旭东.大学的第三使命:从研究型大学向创业型大学的转型[J].科学学研究,2020(12).

② 李巧平.墨尔本模式:澳大利亚公立大学新型人才培养模式的探路者[J].全球教育展望,2008(12).

本大学的本科教育质量保障体系以及其"三螺旋"培养模式中并未直接提及"以人为本"这一概念,但在实际的运作过程之中,这一理念贯穿于教学、科研与社会参与三个因素之中,是沟通各要素的重要纽带,也是墨尔本大学人才培养与质量保障的出发点和归宿。

(二)跨学科的创新人才培养模式

随着社会、经济和市场不断发展,知识生产方式和增长速度较之前有了跨越式的发展,以传统学科为中心的人才培养方式已然不能很好地适应时代发展需要,创新型人才的培养已经成为社会各界的共同诉求。而想要实现创新型人才的培养目标,转变传统单一学科的人才培养模式,运用跨学科的思维和方法,培养跨学科素养和应对复杂问题能力成为重中之重。[1]就墨尔本大学而言,跨学科的人才培养模式亦成为其本科教育质量保障体系中的重要特征,且已然形成了一套较为成熟和完善的体系。一方面,本科生在入校之后要接受为期一年的全日制或者两年的非全日制通识教育,学习基础性课程,由跨院、系的教授组成教学团队,为学生以后的升学和就业奠定基础;另一方面,墨尔本大学所实行的"墨尔本课程"规定本科生除了选择专业课程之外,还需至少选修四分之一的其他专业课程作为拓展课程,以此培养学生的批判性思维与跨学科能力。[2]另外,针对毕业生的综合科研实践活动"顶峰项目",要求学生选择对应专业的综合实践活动,深入到所学专业的工作前沿中去,在实际的工作情景之中带动学生参与其中,将自身所学知识运用到实践中,在研究团队的带动下实现专业知识与各个领域的相互融合,逐步搭建自身知识体系,帮助学生更好地实现从学生向工作者或者更高一级的研究者的过渡。既注重专业深度的学习,又重视知识广度的拓展,贯穿于墨尔本大学对人才培养的始终。而注重学生跨学科的培养保障了毕业生的教育质量,能够提升毕业生在未来职业发展道路或者学术道路上的竞争力,这不仅是墨尔本大学高等教育人才培养的现有模式的特征,更是其本科教育质量保障的体现。

---

[1] Hu X, Liu F, Yuan Y. research on talent training mode of interdisciplinary integration in colleges and universities[J]. International Journal of Education and Humanities,2021(1).

[2] Davies M, Devlin M. Interdisciplinary higher education and the Melbourne model[C]//Creativity,enterorise,policy:new directions in education. Open Polytechnic of New Zealand,2007:1-16.

(三)市场化的大众监督模式

市场化是指用市场作为解决社会、政治和经济问题等基础手段的一种状态,意味着政府的管控不再占据主导地位。[①]墨尔本大学地处澳大利亚的维多利亚州,澳大利亚的高等教育质量保障体系由联邦政府、州地方政府、TEQSA以及大学组成,但无论是联邦政府还是地方州政府,都赋予了大学极大的自治权。几乎所有澳洲大学(包括墨尔本大学在内)在办学理念、专业设置、教学模式、校风校训等方面都有独到之处,澳大利亚联邦政府在大学管理上,始终坚持大学自主发展、自由发展和特色发展的原则,尊重大学的个性,不设统一模式,不对大学的发展目标、战略和定位进行过度干预。政府只对大学的教育质量进行评估与监督,负责督促大学努力提高其办学水平和教学水平,不干预大学运行的具体过程和内部事务。因此,墨尔本大学拥有四方面的办学自主权:一是校长在法律允许范围内有管理学校的自主权;二是大学在办学目标和方向的厘定上拥有自主权;三是大学在课程设置上拥有自主权;四是大学在开展国际交流合作等方面拥有自主权。这种高度的自治使得墨尔本大学在学科建设、专业设置、课程开设、教学内容、科研领域等方面均呈现极大的独立性、自主性与个体差异性。而这些独特的大学发展状况、学生学业成就情况、课程科研开发设置情况等多项指标由TEQSA监督披露,使得学校的高等教育质量相关数据与材料透明化。这就使得墨尔本大学不再是遗世独立的象牙塔,而是处于一个竞争激烈的高等教育市场之中。学校不仅面临着国家以及政府层面对于自身教育质量与成效的监督与管理,同时还面临着来自高等教育消费者的监督与围观。作为消费者的学生与家长,不仅会关注大学在国际排名上所取得的成就,而且还会依据更为细致、公开的学校数据以及相关指标对大学及专业进行更多维度、更全面的比较与分析。与之相对,为了能在激烈的高等教育市场竞争之中拔得头筹,吸引更多的学生与家长的关注,墨尔本大学不得不自发改革与完善本校的教学、科研与管理,由内而外地保障其教育维持在一个较高的质量水平,进而提升学校的声望与影响力。总而言之,极大的自治权和数据的透明化使得以墨尔本大学为代表的澳洲高校不得不迎接高等教育市场化的挑战,使得学生的择校模式由高校单向选择人才向学生与学校双向挑选转变。

---

① 金子元久.高等教育市场化:趋势、问题与前景[J].刘文君,钟周,译.清华大学教育研究,2006(3).

(四)服务全球的大学使命意识

全球化、国际化是时代发展的必然趋势,在墨尔本大学的本科质量保障体系之中,也将服务全球的大学使命意识纳入其中。墨尔本大学认为,人才的培养不应该仅仅局限于发展国家经济或促进区域发展,更应当紧跟时代潮流,培养学生的全球意识、国际意识,从而实现多元文化的交流融合以及人才的引进和科研成果的输出。[1]因此,墨尔本大学在学校发展建设过程中不断强调服务社会的理念。对墨尔本大学而言,服务社会已经成为学校发展建设过程中不可或缺的组成部分,这种社会服务意识已经远超国家或者区域层面,更多指向全球维度,由较为简单的知识成果转变为更加注重学校发展与社会需要的深度融合,发挥学科优势,着重解决全球关注的资源、环境、人口和医疗等与人类生存发展息息相关的全球性挑战问题。从墨尔本大学的"三螺旋"模式中的社会参与维度亦可窥见这种对于学生社会服务意识的培养,全球责任意识的培养从表面上是基于提升学校声望、建设世界一流大学的需要,实际则是学校发展到一定水平所体现出的社会责任感和全球忧患意识。也正是基于墨尔本大学服务全球的发展定位,促使其在教学和科研方面不断增强全球性职能。无论是在课程设置还是科研方向上,墨尔本大学均主张培养师生的人文情怀,要超越个体、民族和国家层面,从人类整体的角度思考问题,并最终实现人类共同进步和全社会的可持续发展。所以说,全球性是墨尔本大学高等教育质量保障中的鲜明特点,重视对学生全球责任意识的培养有助于学生迅速适应时代的发展与变化,帮助学生拓展思维、开阔眼界,培养学生对不同文化、不同思想的尊重与包容,使学生具备国际视野。同时,这也是墨尔本大学在建设世界一流大学的过程中较为鲜明的特点,全球化的培养模式与质量管理突破了一般大学单纯注重人才培养、科学研究与促进地方经济发展的局限,以更高、更广的视野开展本科教育,既体现了世界一流大学师生所具备的情怀,也彰显了世界一流大学所应具备的素质与担当。

---

[1] Kwiek M. Globalization and higher education[J]. Higher Education in Europe,2001(1).

第六章
多伦多大学本科教育质量保障体系

质量是高等教育的生命线,是高等教育赖以生存和发展的基础。在高等教育大众化迈向普及化、国际竞争日益加剧的今天,大学的质量问题日渐凸显并受到各国关注。以往,通过监管评估实现质量保证是各国政府普遍采用的手段,但加拿大的高等院校却因其高度的学术性、自主性和复杂性而难以实行统一、标准化的质量评估,尤其对于多伦多大学(University of Toronto)这样的世界一流研究型大学来说。因此,研究其本科教育质量保障体系对我国建设世界一流大学,提升高等教育质量具有重要的借鉴和启示意义。

一、多伦多大学本科教育质量保障体系的产生背景

多伦多大学创建于1827年,是加拿大规模最大、学科最多、师资力量最雄厚的公立研究型大学,被公认为加拿大综合实力第一的高等教育机构,与哈佛、剑桥等世界顶尖研究型大学相媲美。在高等教育普及化、联邦政府财政紧缩、国际竞争日益激烈的背景下,多伦多大学面临一系列新挑战,本科教育的质量保障再次成为关注焦点。

(一)高等教育普及化带来挑战

1.高等教育需求不断增加

进入21世纪,伴随劳动力市场对人才素质要求的提升,加拿大各地对高等教育的需求持续上升,接受高等教育的人数显著增加。多伦多大学自2002年以来本科全日制学生数量从51702人增加到63073人,增长了近22%。[1]为满足社会

---

[1] 此内容主要参考多伦多大学官网发布的报告《迈向2030——多伦多大学长期规划框架》("Towards 2030: A Long-term Planning Framework for the University of Toronto")。

及个人对高等教育不断增长的需求,加拿大高等教育机构与学位项目的类型日益多样化。不列颠哥伦比亚省(British Columbia)提出建立一种既提供学位也提供文凭或培训证书项目的混合型机构,即大学学院(University-College)。安大略省准许学院提供应用领域的学士学位。①在加拿大,新型高等教育机构的建立打破了受法律保护的"大学"才可以提供学位教育的传统,应用型学士学位的颁发使得学位类型日益多样化。这些变化满足了不同群体接受高等教育的需求。截至2013年,加拿大有260所学位授予机构,其中150家由政府资助,是"法案认可的公共机构",56所是以私人名义运作的私立非营利机构,另有94个机构得到了政府的特别许可,可提供特定的培养项目。②

2.高等教育质量参差不齐

作为典型的教育分权体制国家,加拿大联邦宪法规定教育作为各省政府的权利与义务,各省有权力制定其相关教育政策并颁布课程标准等。③基于此,加拿大各省的高等教育发展也享有地方自治管辖权和极大的自主权。但与此同时,也产生了一系列负面问题,例如整体的高等教育缺乏统一高效、系统全面、具有全国效应的高等教育普及化策略。以新学位互认问题为例,虽然目前公立高等教育机构仍然是大学教育的主要提供者,但有些省立法允许私立大学和学院的开办,并建立了相应机制对其进行管理。然而,部分传统大学对新型学位授予机构及项目采取了公开而强硬的拒绝态度,其根源是对新型机构及项目教育质量的质疑。在新学位与传统学位互认方面,高等教育机构的多样化改变了加拿大传统的公立高等教育体系。有些省份是允许个别非大学机构授予学位的,了解这些新学位项目和传统学位项目质量水平的差异,对学生、雇主和其他教育机构来说都很有必要。而院校教育质量信息不透明,高等教育质量参差不齐和没有一个全国性的认证机构对高等教育机构进行认证等问题,给加拿大高等教育的发展带来困扰。

---

① 李素敏,陈利达.加拿大高等教育质量保障:动因、体系、特征与趋势[J].高校教育管理,2017(6).
② 此内容主要参考加拿大国际学历信息中心 Degree-granting Institutions 的内容。
③ 张睦楚.高等教育大众化的加拿大经验及启示——以安大略省为例[J].云南师范大学学报(哲学社会科学版),2017(4).

(二)财政紧缩引发质量危机

1.政府教育资助紧缩

诚然,教育需求的增长对加拿大和安大略省都有积极意义,但加拿大政府长期以来实行的教育资助紧缩政策显然不足以满足这一需求。从20世纪70年代开始,加拿大联邦政府对高等教育的资助开始减少,财政拨款重点转向更为复杂和政治化的领域,高等教育已经不再像过去那样处于优先发展地位。1995年,加拿大安大略省前省长迈克·哈里斯(Mike Harris)领导的进步保守党政府开始执政,且随即开始了"务实革命"的政治议程。这场革命的核心就是减少财政赤字,通过大幅度缩减政府规模和降低政府开支来实现。在1995年11月第一次发布的预算案中,联邦政府就要求将高等教育总资助减少15%,把学费提高10%。[①] 削减经费给各省带来了各种各样的问题,短期内造成了许多学院、专业停办,大量教学人员数量减少,许多大学还通过提前退休等方式辞退了兼职教师和助教。多伦多大学所处的安大略省人均高等教育经费不仅是全国最低的,甚至低于大多数省。这主要源于政府僵化的财政结构,以及由此带来的赤字增长。一方面,政府对每名学生的补助依然基于1970年代制定的公式,补助资金的增长显然不足以抵御通货膨胀。另一方面,政府更倾向于压低学费标准。省政府倾向于对所有大学一视同仁,并基于同一标准提供资金。这忽略了大学之间的巨大差异,即不同的课程、成本结构、学生群体和目标等。2006—2007年度,多伦多大学的运营预算约为12亿美元,其中,省级核心拨款目前约占总预算的48%,低于1991—1992年的76%。学费收入占比从20%上升到37%。[②] 随着联邦政府和省政府的高等教育经费削减,多伦多大学不得不筹集更多的资金来弥补这个缺口。

2.校内财务困境

无论是从短期还是从长期来看,多伦多大学都面临着严重的校内财务压力,这将对教学和研究乃至师生的体验产生负面影响。多伦多大学的生均经费不到美国私立研究型大学的十分之一,甚至不到美国公立研究型大学的一半。为减少对政府资金的依赖,多伦多大学积极向社区求助以获得捐赠基金,但这反而使

[①] 琼斯.加拿大高等教育——不同体系与不同视角:扩展版[M].林荣日,译.福建教育出版社,2007:159.
[②] 此内容主要参考多伦多大学官网发布的报告《迈向2030——多伦多大学长期规划框架》("Towards 2030: A Long-term Planning Framework for the University of Toronto")。

政府将其视为教育经费充裕的高校,并降低了对多伦多大学的教育资助。这导致多伦多大学面临以下财务困境:一方面,成本的增速高于收入的增速,面临入不敷出的窘境。大学的成本结构主要由员工成本决定,教职人员的薪金和福利约占学校支出预算的70%,但多伦多大学的员工成本每年以高于通货膨胀率总体水平的速度增长。此外,公用事务的运营成本也在快速上升,学校必须投入大量资金维护公共基础设施,包括维护文物建筑、改善残疾人通道和满足新的教学要求等。尽管多伦多大学已实施了广泛的节能和需求管理计划,但这一成本还在继续上升。另一方面,债务水平不断提高。自2000年以来,多伦多大学资产负债表上的债务增加到原来的十倍,每年利息和其他债务偿还成本是3000万美元。因此,多伦多大学只能谨慎地平衡支出水平,以防止通货膨胀并保持储备金。可见,多伦多大学的校内财务困境不利于教育质量的保障。

(三)国际高等教育市场竞争加剧

1.国际教育市场竞争加剧

如今,留学生不再仅仅被看作多元文化贡献者,也被视为重要的经济来源,因为留学生所交学费及其在住宿和生活方面的花费对高等教育机构和地方经济发展都做出了经济贡献。因此,各国都纷纷加入到国际教育的浪潮中,以抢占留学市场,吸引更多的国际学生。为了更好地推动全国高等教育国际化进程,加拿大联邦政府于2012年8月出台了《国际教育:加拿大未来繁荣的关键动力》("International Education:a Key Driver of Canada's Future Prosperity")战略规划,指出加拿大需要抓住当前重要的历史机遇,来完成自身高等教育范式的"完美转型"。同时,该战略规划也明确提出将加拿大高等院校教育国际化提升至国家政策层面,将国际教育作为继加拿大经济、贸易、移民、外交等国家政策之后的第五项国家政策。[①]加拿大联邦政府、省政府和高等教育机构都认为,与西方其他国家(尤以美国、英国、澳大利亚为代表)相比,加拿大在吸引外国留学生方面处于不利地位。为了增加国际学生数量,加拿大的教育主管部门正在与联邦政府和主要机构合作,以明确教育定位和开发教育品牌。在扩招国际学生的同时,还要注意保

---

① 张睦楚,汪明.质量·政策·合作:新一轮加拿大高等教育国际化战略的核心[J].外国教育研究,2015(10).

障加拿大全国的高等教育质量,实现高等教育国际化的可持续发展。多伦多大学也积极地制定国际联合课程与计划,将更多国际内容纳入课程,努力向泛加拿大一级的标准靠近。在此背景下,提升高等教育的质量变得重要且必要。

2.多伦多大学声誉及地位受到挑战

在竞争日趋激烈的留学市场上,多伦多大学作为传统知识生产者的地位已经被社会变化所削弱。伴随数字技术的崛起,知识传播在网络世界爆发,多伦多大学作为知识生产和分享机构的角色受到冲击。在越来越大的压力下,学校需要培养出完全准备好进入劳动力市场的毕业生,并放弃长期以来广泛基础教育的理想。缓慢的经济复苏和培养毕业生的压力,迫使多伦多大学重新审视本科教育和反思目前的培养方案。由于政府在使用公共资金时强调问责制,所以绩效评估以毕业就业率等指标为目标。但加拿大经济复苏依旧放缓,青年失业率居高不下,而雇主们更认为大学毕业生普遍不具备可靠的技能,这使得整个高等教育体系压力倍增。政府和市场都要求学校对此做出回应,并证明其在帮助学生成功就业方面已做好了有效的准备。多伦多大学一方面作为全球公认的研究水平和研究生教育的领导者,另一方面也需要向社会输送学术合格的高质量本科生,双重身份是其本科教育持续发展的动力源。长远来看,加强本科教育质量管理是保持多伦多大学在全球排名领先的重要保障;短期来看,保障本科教育质量是学校未来吸引更多国际学生的"杀手锏"。基于上述认识,多伦多大学在其发布的战略规划中明确提出,教育质量是多伦多大学保持全球领先地位的基石。为应对内外部的危机和挑战,多伦多大学在2015年提出了三项优先事项(Three Priorities):一是更充分地利用其位置;二是加强和深化国际伙伴关系;三是重新审视本科教育。[①]

二、多伦多大学本科教育的质量策划

质量策划是指通过制定质量目标并规定必要的运行过程和提供相关资源以实现质量目标。作为联邦制国家,加拿大没有国家层面的高等教育管理机构,质量保障主要是各省(区)高教主管部门与大学共同承担的责任,大学高度自治,省

---

① 此内容主要参考多伦多大学官网发布的报告《三个优先事项:讨论文件》("Three Priorities: A Discussion Pape")。

级质量保证机构负责质量监管,并将其作为向大学拨款及问责的依据。因此,加拿大各省的高等教育发展也享有地方自治管辖权和极大的自主权,各校也有着不同的高等教育质量策划。

(一)质量方针与质量目标

朱兰三部曲指出,"质量"这一术语包含了两方面的含义:首先,具有能够让顾客满意的特征;其次,这些特征要免于不良。[1]多伦多大学一方面确立了总体的质量方针和具体的质量目标,以彰显其本科教育之特征;另一方面则通过设立质量管理机构和建立管理制度以"免于不良"。

1.总体质量方针:大学的使命、宗旨、目标与原则

多伦多大学在多个领域享有全球声誉,结合自身的学术成就、可利用的资源,并基于此明确了自身发展定位,确立了相应的使命、宗旨、目标与原则。多伦多大学的使命是"成为具有国际影响力的研究型大学,打造优质的本科、研究生和专业课程"。为此,多伦多大学确立了两大宗旨:一是重视学术团体的建设,在多个专业领域设立奖学金,吸引学生参与学术活动;二是创建机会均等、公平正义的校园环境,保护师生人权,尤其是言论自由权、学术自由权和研究自由权。

鉴于多伦多大学广泛的学科设置和卓越的学术成就,学校确立了宽领域、多样化的教育目标,主要包括:①开展高质量研究,提供国际最高标准的信息、图书馆资源,打造最有益于科学研究的环境,维持其在科研、出版和教师等方面建立的长期优势地位;②坚持开展通识教育,在保证教育广度的基础上,培养学生理性思考、独立判断和为社会做出突出贡献的能力;③建立终身学习社区,为从业者和社区成员提供学习和使用其设施的机会,协助相关专业组织和学会的发展。本着学术自由的精神,多伦多大学竭尽一切可能为加拿大乃至全球提供最佳服务,并提出四项原则:第一,尊重知识完整、学术自由和理性批判;第二,促进大学内部的公平正义,维护社区多样性;第三,坚持多主体共同治理;第四,推进财政问责制度。[2]

---

[1] 朱兰,德费欧.朱兰质量手册:通向卓越绩效的全面指南[M].焦叔斌,等译.中国人民大学出版社,2014:91.

[2] 此内容主要参考多伦多大学官网 University of Toronto Governing Council 的内容。

2.具体质量目标:本科教育愿景

尽管学校内部就目标达成了强烈的共识,但高等教育仍将面临接踵而至的变化与挑战。多伦多大学第16任校长梅瑞克·格特勒(Meric S.Gertler)认为,如果我们要成功,就需要确保站在适当的位置,预测和应对我们所面临的最紧迫的挑战,并利用好眼前的机会。在格勒特的带领下,多伦多大学确定了三项优先事项以实现可持续发展。该政策推动着多伦多大学的本科教育迈向新发展阶段。

首先是确立了本科教育的目标:第一,为学生在劳动力市场上的终身成功做好准备,而不仅仅是培养其短期就业的能力。第二,重申本科教育阶段开展广泛的人文教育的长期价值,但也要反思如何使毕业生充分受益于通识教育。第三,毕业生应为本地区、省、国家和世界的经济、社会和政治成功做出贡献。[①]

其次是明确了本科教育的愿景。2019年,多伦多大学发布《多伦多大学本科生教育体验的愿景》("A Vision for Undergraduate Experience at the University of Toronto",以下简称《愿景》),为本科生的学术规划、课程学习和生活体验等搭建了初步框架。《愿景》提出了对理想本科生的基本设想,提出多伦多大学本科生应具备独立思考、敢于担当和积极行动三项特质,并明确了具体的要求(见图6-1)。

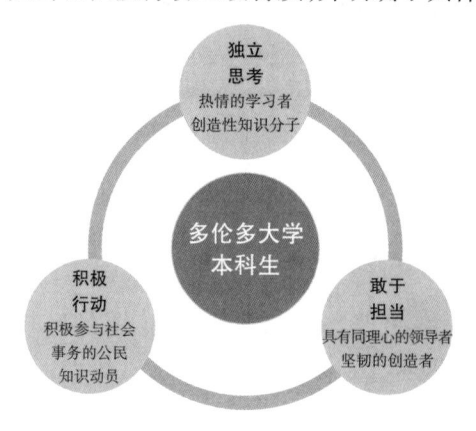

图6-1 多伦多大学本科教育愿景

最后是制定了改进本科教育的关键策略。为研究性学习、体验性学习和国际化学习提供更多的机会;探索新的学习模式和技术;重新思考如何帮助学生从学习到工作的过渡。为实现这种学习和成长,多伦多大学将为本科生提供以下经验:

---

① 此内容主要参考多伦多大学官网发布的报告《三个优先事项:讨论文件》("Three Priorities:A Discussion Pape")。

①培养探索精神,帮助本科生掌握前沿知识;

②鼓励学生从多种学习经验中整合知识,建立复杂的心智模型,看得更广、更远、更深入;

③帮助本科生理解学科间的差异并进行超学科学习;

④鼓励本科生拓宽情感边界,帮助他们有意识地进行自我探索、自我决策和自我超越;

⑤在大学的众多社区中找到归属感,建立连接并达成共同目标;

⑥鼓励具有批判性和建设性的对话,帮助本科生认识到多样性、公平和包容的意义,引导其向那些有不同生活经历的人学习,并感受广泛的社会意义;

⑦理解和尊重土著人民的历史和观点,欣赏其民族角色并理解其如何走上民族道路;

⑧将知识、身份和价值观联系起来,明白如何适应更广阔的世界;

⑨掌握可转移技能,帮助学生逐渐明确其职业生涯,拥有新的知识和专业身份;

⑩发展终身学习的愿望。[①]

(二)质量管理机构及其制度

加拿大《不列颠北美法案》(British North America Act),现称为《1867年宪法法案》第九十三条规定,教育管理的权限将赋予各省。因此,加拿大联邦和各省均有制定教育法律法规的权力。一方面,联邦政府通过立法确定省政府和地区政府评估、监控高等教育人才培养质量的权力和职能,享有拒绝各省法律的一般权力,但对各省的教育管理权力予以尊重。另一方面,各省级政府通过制定法律法规设置高等院校各专业的质量标准及学位授予标准,并对高校申报的专业及学位进行严格审批。[②]多伦多大学由安大略省中学后教育质量保障理事会(Post-secondary Education Quality Assessment Board)监管,该机构也批准了《多伦多大学质量保证进程》("University of Toronto Quality Assurance Process"),这一举措在一定程度上保障了学校质量体系的独立性。

---

① 此内容主要参考多伦多大学官网 Expert Panel on the Undergraduate Student Educational Experience 的内容。

② 李中国,皮国萃.加拿大高等教育质量保障体系及其改革走向[J].黑龙江高教研究,2013(2).

1.多伦多大学教育质量保障建设的专业化

学校建立了专门机构以保障教育质量。由副校长兼教务长(Vice-President & Provost)担任首席学术官,副校长兼首席财务官(Vice-President, Operations and Real Estate Partnerships)担任首席预算官,这两位副校长共同负责监督多伦多大学的质量保证过程,确保其符合大学的质量保障原则和质量委员会的要求。学术课程副教务长办公室(The Office of the Vice-Provost, Academic Programs, VPAP)负责监督所有课程、学院和教育单位进行核查,并为学术、预算、学生生活、治理和审批等制定提案。VPAP至少每8年对所有院系、单位及其学术课程进行审查,以确保根据前沿的国际计划评估各单位的表现,使相关的学术和行政问题得到有效解决。VPAP对安大略省大学质量保障理事会负责并受它监督,最新的多伦多大学质量保障程序包括四项议程:①新学位、专业、课程的批准。该议程需澄清"新方案"是全新的,与学校目前提供的任何现有方案的要求和结果都不同。新方案提案一旦得到大学管理部门的批准,将由质量委员会的评估委员会进行评估。②修改议程。该议程对现有和先前批准的程序进行实质性的更改。重大修改需通过大学治理程序获得批准并每年向质量委员会报告。③程序关闭议程。该议程阐明了关闭程序的过程。某些项目可能因为入学率低、学科格局调整和学术项目质量低等原因而被关闭。这些原因可以在外部审查报告中阐明,也可以由大学社区成员确定。项目关闭通过大学治理程序获得批准并每年向质量委员会报告。④周期计划审查议程。[①]该议程保障现有的本科生学位、学分和课程质量。对学术项目的审查可以是对该项目所在学术单位审查的一部分。

2.本科教育质量保障机构及其制度

针对提升本科教育质量,多伦多大学设立了本科生教育体验专家小组(The Expert Panel on the Undergraduate Student Educational Experience, USEE)进行质量策划。其任务是制定学生体验的愿景,将所有课程、计划和活动联系起来,帮助学生实现学术和专业技能的协同发展,并将其学习和个人职业成长结合起来。此外,学校还建立了无障碍服务中心、健康与保健中心、性暴力预防和支持中心以及安大略残疾人无障碍法案办公室等校内资源中心。围绕心理健康、身体健

---

① 此内容主要参考安大略大学质量保障委员会官网 University of Toronto Quality Assurance Process 的内容。

康、饮食健康和安全四大支柱构筑学生健康网,为学生提供所需支持和服务,培养学生的良好生活习惯,在生活方面提供更完善的保障,以支持学生的全面发展。USEE提出,未来多伦多大学的本科生质量策划的优化方向应包括以下几方面:第一,进一步优化创新学习成果的评价方式,平衡学术严谨性和学生竞争之间的张力;第二,优化学习空间和生活场所,使学生群体感受对多元文化价值的包容;第三,提倡社区建设,如制定校友导师和伙伴计划;第四,提升学校数据分析能力,通过综合性评估以支持学生学习和成长。[1]

三、多伦多大学本科教育的质量控制

质量计划制定之后,一旦付诸实施就必须进行质量控制。质量控制是质量策划的演绎和实施,目的是使本科教育符合预先规定的质量要求。就教育质量而言,多伦多大学本科教育质量保障体系具有浓厚的英式教育传统,通过控制生源质量、课程质量课外实践、标准过程与最终认证以保障质量计划的顺利实施。

(一)生源质量控制

多伦多大学通过制定计划以控制入学人数,保障在入学人数与可用教学资源之间取得切实可行的平衡,从而确保"提高研究强度和质量、改善本科生学习体验"目标的达成。有时,符合录取条件的学生数量超出学校可以提供的教学资源,在这种情况下,多伦多大学将保留限制入学的权利,以保障教学质量。

1.招生计划

多伦多大学每年招收约11000名本科生进入三个校区学习,其招生计划不仅仔细考虑了大学自身定位,还考虑到生源结构对相关财务、学生体验和教职员工工作生活质量的潜在影响。因此,多伦多大学在制定招生计划时主要对以下三方面进行衡量:一是满足多伦多地区、安大略省乃至加拿大其他地区对大学名额的需求;二是强化其在科学研究方面的独特优势,通过适度减少本科的招生人数(尤其在圣乔治校区),扩大研究生招生规模,同时降低师生比,以提升教学资源的利用率;三是继续为成人学习者提供服务,接纳多元群体,超越对传统学生群

---

[1] 此内容主要参考多伦多大学官网 Expert Panel on the Undergraduate Student Educational Experience 的内容。

体的定义。①未来,多伦多大学将继续推进国际化,招收更多的国际学生,持续从加拿大各地招收顶尖学生。

2.录取标准

多伦多大学每年平均录取率为43%。由于每年学校的申请者人数众多且该大学没有任何预设的平均成绩,因此需考虑多重标准进行审查。首先是学业成绩,鉴于多伦多大学本科课程的严格要求,所有专业的录取主要基于学术成绩,三个校区的总体入学平均成绩都在80%以上,但不同学科、不同校区都有差异。表6-1中列出了一些热门专业的平均成绩:

表6-1　多伦多大学部分专业入学平均成绩要求②

专业	入学平均成绩(%)
管理	85
人文学科	80~85
社会科学	80~85
生命科学	85~89
物理与数学科学	85~89
工程	90
商业	90~95

其次是语言能力,由于多伦多大学采用英语进行教学,因此申请者必须提供英语水平测试成绩或相关资格证书,具体要求如表6-2所示:

表6-2　多伦多大学本科生入学英语能力要求③

英语能力证明	要求
托福	最低要求:总分100分,写作部分不低于22分
雅思学术类	最低要求:总分6.5分,每个单项不低于6.0分
多邻国英语测试	最低要求:总分120分
国际文凭英语(IB)	最低要求:高级水平或标准水平英语A;文学或英语A;语言文学4分。不接受HL英语B

---

① 此内容主要参考多伦多大学官网发布的报告《迈向2030——多伦多大学长期规划框架》("Towards 2030: A Long-term Planning Framework for the University of Toronto")。
② 此内容主要参考多伦多大学官网2022-23 undergraduate admissions bulletin.的内容。
③ 此内容主要参考多伦多大学官网2022-23 undergraduate admissions bulletin.的内容。

续表

英语能力证明	要求
英语诊断和评估/英语能力证书(ELDA/COPE)	最低要求:总分86分,写作32分,阅读和听力各22分
GCSE/IGCSE/GCEO级英语	最低要求:英语或英语语言作为第二语言,最终成绩为B(或6)。英语水平:最低要求是英语或英语语言成绩C
多伦多大学继续学习学院的学术英语课程	最低要求:学术英语水平60分,成绩为B

注:下述情况可获得语言免试资格:①母语为英语的申请人;②在以英语为主要语言的国家的学校进行了至少四年的全日制学习并取得了令人满意的成绩;③母语为法语,在加拿大学校进行了至少四年的全日制学习并取得了令人满意的成绩。

最后,由于多伦多大学的生源十分多元,学校迫切需要制定有效的策略来应对不同地区入学成绩标准的差异,评估申请者的真实学术水平,制定除中学平均成绩之外的录取标准。一方面,多伦多大学开展学术衔接计划(Academic Bridging Program)和过渡年计划(Transitional Year Program)积极招收学生,帮助一些尚不符合学术标准的学生获得入学机会;另一方面,要求申请者提供其他材料,如论文、创意作品集或课外活动策划。多伦多大学的招生特别工作组(Task Force on Enrollment)建议学校更密切地关注"全面发展的学生的积极品质",并建立了相应的系统来录取优秀的学生。[1]日趋多元化的申请方式有助于多伦多大学优化生源结构,控制生源质量。

(二)课程质量控制

多伦多大学课程资源十分丰富,致力于为学生提供更多的选择和机会,帮助其找到符合自身兴趣和目标的课程和实践机会。多伦多大学的课程规划建立在雄厚的学科实力上,学校有12个学科名列泰晤士排行榜的前50位[2],并设立了以杰克曼人文学院(The Jackman Humanities Institute)、蒙克全球事务和公共政策学院(The Munk School of Global Affairs and Public Policy)为代表的跨学科研究和学

---

[1] Towards 2030: A third century of excellence at the Univeristy of Toronto synthesis report[R].Toronto: University of Toronto, 2008:41-42.
[2] 此内容主要参考泰晤士高等教育官网发布的World University Rankings的内容。

习网络,将研究、教学和社会参与连为一体。

1. 课程设置

截至2019年秋季,多伦多大学提供了包含人文与社会科学、生命科学和STEM相关领域在内的700多门本科课程。学校的课程体系体现了新兴需求与跨学科的结合,有助于学生构建一个真正属于自己的跨学科学位。从入校第一天起,本科生就可以尝试建立自己的学习社区。第一年计划(First year foundation:The One Programs)致力于为所有一年级学生提供课程、研讨会和参与式学习机会,帮助新生顺利过渡到新的学术和生活中,并为今后的学习和专业选择奠定知识、思维和写作基础。一名多伦多大学文理学院的本科生,无论选择什么专业方向,都将获得另一重身份,进入英尼斯学院、新学院、圣迈克尔学院、三一学院、大学学院、维多利亚学院、伍兹沃学院中的一所,开始四年的学习和生活。文理学院下设29个学术院系以及45个跨学科研究机构,具备组织课程教学和研究工作的资格,其主要职能是开展相关领域的研究与合作交流,为学生提供大量的专业课程和学术指导,同时配合七大学院进行学生管理。文理学院本科生专业的准入与分流几乎同时进行,是大类培养之后学生在相关学科或专业具备了一定基础的前提下,经过教师的指导而进行的理性选择。另外,多伦多大学对课程资源的挖掘和利用还体现在推动学习型社区建设上。多伦多大学鼓励学生在老师和导师的支持与帮助下组建学习小组,致力于将学校打造为一个独特而多样化的学习社区。文理学院的课程设置致力于培养学生的创造力、领导力、写作能力、口头汇报能力、面试技巧和解决实际问题的能力等,进而促进学生在职业胜任力和环境适应能力方面的提升与发展。在深度上,文理学院课程内容的设置遵循学科知识难易程度变化及学生认知发展规律,课程类型主要分为专家课程(Specialist Program)、主修课程(Major Program)和辅修课程(Minor Program),不同类型的课程对应不同的内容难度和学生基础要求。文科、理科和商科的本科生允许在上述课程选项中进行多种组合,建立个性化的学位。具体到课程难度上,课程按照"由易入难"的逻辑设置了四个难易梯度,从代码"100系列"依次上升到"400系列",分别代表了课程难度等级和适宜选修的年级。[①]

---

① 宋瑞洁.多伦多大学:以书院制打通本科课程融合渠道[J].上海教育,2021(6).

2.课堂教学

课堂教学在保障课程质量中占有举足轻重的地位。多伦多大学的课堂教学具有五大特征,这些特征使其在保障教学质量方面取得了显著成效。第一,保证课堂教学教师水平,一流教授站在教学最前沿。在多伦多大学,所有教授都有教学任务,每个教学年都需完整讲授2门以上课程。为实现该目标,多伦多大学要求教授单独开课,不与其他教师合上,从源头上避免教授有不讲或少讲课程的机会。另外,教师收入的重要部分来自教学,教师的工资与教学工作量、学生匿名评价挂钩,从经济角度决定了教授必须站在教学第一线。第二,课堂辅导学时充足,及时给学生解惑。每门课都安排了充足的助教数量,而且规定助教在辅导课(Tutorial)时必须到对应教室,并保障授课教师、助教全部到位,使学生的疑问能得到及时解决,再辅以大量作业,保障学生在平时就能够将课程内容学扎实且记忆深刻。第三,课后作业量大,作业综合性强,覆盖面广。多伦多大学的课后作业既有当次课的基本内容,也有贯穿整门课程的综合应用;同时,还包括应用多学科知识解决问题的题型。这样安排作业,学生能很好掌握教学内容,容易发现自己知识中的薄弱环节;作业的压力也提高了学生在辅导课上的主动性、积极性,使作业与答疑互相促进,形成良性循环。第四,实践性强的课程由校内教师讲理论,外聘工程师讲实例。即使高校教师的实践经验再丰富,其对施工细节的了解和把握与现场工程师仍存在一定差距。当毕业生进入施工单位时,会受到许多问题的困扰。多伦多大学这种课堂教学的方法,弥补了高校教师的某些不足,提前解决了学生步入职场后面临的问题。第五,给予授课教师开展教学的主动权,以学生评教相约束。学校给予教师极大自主权,只要能达到教学目的,教学活动完全由教师自己安排。当然,对教师也有约束,每门课程都有学生对教师的匿名评价,评价结果直接和教师每年工资涨幅挂钩。这样既给了教师教学自主权,又考虑到了教学效果。[①]

教学是大学育人功能的集中体现,多年来多伦多大学一直致力于改善提高教学质量,始终将追求高水平的教学作为学校的核心任务和重要目标之一。其教学发展组织先后经过孕育萌生、战略规划、融合发展和体系构建四个阶段,最

---

① 罗学东,罗文旭.多伦多大学课堂教学特点及其对我国高校课堂教学改革的启示[J].中国地质大学学报(社会科学版),2013(S1).

终形成了"学校—院(系)—项目"三级联动的教学发展体系。在学校层次,校级教学发展机构为决策层提供教学咨询,同时参与教学政策制定以及评选校级教学奖项;在院(系)层次,院(系)教学发展部门是兼顾学科教学差异、扩大教学支持范围、增强教学服务能力、实现教学文化深度变革的中坚力量;在微观层次,由校、院(系)两级教学发展部门组织实施的各类教学发展项目则是支持教学、服务教学、促进教学和创新教学的现实载体,为教师、研究生助教、博士研究生和博士后研究人员等多元化群体提供个性化的教学支持和技术服务,以"主动支持"和"被动响应"相结合的方式促进多伦多大学教学整体的发展。①

(三)课外实践控制

多伦多大学肯定了课外实践的重要性,以不同的形式为本科生提供多样化的体验,帮助其实现课外学习和成长。基于研究、体验与国际化的学习增加了本科生的研究机会,通过体验式和服务式学习,扩大了学生获得国际经验的范围和种类。

1.超越课堂:鼓励科学研究

由于多伦多大学是加拿大领先的研究型大学,并且在许多不同领域的研究实力在国际上得到了认可,所以在重新构想本科教育时,多伦多大学利用了其身份中最突出和最独特的特点,帮助本科生发展科研能力。②在好的研究型大学中,教学和科研总是紧密结合在一起的。教师的科研对教学具有引领作用,它引导着教学向学科发展的最前沿延伸,而不至于使教学远远地滞后于学科的发展,教学反过来对科研也有促进作用。这两种责任在许多方面是相辅相成的,研究人员把学生融入集体研究事业的能力为建设最好的学校增添了重要的动力。多伦多大学在本科教学中融入科研,鼓励学生在本科阶段就进行科研活动。文理学院的研究机会项目(ROP)实践了这一原则,每年选拔180名有天赋的二年级学生参加教授的研究项目,学习研究方法,结识同学并在本科期间与导师建立关系,获得相应的学分。本科生可以通过参加研讨会、志愿工作等方式向顶级的研究人员学习。学校在人文、社会学科,自然科学和工程学科,健康学科三类学科

---

① 秦炜炜.大学教学发展的组织变革与体系构建——多伦多大学个案研究[J].高等教育研究,2014(3).
② BARTLETT K.Towards a true community of scholars:undergraduate research in the modern university[J]. Journal of Molecular Structure:THEOCHEM,2003:666-667.

专门设立了多项针对本科生的科研资助项目。[①]此外,学生还能通过研究游览计划(REP)获得校外研学的机会,到纽约市的档案馆、厄瓜多尔的森林等地进行探访和调研。

2.超越学校:促进体验学习

学校不是一座象牙塔,而是与周边的社区、经济体等紧密相连的教育场所。多伦多大学希望通过为本科生提供实习、社区服务等体验式学习的机会,帮助本科生将其学习应用到专业环境中,获得宝贵的经验,促进职业发展。为此,多伦多大学建立了体验教育中心(The Experiential Education Unit)推动以经验为基础的学习。实地探访、专业实习年计划(Professional Experience Year)和工读计划(Work Study Program)等体验学习项目的成功实施,证明了体验式学习的重要性。越来越多的雇主在评估毕业生的就业能力时关注其本科期间的课外经历。学生也越来越有兴趣通过服务学习"做好事",学校更加关注培养学生的创业能力和提供更多课外机会,这对雇主、学生乃至周围的城市地区来说都是一种双赢。多伦多大学定期与校外产业、机构和非营利组织合作,并投资大量资金用于发展合作关系。在社区合作中心的协助下,服务学习已被整合到整个大学的许多课程中用于解决复杂的社会问题,如资源匮乏的学校、无家可归的儿童、LGBT群体和心理健康等。近年来,多伦多大学推出了体验式学习旗舰项目——B2B计划。该计划以获得指导、职业建议和体验式学习为目的,提供职业技能研讨会、网络面试以及建立专业联系的经验组合,为本科生的职业成功提供坚实的基础。另外还有Next Steps会议、职业学习网络(CLNx)等举措,都有助于支持学生职业生涯的发展。多伦多大学目前建立了7000个行业合作伙伴,通过积极地举办招聘会和信息会,为学生提供工作和实习机会。多伦多大学学生的就业能力在泰晤士全球大学就业力排名上位列加拿大第一,全球前十五。[②]

3.超越国界:提供全球学习

多伦多大学鼓励所有院系的学生参加国际交流、暑期学习,以及在国外合作学习和实习,或与校园内的国际教师和学生互动。这些交流使学生能够在学术

---

① 巴特尔.加拿大多伦多大学的办学特色及启示[J].国家教育行政学院学报,2010(10).
② 此内容主要参考安大略省政府官网 2020-2025 Strategic Mandate Agreement: University of Toronto 的内容。

环境中体验新的文化和语言,同时获得多伦多大学学位的学分。交换可能是一个或多个期限,通常长达一整年,在世界各地都有国际交流。暑期学校要求学生在三到六周内完成相当于多伦多大学1.0学分的本科学位课程。通常,暑期海外课程为二年级和三年级学生提供,包含环境研究、历史、政治学、文学、艺术、管理、建筑、犯罪学、考古学和语言等学科,通过海外科学计划提供国际实验室的实践研究经验。大多数暑期课程没有先决条件,所有信誉良好的多伦多大学学生都有资格申请,课程和成绩在学生的成绩单上显示为多伦多大学的常规学分,并计入他们的累积GPA。跨文化学术课程和课外环境是多伦多大学的特色之一,多伦多大学也通过不断吸纳国际学生,实现在地国际化,为本地学生提供跨文化学习的机会,不断挖掘国际化学习的潜力,利用好多伦多地区不同寻常的国际化环境,在国际化都市中拓宽学生的国际视野。

(四)标准过程与最终认证控制

多伦多大学三个校区的本科生都是20个学分毕业,其中14个学分为专业课,6个学分为公共选修课,其组合形式灵活多样。学生既可以完成双专业学位毕业,即7个专业课学分对应一个专业;也可以完成三个专业毕业,即把6个学分的公共选修课转换成7个学分的专业课;同时还可以用14个学分的单专业毕业,或者14个专业课学分对应一个专业,再用7个学分对应另外一个专业。[①]这样灵活的学分组合的方式既有利于学生根据毕业后的不同职业路径来规划本科时的课程,也满足了不同学生在跨专业学习和单专业学习方面差异化的需求,最大限度地发挥了学生的潜能。本科新生在结束一年级的课程学习并满足所选专业的准入标准后,可依据《专业学习指南》从700多个学术课程中进行自主选择和搭配,以构建符合自己兴趣和需求的个性化学位课程计划。由于每个专业的准入标准不同,因此,一年级学生需要提前关注意向专业及其准入要求,并有针对性地安排相关课程的学习。除了一些特定科系,大部分学生都有机会在第一学年结束后根据成绩和兴趣重选专业,换专业时不但不限于本学院开设的专业,还可以"带走"学分,并且在后期可依据自身需求和学习进度调整课程类型的组合方式,最终达到专业及学位课程的要求。多伦多大学的学位认证标准体现了深度

---

① 宋瑞洁.多伦多大学:以书院制打通本科课程融合渠道[J].上海教育,2021(6).

和广度的融合与统一,为学生跨学科学习提供了制度性的便利。在毕业之际,表现优异的本科生将同时获得文理学院颁发的荣誉学位证书,具体要求如表6-3所示:

表6-3 多伦多大学荣誉文学士(HBA)或荣誉理学士(HBSc)的资格

学分数	20.0
学分水平	200级课程至少13.0学分,300级至少6.0学分;文理学院课程至少10学分
计划要求	需完成其中一项: ·一门专家课程(其中包含至少1.0学分的400级课程) ·两门主修课程,包括至少12.0学分的两个不同级别的课程 ·一门主修课程和两门辅修课程(至少12.0学分的不同级别的课程)
累积平均绩点	1.85
广度要求	需完成其中一项: ·以下五大类别中的四个类别,每个类别至少1学分 ·五大类别中的三个类别,每个类别至少1学分,且其他两个类别各完成0.5学分 1. 创意和文化表现 2. 思想、信仰与行为 3. 社会及社会制度 4. 生物与生物环境 5. 物理、数学与宇宙

多伦多大学的实践表明,专业教育与通识教育、深度单学科学习与跨学科学习之间并不是非此即彼的对立关系。通识教育与专业教育的融合也不是简单的数量增减,而是通过一级学院下设的书院制打通本科课程在深度和广度上相融合的渠道,并借助课程学习与课外活动的形式贯穿学生四年的学习生活。

四、多伦多大学本科教育的质量改进

质量改进是"质量管理的一部分,致力于增强满足质量要求的能力"。质量螺旋表明,产品或服务质量是不断上升、不断提高的。但这种上升提高是通过质量的持续改善及创新突破来实现的。内部质量保障指大学内部制定质量监控制度与程序,实施周期性的质量自我评价与完善体系。大学内部质量改进主要是基于自我评价和同行评议来进行的。外部质量改进即由政府、社会各界全面参与的多元化评估及提供相应的改进策略。

(一)内部质量评估与改进

1.全面、周期性的学术评估

在加拿大,大学一般有两种定期的评估,即针对院长或系主任任期届满的行政性评估和针对学程的学术性评估。行政性评估是大学对院长或系主任任期内的工作业绩进行全面评估,包括教学、科研、财务、人事、服务、学生等各个方面,学程质量仅仅是教学工作的一部分;评估报告直接送交学术副校长;评估专家一般3人,来自外校和本校的其他学院。学术性评估是省内大学的自律性组织安大略大学质量保证委员会(Ontario Universities Council on Quality Assurance,简称COU),按照全省统一的各学科的评估计划安排对各大学的学程的教学质量进行评估,即学程评估,包括学术成就、学术方向、师资队伍、设施等;评估专家一般3人,均为省内外(包括美国)的同行专家。学程评估一般包括学程自评、现场访评和大学反馈三阶段。大学会定期组织由外部专家或同行学者参与的周期性学术评价,包括对教学质量、科研和管理等要素的详细审查。本科学程评估督查过程是:①大学提供近期学程评估和新学程申报的政策文件;②督察员任选三个学程和一个新申报批准的学程;③大学提供督察员挑选出的所有学程的评估文件;④督察员各自审读所有文件,然后开碰头会;⑤督察员进行现场参访;⑥督察员撰写报告,提出建议和整改意见;⑦大学再核实有无与事实不符之处;⑧安大略省学术副校长委员会(Ontario Council of Academic Vice-Presidents)接收报告,并转交安大略大学质量保证委员会和省教育部。学程评估专家的所有费用均由被评大学负担,大学必须在专家现场参访前将规定数额的经费划转到大学协会指定的账户。①

多伦多大学赋予学术副校长兼教务长、学院院长、系主任重要职责,他们是教育质量的主要责任人。其工作的重点是动员所有与学程相关人员(包括教师、学生、实验人员和管理人员),在充分讨论、认真总结的基础上撰写自评报告。同时在网上发布学位质量管理的规章制度、评估要求、运行指南、日程安排等有关文件。多伦多大学每年都会发布一份自我评估报告,这份报告是根据学校的规划对学校一年来的整体情况进行评估总结,主要涵盖以下四部分:科研创新、教

---

① 吴言荪,刘誓玲.加拿大大学教学质量保障机制浅析[J].高等工程教育研究,2011(1).

育战略、学生经历、教职工与资源。[①]依据多伦多大学评估指南,评估工作的开展须事先通知被评单位,并要求其向评估专家提交自评报告。自评报告包括被评学程的办学目标、思路、理念、标准、入学要求、课程结构、教学大纲、教学方法、学生成绩与成就分析、教学质量分析、课外活动、教师业务水平等等。学术副校长兼教务长、院长收到评估专家所提交的评估报告后,要对出现的问题提出整改要求和措施。自1998年以来,年度绩效指标报告已成为多伦多大学数字治理(Data Governance at University of Toronto)的重要组成部分,并保持着安大略省高等教育领域的领先地位。

2.具体、数字化的比较评估

多伦多大学具有十分完善的自我评估机制。学校制定了《多伦多大学数字治理战略》("Towards an Institutional Data Governance Program")并投入了大量资金用于购买新兴评估工具,如Tableau、教育与技能在线(ESO)等,用以绘制本科生的学术生命周期图,探索如何利用数据支持学生的学术和职业发展,并进一步补充教学支持与创新中心现有的资源库,为教师提供支持。多伦多大学的自我评估有三个特点:第一,具有全面、可操作性的评估指标。评估指标的选定是衡量评估体系是否科学的重要依据。全面、可操作性的评估指标的设定是成功评估的重要保证。第二,让具体数据说话。这是现代大学评估量化趋向的一个具体体现。多伦多大学自我评估中的每一个指标都具体量化。指标量化提高了评估体系的科学性和说服力。第三,在比较中评估。单纯地将指标量化,堆砌一些数据,其实意义并不大。数据只有在比较中才能真正说明问题,否则就变成了大学自我夸耀、自我陶醉的资本。正是比较增加了数据的表现力,使评估能够更加贴近现实,既表现出已有的成绩,同时也反映出差距,从而触及学校发展的薄弱环节。学校的自我评定中进行的比较可分两种:一是学校内部的纵向比较,即依照时间,将当前数据与以往年份进行比较;二是学校之间的横向比较。多伦多大学横向比较的对象包括加拿大国内的研究型大学以及美国大学联合会(Association of American Universities)成员。[②]

---

① 此内容主要参考多伦多大学官网Facts & Figures Report的内容。
② 巴特尔.加拿大多伦多大学的办学特色及启示[J].国家教育行政学院学报,2010(10).

(二)外部质量评估与改进

1.雇主评价机制:毕业生就业调查

开展科学有效的高等学校毕业生就业质量评价工作是保障高等教育质量的有效手段,在加拿大已初步建立了多层次、系统化的高等学校毕业生跟踪反馈机制。首先是加拿大统计局针对高等学校毕业生的调查(National Graduates Survey),调查内容主要包括:毕业生就业情况、毕业生对工作的满意度、社会整体就业率与失业率、高等教育对职业成就的影响等。其次是高等学校针对毕业生的年度问卷调查(Undergraduate Report),调查内容包括:在毕业半年内就业、继续深造及其他去向的人数比例,最受各专业本科生欢迎的研究型院校名单及对应的录取比例,毕业生找到工作的途径,毕业生工资的中位数及平均值,学校为学生就业开展的活动及参加人数的统计情况等。最后是用人单位对录用学生表现的评价调查(Student Performance Evaluation),调查内容包括工作态度、学习能力、完成工作质量、解决问题能力、团队合作表现、职业素养、交流沟通能力、综合表现评价等。[1]

2.行业评价机制:专业人才认证

为保证社会专业服务的质量,加拿大对专业人才设有准入机制,医生、护士、会计、工程、建筑、律师等49个专业协会均有认证要求。这些协会除了定期举办考试,对从业人员进行认证以外,其重要的工作就是对培养这些专业人才的大学学程进行认定(Accreditation)。以加拿大工程师协会(Engineers Canada)为例,该协会有16万会员,下设的工程认证委员会(The Canadian Engineering Accreditation Board, CEAB)负责对全国所有本科工程学程进行专业认证。认证的目的是判断大学学程的质量,其毕业生是否有资格进入加拿大工程界执业。认证的过程重在对学生质量、教师质量、教辅质量和教学设施的评估。一般CEAB要先派评估专家组现场参访,收集资料并听取意见,然后由CEAB提出定性的和定量的整改意见。[2]被评大学应该提供受评学程自前次认证以来的各类支撑材料,并在现场访问前六周送达至评估专家和CEAB秘书处,现场访问一般三天。评估专家

---

[1] 此内容主要参考加拿大大学和学院协会官网Speaking for Canada's Universities的内容。
[2] 徐猛.加拿大高等教育质量保障体系研究[D].华东师范大学硕士学位论文,2012.

组一般三人,皆为CEAB委托的省外或国外的同行。他们要与教务长、院长、系主任、教授、学生分别谈话,了解这个学程的治学态度、学术水平、学术道德、课程和管理,参观教学设施,抽查试卷、论文、实验报告、学生成绩册等反映教学效果和学生质量的所有资料。访问结束前,评估专家与院长、系主任就被评学程的特色、优势和劣势以及改进建议交换意见。最后,评估专家组的报告经CEAB秘书处送给被评学程所在大学,听取反馈意见以保证事实、数据的准确和完整。CEAB综合考虑各种意见后,决定本次评估的有效期,最长六年,如果某些不符合CEAB的要求,则有效期低于六年,以促使其尽快整改。[①]

3.社会评价机制:高校排名系统

因为加拿大大学是靠纳税人的贡献而存在的,所以社会很讲求绩效责任,对大学教育质量有很高期待,比如《麦克林》杂志每年对大学的办学绩效进行评比排名;同时也采用世界知名的大学排名体系,如将英国泰晤士高等教育世界大学排名和上海交大的世界大学排名作为办学水平的指标。加拿大13所研究型大学每年把上百页的办学基本数据和统计分析报告公之于众,并接受公众监督。大学的存在是为社会提供高等教育服务,因此学生,特别是毕业生,对母校的办学反馈意见受到普遍的重视,这些都由学校或学生通过第三方的网站平台填写数据,然后由网站统计、分析后再公之于众。比如加拿大大学研究生和专业学生调查网、加拿大大学本科教育调查网(统计数据、学习、课外活动、技能、学生满意度、财务开支、就业等),以及省政府教育局和统计局共同创办的毕业生信息反馈平台,这些网站都把大学生学习过程的各个环节、个人体验以排名的形式向社会公布。值得关注的是,多伦多大学不仅有学生评价教授教学效果的平台,还有评价北美大学教授教学效果的平台。这些都是社会力量监督教育质量的重要手段。

五、多伦多大学本科教育质量保障体系的基本特征

多伦多大学本科教育质量保障体系厚植于其强大的学科实力与加拿大多元并包的文化环境,因而具有追求卓越创新、倡导跨界协作和融合多元群体的特

[①] 郭宝仙.教育评价专业化:加拿大评价人员资格认证方案及其启示[J].外国教育研究,2015(1).

征,为我们理解研究型大学如何利用自身优势、强化本科教育质量保障带来了诸多借鉴经验。

(一)追求卓越创新:培育未来科学研究与创新创业的领导者

作为加拿大最具创新力的大学,多伦多大学鼓励师生进行创新性科学研究,倡导变革性本科教育,强调创业精神和技能培养,支持师生基于创新研究的创业实践。厚植于其雄厚的学科实力,多伦多大学将研究与创新融入本科生课程,同时大力倡导师生与机构建立广泛合作,将创新创业列为优先事项。多伦多大学三个校区每学期开设超过200门创新创业课程,每年参与创新创业教育的学生超过2.5万名,每年新设立初创公司超过50家,共有11个创业孵化器和加速器为初创公司提供专业化服务。2019年,全校获批发明专利180项,优先权专利申请75项,许可协议35项,商业化项目250项,以学生为主导的创业团队/公司300个,年度初创投资1.5亿加元,初创公司年度销售额达到1000万加元。过去十年,多伦多大学创立了500多家初创公司,已获得超过15亿加元的投资,创造了超过1000万加元的年销售额。[①]

为培育未来研究与创新的领导者,多伦多大学通过了多项计划致力于打造创新创业的教育生态,包括建立创新与伙伴关系办公室、ONRamp中心、创新中心和施瓦茨·赖森技术与社会研究所(Schwartz Reisman Institute for Technology and Society at the University of Toronto)。以创业中心为例,该中心聚焦于创业教育,主要负责文理学院的创业项目孵化和加速,为学生免费提供全方位创新创业指导服务。通过体验方式学习创新创业技能、获取风险投资方式、增长和扩展创业企业规模。该中心拥有约600平方米的专用空间,下设Enactus项目,团队成员达70人,致力于利用创业行动改变生活、社区,创建创新解决方案,创造一个更加美好、可持续发展的世界。此外,创业中心还与外部商业创业孵化组织合作,如罗特曼商业创业组织(Rotman Commerce Entrepreneur-ship Organization),共同帮助多伦多大学师生走上创业之路。为了鼓励师生参与创新创业活动,并促进知识的转化和商业化,多伦多大学还设立多种创新创业基金,如加拿大皇家银行创

[①] 此内容主要参考安大略省政府官网2020-2025 Strategic Mandate Agreement:University of Toronto的内容。

新创业奖、真蓝基金(The True Blue Fund)、UTEST启动资金(UTEST Startup Funding)和多伦多大学可持续发展创新奖(UofT Sustainability Innovation Prize)等。真蓝博览会是多伦多大学创业社区最大型的创新创业推介活动,与会者可以了解创业公司,学习创业知识,帮助发展业务。这些资源为本科生提供了创业和创新方面的专业知识,提升了毕业生对雇主的吸引力。为改进创业生态系统的质量,多伦多大学还设立了专门的数据指标来加以评估,即捕获孵化器、加速器与初创企业的调查数据,以反映多伦多大学创业环境的多样性及学校的支持力,塑造其北美最具创新力的学校形象。

(二)倡导跨界协作:整合各界资源以丰富本科生的学习体验

多伦多大学在重新构想本科教育时,重点强调了体验式学习对本科生综合能力提升的重要性。近一半的多伦多大学本科生参与了两个或两个以上的课外实践,包括学术实习、社区参与、出国留学等。为了更好地控制学生课外参与的质量,学校为每项课外实践活动都设置了相应的学分,通过前期培训、记录时长、填写活动记录等方式监测学生的参与度。许多本科生也受益于此,通过相关计划获得了薪水,找到了工作。

体验式学习的开展离不开社会各界的大力支持,多伦多大学尤其善于整合各界资源,推进跨界协作。多伦多大学的创新与伙伴关系办公室每年能促进2000多项合作协议的达成,筹集到近5000万美元的资金。过去十年中,多伦多大学提前实现了与私营企业建立伙伴关系数翻一番的目标。正是通过与私营企业的合作,多伦多大学不断推进知识生产和创新,并创造了旨在促进社会繁荣的新产品和新服务。在国内,多伦多大学与Loblaw公司、加拿大五大银行建立了长期且牢固的合作伙伴关系。在国际上,多伦多大学与三星合作开发了人工智能中心;与LG达成一项为期五年、价值数百万美元的协议;同富士通成立了一个新的多学科共创实验室,拓展机器学习、智能城市和前沿医疗保健和金融技术等领域。对学校而言,推进创新与深化国际伙伴关系是两项紧密联系的事项,二者的结合能形成叠加效应,辐射更广的范围。MaRS Discovery District就是这样的产物,它是多伦多大学人工智能机构的所在地,同时也是多伦多大学公私伙伴关系中心,由多伦多大学董事会成员参与治理。MaRS位于多伦多市中心,毗邻UofT

的圣乔治校区及其附属研究医院,优越的地理位置使其能够持续吸引世界一流的研究人员和学生,未来还将成为多伦多的技术与创新中心。聚集各界资源将加速多伦多大学服务城市、国家乃至全球的能力。根据普华永道2018年 MoneyTree 报告,2018年多伦多大学的年度风险投资总额达到13亿美元,比2017年增长47%。多伦多大学及其合作医院在2017—2018年度的研究资金合计为13亿美元,虽然其中1.2亿美元(9%)的资金来自私营部门,但学校研究资金的第二大来源(仅次于联邦资助机构)是非营利部门,为3.7亿美元(29%)。[①]多伦多大学与非营利部门有较为强大而持续的合作,这种良好的伙伴关系能够为世界各地有需要的社区提供宣传和支持的可能性,其中包括了盖茨基金会在内的多家国际慈善组织。未来,多伦多大学将持续吸引投资,为更多的私营企业提供接触一流研究人员和毕业生的机会,将新的想法转化为产品、服务、初创公司和就业机会。

(三)融合多元群体:践行公平、包容、多元的全球社区理念

作为一所全球性机构,多伦多大学吸引了来自全球超过168个国家或地区的国际学生,他们占三个校区学生总数的23%。也正因如此,多伦多大学需要帮助教师和学生适应多种思想、文化、价值,并引导其从多种知识体系的碰撞中找到灵感和火花。更重要的是,通过为本科生提供跨文化的学习体验,帮助其更好地理解和欣赏不同的观点与文化,进而成长为具有全球视野的个体,致力于解决全球性问题——健康、社会正义、经济、环境、和平与安全等,产生全球影响力。当多伦多大学的国际生回到祖国时,不仅能够为社会的繁荣发展增添力量,更能为世界文化多样性做出贡献;而留在加拿大的国际学生也能够运用其所学知识,为当地的经济和知识发展贡献力量。因此,多伦多大学注重在教学和科研中融入国际比较的视角,并利用国际学生的参与实现在地国际化,体现加拿大的多元、开放与包容。多元文化的教育环境不仅有助于吸引不同文化背景的国际学生,也有益于构筑独特的本科教育经验。多伦多地区的高校大都设立了致力于推动公平和具有包容性的委员会,提供了丰富的资源支持,如保护人权的政策和程

[①] 此内容主要参考安大略省政府官网2020-2025 Strategic Mandate Agreement:University of Toronto 的内容。

序、特定文化遗产日等,反对性别歧视、反种族主义,这说明多伦多大学对待不同群体的政策遵循接纳、尊重多样性与差异的原则。

多伦多大学的目标是创建一个平等、包容、多元的全球化社区,容纳不同肤色、不同种族和不同文化的社区成员。为此,多伦多大学成立了多个机构践行其包容性政策。如提供无障碍服务,为有残疾或心理疾病的学生提供支持和便利;成立公平与多样性办公室(EDO)推动校园公平,旨在使个体不受年龄、肤色、信仰、性别、家庭状况等方面的歧视;建立性暴力预防和支持中心,帮助受困于性暴力或性骚扰的学生和教职员工。为使校园更加安全可靠,多伦多大学还设有校园警察局,保障校园安全,维护校园的和平环境。除了内部的校园建设,多伦多大学更重视其国际校友关系的深化。多伦多大学的校友影响力调查显示,97%的校友创立了超过15万家营利性企业,为全球提供了370万个岗位。世界各地的校友创办的公司创造了数十亿美元的收入,相当于加拿大GDP的四分之一。[①] 这些公司多数都在加拿大成立,它显示了国际合作伙伴关系的价值,体现了多伦多大学全球社区建设与全球经济发展之间密切的关系,为学生提供了更多国际化机会。强大的国际校友社区使校友们以更有意义的方式实现全球链接,最终服务于构筑更多元、平等、包容的世界的目标。

纵观多伦多大学本科生教育质量保障的经验可以发现,其本科教育质量保障体系的构建厚植于其强大的学科实力,在明确自身引领全球研究与创新的定位之后突出其优势,为本科生营造了创新创业的教育生态环境,鼓励学生超越课堂、超越校园、超越国界,尽情体验校外多样化的实践活动,拥抱多元的知识体系和文化价值,为未来发展打下坚实基础。此外,学校通过生源质量、课堂质量和课外实践质量的控制,实现了动态管理和过程管理。最后,基于数字化、体系化的校内外评估进一步优化本科教育质量,重塑本科教育经验,探索了新的教学组织方式,为世界提供了研究型大学优化本科教育质量的"最佳实践"。

---

① 此内容主要参考安大略省政府官网2020—2025 Strategic Mandate Agreement:University of Toronto 的内容。

第七章
莫斯科国立大学本科教育质量保障体系

俄罗斯政府对高等教育质量极为重视,出台了一系列政策保障高等教育质量和发展。莫斯科国立大学(Московский государственный университет имени М. В. Ломоносова)作为俄罗斯最负盛名的高等学府之一,其本科教育质量保障体系与俄罗斯政府教育质量政策导向基本保持一致。一方面,通过建立年度检查的内部审核制度,由高等学校自主发现教育过程中存在的问题,进而提出解决方案,以实现教育质量不断优化和改进的目的;另一方面,建立了一套十分完善的外部评估体系,评估指标基本涵盖了高等教育教学活动的主要方面,形成了以政府为主导、社会各界全面参与的多元化评估体系。因此,研究其本科生教育质量保障体系,对于我国形成更加完备的本科教育质量保障体系,进而全面提升人才培养质量有着重要意义。

一、莫斯科国立大学本科教育质量保障体系的产生背景

莫斯科国立大学本科教育质量保障体系的产生背景有三个方面:一是高等教育国际化带来机遇和挑战;二是国家层面的战略和政策需求;三是莫斯科国立大学的重要地位和学术自治特点。

(一)国际化带来机遇与挑战

1.博洛尼亚进程召唤

1999年,欧洲29个国家在意大利博洛尼亚签署了《博洛尼亚宣言》,标志着

"博洛尼亚进程"的正式启动。①宣言的主要内容包括：建立容易理解以及可以比较的学位体系；建立一个以两阶段模式为基础的高等教育体系；建立一种学分累积和转换的机制（欧洲学分转换与累积系统）；促进师生和学术人员流动，克服学分转换的障碍；保证欧洲高等教育的质量；促进欧洲范围内的高等教育合作等。俄罗斯于2003年加入博洛尼亚进程，在这一进程中其高等教育经历了整体改革阶段与深化改革阶段，高等教育的学位体系、教育结构、质量保障等都发生了深刻的变化，推动了俄罗斯高等教育现代化。②

2. 回归欧洲文化需要

对俄罗斯而言，欧洲不仅是地缘概念，更是文化概念。俄罗斯在文化上与欧洲同根同源，同时目前政治、经济中心主要分布在欧洲地区。俄罗斯在苏联解体后有近十年发展艰难的时期，欧洲繁荣的经济、文化，尤其是现代化教育对其产生了较大冲击。为此，俄罗斯不断加强同欧洲各方面的交流，尤其注重科教文化方面的交流。俄罗斯加入欧洲教育一体化进程，将高等教育与其接轨，融入"博洛尼亚进程"便成为历史选择的必然结果。③

3. 国家政治经济需要

新世纪以来，国家的软实力因素对各国参与国际竞争的影响越来越大。俄罗斯政府同样认为，提升国家竞争力的前提是教育的多元与开放，高等教育已成为提升国家软实力的重要领域。21世纪俄罗斯高等教育发展最重要的三大任务是国际化、市场化与大众化，其中国际化已提升至国家教育战略高度。俄罗斯融入"博洛尼亚进程"的根本目标是增强其国际竞争力，提高其在世界教育服务市场的吸引力，拓展地缘政治影响空间，并强化俄罗斯的国家安全。

4. 高等教育改革需要

俄罗斯传统高等教育体系结构单一，高等学校培养学生注重专业和分类教育，培养目标在于"专家"，专家需持有符合要求的技能证书，学制为5年，并最终取得专家文凭；随后副博士学位需通过考试或推荐取得，学制3年；若是在学术领

---

① Байденко В И. Болонский процесс: 2007—2009 годы. Между Лондоном и Левеном / Лувен-ла-Невом Под науч. ред[M]: Исследовательский центр проблем качества подготовки специалистов, 2009: 302c.
② 邢文英. 博洛尼亚进程中俄罗斯高等教育质量研究[D]. 河北师范大学硕士学位论文, 2010.
③ 张男星. 俄罗斯高等教育体制变革研究[D]. 华东师范大学博士学位论文, 2002.

域取得创造性成果,可获得博士称号,需经过专门委员会审议。①俄罗斯传统的高等教育体系内部体系与质量评估问题凸显,高等教育质量评估问题成为俄罗斯高等教育国际化变革中的一个重要内容,在政府的不断推进之下,俄罗斯形成了内外兼顾的特色质量评估体系。在内部评估中强调高校的自我检查,以便于在外部评定中有相当的竞争力。外部评估体系由三种制度构成,是以国家为主体的认可、评定与鉴定。②

(二)国家发展战略客观要求

《俄罗斯联邦教育法》(1992)、《联邦教育法》(1996)等多部重要的联邦法律都在不同程度上就国家对高校的审核与评定问题进行了规定,提出了相应的要求,并对成立专门的国家评定机构予以明确规定。在法律保障的基础上,整个质量保障体系变得完整、公平、准确。因此,利益相关者在选择某一所高校时有了非常可靠的参考,高校之间的竞争则更加凸显。

1.颁布相关国家法律

目前,俄罗斯形成了以《联邦教育法》、《教育监控条例》、《教育许可办法》、《教育认证办法》和《教育督察办法》等为主要内容的教育质量评估法律体系。在高等教育质量评估领域,联邦教科部、联邦教育科学监控中心主导质量评估。伴随着法制化的进程,高等教育质量评估的中央集权化趋势也日趋加强。③

为配合《国家教育优先发展方案》,推动俄罗斯教育事业的发展,应对社会变革对教育提出的迫切要求,2011年2月7日,俄罗斯政府颁布了《教育发展规划纲要(2011—2015)》(以下简称《纲要》)。保障提供符合俄罗斯社会变革要求的高质量教育和完善教育质量评估体系成为《纲要》的重要目标。在2017年底,俄罗斯联邦政府签署了第1243、1642号决议,主要内容是将《纲要》转为实施方案,由俄罗斯教科部负责实施,实施时间为2018—2025年,教育质量、教育的普及性和在线教育是该方案的三大目标。④

---

① лукашенко М.Рынок образовательных услуг:десятлет с пустя[J].Высшее образование в России,2013(10).
② 段晓婷.俄罗斯一流大学建设的实践探索——以国立莫斯科大学为例[C]//辽宁省高等教育学会2017年学术年会优秀论文一等奖论文集,2017.
③ 此内容主要参考俄罗斯联邦教育与科学部 Министерство образования и науки российской федерации官网的主要内容.
④ 余自洁.俄罗斯修订联邦教育发展纲要[J].世界教育信息,2018(4).

2012年12月31日,俄罗斯总统签署《联邦教育法》(以下简称《教育法》)。自《教育法》生效之日,《教育法(1992)》和《高等教育和大学后职业教育法》失去法律效力。对教育质量评估体系的发展和完善而言,《教育法》(教育领域的"宪法")的意义不仅在于它对联邦教育机关、各联邦主体教育机关的权限进行了明确的界定,而且明确规定了由国家实施教育监控、教育许可、教育认证和教育督察等制度。[1]

2.确立行政规章制度

国家相关法律高位保障俄罗斯高等教育质量,各部门颁布的行政规章制度具有专门性、明确性、领域性的特点,如:俄罗斯教育与科学部和联邦教育科技监管中心分别颁布《教育监控条例》、《教育许可办法》和《教育督查办法》,并对其进行落实。这是实现国家高等教育质量评估制度从原则走向实践的重要保证。

同时,《国家教育标准》作为制度文献,是教育质量评估中的重要指标。《教育法》在界定教育质量概念时强调,教育质量是对教育机构的教育活动、学生知识所做出的综合性鉴定,其主要表现在两个方面:一是教育机构的教育活动、学生知识与《国家教育标准》要求的符合程度;二是教育大纲对学生的学业期待和目标要求。教育活动、学生知识是否与《国家教育标准》的要求相符合是教育质量评估活动的核心指标。[2]

高校需要达到《国家教育标准》,通过向社会提供高素质的人才来证明其存在的价值。可以说,高校是教育质量体现度的核心,在教育质量评估过程中应占据核心地位,毕竟外部的质量评估都是以高校的内部评价为基础的。《教育法》要求高校对学生的成绩进行监督,积极开展中期考核并不断完善自我评价机制和监控机制,以保障高校内部质量评价机制功能的发挥。例如,《莫斯科国立大学章程》指出,大学要以学生成绩、中期考核和结业考核为指标来评价教育大纲的实现程度和评估自身教育质量。[3]

---

[1] 此内容主要参考俄罗斯联邦信息和法律门户 Информационно-правовой портал Гарант 网站的内容。

[2] 王慧.俄罗斯高等教育质量保障体系研究[D].沈阳师范大学硕士学位论文,2013.

[3] Об утверждении устава федеральног осударственного образовательного учреждения высшего профессионального образования. МосковскийГосударственныйУниверситетимениМ. В. Ломонсов [Z]. 2012:29.

(三)大学的地位与学术自治

1.莫斯科国立大学公认的重要地位

《莫斯科国立大学章程》指出:"莫斯科国立大学是俄罗斯联邦人民文化遗产的一个特别宝贵的对象,是历史上最大教育、科学和文化中心。"[1]其发展的先决条件,也就是第三潜能中的知识潜能,等同于国家的权力及其全球竞争力。高等学校对满足现代知识要求的国家人力资源的形成负有主要责任,这对于实施俄罗斯的发展战略是必不可少的。考虑到俄罗斯联邦面临的巨大挑战,大学作为专门的中心,成为新一代俄罗斯公民的专业、社会、文化和意识形态形成的参考模型,并负责科学基础和解决方案的发展。

作为国家教育战略的要素之一,莫斯科国立大学早就着手形成了至2020年的发展计划。对于建立莫斯科国立大学的法令中所定义的莫斯科国立大学的使命——"为了人类的共同生活,为了整个祖国的福祉",在21世纪的历史背景下,莫斯科大学科学与教育主管部门意识到,要进一步完成这项使命,就需要通过发展莫斯科国立大学作为科学、教育、经济和社会整合者的传统以及将大学文化环境的传播作为俄罗斯社会的标准,在国家教育认同的基础上协调利用全球教育趋势。

可见,莫斯科国立大学不仅是俄罗斯联邦最古老的古典大学,也是俄罗斯高等教育的公认领导者,更是俄罗斯人民的重要文化遗产。莫斯科国立大学正在成功地开发出一系列竞争优势,这是其战略增长的基础,也是解决俄罗斯长期发展问题的最大贡献。[2]

2.莫斯科国立大学先进教育的实践

莫斯科国立大学曾于2010年有效地实施了先进的教育实践,在世界科学的战略领域中占据了主导地位,形成了大学间互动的有效机制,产生了具有社会意义的教育举措,引领了国家学术发展的方向,并成为国际学术积极讨论的权威大学。在其活动中,莫斯科国立大学致力于满足经济、科学和社会的人才需求,已经开始培养超级计算机、纳米技术、生物技术和人类研究等战略发展领域的独特

---

[1] 邵海昆.《国立莫斯科大学章程》的内容及其分析[J].清华大学教育研究,2015(1).

[2] Каиура А В. Отечественные университеты назван и еисуть [J]. естник Российского Философского общества Москва,2009(8).

专家,以及具有创新能力和创造高科技能力的工程和技术专家。为了使学生适应工业的现代要求并加强他们的实践专业技能,莫斯科国立大学与雇主和企业界建立了牢固的联系,并开始实施联合教育计划,实习和实践培训计划。[①]

莫斯科国立大学是世界上主要的高等教育机构之一,塑造了危机后国际教育大学形象,发展了全球科学和教育活动的新原则,创新了理解现代教育质量和评估标准的方法。

3. 莫斯科国立大学鲜明的自治特点

2009年,根据联邦法律"关于罗蒙诺索夫莫斯科国立大学和圣彼得堡国立大学"章节的相关规定,莫斯科国立大学被授予了高度自治权,有权颁发符合学校要求的各类文凭和建立个性化的教育体系,这从根本上为莫斯科国立大学开辟了新的发展机会。

2010年12月31日,俄罗斯联邦政府决议(修正案)规定,莫斯科国立大学在以下几个方面拥有自治权:[②]

第一,莫斯科国立大学在按照俄罗斯联邦法律进行的教育过程中的科学、财政、经济和其他活动的执行方面是独立的。

第二,莫斯科国立大学根据与俄罗斯和外国大学、俄罗斯科学院、联邦政府机构和俄罗斯联邦组成实体的国家机关订立的合同、协议等享有独立权,在教育领域行使国家行政管理权,以及组织直接进行双边和多边合作的交流权,开展各种工作、提供服务,包括教育服务、专家交流,进行科学、文化、教育和其他活动,如:参加创新活动,组织会议等。

第三,莫斯科国立大学根据所从事的工作量和形式独立地编制人员配备表,确定结构部门的雇员人数,选拔和安置人员,包括招募教学和研究人员,填补院长和系主任位置空缺,其他教育、研究和辅助单位(中心、部门、实验室)的负责人等。

第四,莫斯科国立大学根据财务和经济活动计划独立确定使用从进行创收活动中获得的资金的方向和程序,包括确定分配给其员工的实质性激励措施的资金数额。

---

① Бедный Б И, Чупрунов Е В. О некоторых направлениях развития системы подго-товкинаучных кадров в высшей школе[C].Высшееo бразование в России, 2012: 3-15.
② 此内容主要参考俄罗斯联邦高等教育及职后教育法的内容。

二、莫斯科国立大学本科教育的质量策划

质量策划是质量保障体系的一部分,致力于制定质量目标并规定必要的运行过程和相关资源以实现质量目标,遵循基本的工作方法:首先制定质量方针,根据质量方针设定质量目标,并依据质量目标确定工作内容(措施)、职责和权限,然后确定程序和要求,最后付诸实施,这一系列过程就是质量策划的过程。莫斯科国立大学本科生教育质量策划,从构建概念框架明确俄罗斯国家层面的质量方针和莫斯科国立大学的质量目标,以及为了贯彻质量方针与目标所制定的一系列法律法规及规章制度,起草标准和规范,以确保在俄罗斯教育系统中形成和发展高等教育方案标准化、分类执行的质量体系。

(一)教育质量方针及目标

质量策划的首要任务是确定质量方针并制定与之相适应的质量目标。俄罗斯联邦非常重视高等教育质量发展,在《国家教育优先发展方案》《教育法》《教育发展规划纲要(2011—2015)》等一系列重要的教育法案中,对高等教育质量保障体系的建立提出了明确的要求和方向,即为了推动俄罗斯教育事业的发展,应对社会变迁对教育提出的迫切要求,俄罗斯高等教育质量目标是保障提供符合俄罗斯社会变革要求的高质量教育和完善教育质量评估体系。这一体系的方针和目标与俄罗斯国家和社会发展的总战略、总目标相适应。一般大学的教育目标也就是为社会提供高素质的人才,并以此来证明其存在的理由和价值。[①]

为了配合国家的教育方针,全面提高高等教育质量,莫斯科国立大学明确了其本科教育质量方针及目标并进行了很好的实践,坚持把本科教育作为学校最基础、最根本的工作,为全面提高学校的本科人才教育质量提供有力保障,达到领导精力、师资力量、资源配置、经费安排和教学评价都以本科教育工作为中心的效果。本科教育一方面以综合系统的方式使学生获得基本知识、技能和能力;另一方面创造和发展大学教育、科学、企业部门的实习机会,以制定和实施多样化的专业教育方案和模块,并在实施教育方案时应用信息科技教育技术。

---

① 王玮.从国立莫斯科大学看俄罗斯高等教育[J].现代教育管理,2009(7).

《莫斯科国立大学章程》中指出莫斯科国立大学的主要目的、宗旨和活动的主题是[①]：

①更高、更好地满足个体智力、文化和道德发展的需要，教育、基础教育过程和科研这类额外的专业教育不可或缺。

②满足社会对高等教育专门人才的需求，即具有较高的文化和深厚的专业知识。

③在教育过程中参与创新、传播和促进科学知识，在自然科学和人文科学领域进行科学研究。

④对受过高等教育的工人和具有更高学历的科学与教学工作者进行专业再培训和技能进阶培训。

⑤在大学生中形成公民地位，工作能力，保持和增强道德、文化和科学价值，在人群中传播知识，提高其教育和文化水平。

⑥为在莫斯科国立大学攻读科学博士学位的科学和教学工作者创造条件、准备条件，并为其附属人员为攻读科学学位的论文准备条件等。

（二）法律法规体系与实施

建立高等教育质量保障长效机制，不能只着眼于个别大学这一层面，而是应该首先从俄罗斯整个高等教育体系开始，强化高等教育质量要求，形成国家和社会对大学教育活动的有效监管。

目前，俄罗斯已形成以《联邦教育法》、《教育监控条例》、《教育许可办法》、《教育认证办法》和《教育督察办法》等为主要内容的教育质量保障法律体系。其中，2012年12月13日，俄罗斯总统普京签署发布的新《联邦教育法》[②]，明确规定了国家实施教育监控、教育许可、教育认证和教育督察等制度。对于教育质量保障体系的发展和完善而言，其意义十分重大。俄罗斯的《联邦教育法》从原则上确立了高等教育质量评估的中央集权制，建立了对高校教育活动实施许可、认

---

① Об утверждении устава федерального сударственного образовательного учреждения высшего профессионального образования. Московский Государственный Университет имениМ. В. Ломоносов [Z].2012:3.

② 此内容主要参考俄罗斯联邦教育与科学部 Министерство образования и науки российской федерации官网的主要内容。

证、督察和监控等制度。俄罗斯教科部和联邦教育科技监管中心分别颁布《教育监控条例》《教育许可办法》《教育认证办法》和《教育督察办法》，并对其进行落实。这是实现国家高等教育质量评估制度从原则走向实践的重要保证，为贯彻国家相关质量保障制度提供直接的法律依据。

莫斯科国立大学为响应国家对建立高等教育质量保障体系的号召，利用俄罗斯联邦法律赋予的大学自治权，逐步形成以《莫斯科国立大学章程》为指导，涉及入学、学习、实践到毕业高等教育全生命周期的一系列规章制度[①]。同时，根据学科发展趋势与专业定位不断调整本科教育基本文件内容，适应本科教育改革要求，不断完善课程教学大纲、实验教学大纲等重要文件；在教学内容上充分体现专业特色与人才培养特色，寻求专业突破口，将本科教育内容与学科专业发展趋势紧密结合，充分反映学科前沿及专业发展动态。其中包括制定和修订了《莫斯科国立大学录取规则》《莫斯科国立大学学位条例》《莫斯科国立大学中级证明和当前学生进步监控条例》《莫斯科国立大学学生实践程序规程》《莫斯科国立大学学士学位课程、专业课程和硕士学位课程进行国家最终认证的程序的规定》等。这些规章制度从不同方面对莫斯科国立大学高等教育质量进行规范，设定目标、提出要求、制定标准，以保证学校教育质量目标的实现，同时也充分展现了大学对正在制定和实施的教育方案质量的自主权和责任归属。

(三)教育组织基础与支持

教育组织机构需要根据现代教育改革的需要及本科教育工作的整体性来设置，同时考虑市场调节对各类教育资源的影响，以便在运行过程中进行有效的本科教育质量策划。为促进本科教育良好有序发展，莫斯科国立大学对本科教育质量体系进行完善。为了实施有效的领导和管理，创造了一个高水平、可持续的教学、科研和行政环境。从最高的权力机构，到校长、各院系的教育组织，包括全校所有教职工和学生，都参与构建了这一环境，形成了以学术委员会、校长、院系为核心的教育质量保障组织体系，这为莫斯科国立大学高等教育质量保障体系的开发和实施提供了组织基础和支持。

---

① Об утверждении устава федерального государственного образовательного учреждения высшего профессионального образования. Московский Государственный Университет имениМ. В. Ломоносов [Z]. 2012:2.

作为莫斯科国立大学管理的主要纽带,学术委员会履行着多项关键职能。首先作为立法机构,它采用了规范大学活动各个方面的主要法规文件,其中涉及质量保障的有莫斯科国立大学的录取规则、学位授予、中期监督及最终认证等规章制度。其他职能包括建立支持和鼓励有才华的大学青年的计划,设立莫斯科国立大学奖学金,审议批准新的教育计划和教育标准等。[①]

莫斯科国立大学的校长由俄罗斯总统任免,校长在自己权责内自主处理学校各项事务,主要包括管理学校教学、科研、行政、财政、国际交流等工作;执行学校代表大会和校学术委员会的决议;统筹和领导学校管理部门和各组织机构的工作。校长同时领导学校系主任与院长联合会,系主任与院长联合会负责审议学校各系和科研院的管理工作,协调系、科研院和其他机构的事务,向校学术委员会准备提案等。校长办公室、系主任和院长虽然承担大量行政、学术工作职能,但其最优先的工作事项仍然是对学生的教育管理工作。[②]

(四)科学技术支持与应用

在全球信息社会时代,有效利用信息和通信技术对于满足高科技经济的教育需求至关重要。秉承这一理念,莫斯科国立大学通过持续的努力将高科技教育技术深入到大学的本科教育进程中,利用信息和通信技术为其高等教育质量保障体系提供坚实的基础和高效的工具。

以信息化教学方法创新、精准指导学生个性化发展为重点,创新机制建设教师信息素养资源,依据应用能力标准和本地教师信息技术应用的实际水平,统筹指导教师信息素养资源建设。莫斯科国立大学早在21世纪初,就着手规划超级计算发展战略。2007年10月26日,莫斯科国立大学信息系统委员会会议发布一份报告,此报告显示:2008年初,莫斯科国立大学的超级计算机第一阶段的峰值运行速度为24万亿/秒,到2008年3月增加到60万亿/秒。发展至今,莫斯科国立大学的计算能力已成为俄罗斯超级计算资源的重要组成部分,其超级计算机系

---

① Об утверждении устава федерального государственного образовательного учреждения высшего профессионального образования. Московский Государственный Университет имениМ. В. Ломоносов [Z]. 2012:2.

② 此内容主要参考俄罗斯联邦国家杜马于1996年7月19日通过的俄联邦高等教育及研究生教育法的内容。

统将成为俄罗斯和独联体国家最强大的系统,也使得莫斯科国立大学进入世界十大最强大的科学和教育计算中心。①有超级计算机综合体作为基础,对于莫斯科国立大学高等教育质量保障体系最重要的意义在于可获取的电子教育资源极其丰富。莫斯科国立大学的任何教职员工和教师都可使用学校电子图书馆来广泛地获得电子科学和教育资源。在2014年,莫斯科国立大学通过超级计算机获得了超过6万本书刊、1亿件专利、1亿份摘要的全文等互联网信息资源。

面向社会汇聚本科教育大资源,积极引入大数据、云计算、虚拟现实和人工智能等前沿技术支持的实物情景和实训操作等资源,依托区域教育资源服务平台,推进资源共建共享。莫斯科国立大学为在教育过程中有效应用高科技教育技术,开发和测试了一种独特的技术,即具有非线性导航系统的多媒体培训DVD。以此技术来传播基础讲座课程、科学会议资料、公共读物等的高质量视频,几乎可以实现教材的完全独立工作。非线性导航系统(结构化文本和图形标题)一方面可以允许学生选择熟悉讲座的必要片段以便于节省时间;另一方面使新一代教师能够以大师授课为榜样进行教学改进,教师本身也有机会分析自己的讲座和授课,改善教材结构和教学方法,对于课程及教学质量的提升非常重要。②

莫斯科国立大学另一项利用信息技术保障教育质量的战略是发展远程教育技术。③莫斯科国立大学制定、测试和执行一套关于在教育过程中使用远程教育技术的条例,横向整合分布式的教师资源,远程教育学院建立了一个全校互联网门户,整合了所有大学相关方向和主题资源,创造全校远程学习信息环境,为所有莫斯科国立大学学生远程学习进程提供沟通和信息支持。将远程教育技术引入教育进程,实现了将一系列教育、标准、组织和监管纳入统一系统内,极大提升了效率。

---

① Гретченко А И, Гретченко А А. Болонский процесс и нтеграция России в европе йское и мировое образовательное пространство [M].Москва:КНОРУС,2009:160-161.
② Садовничий В А. Высшая школа России: традиции и современность[J]. Образованиеи общество научный информационно-аналитический журнал,2014(1).
③ Садовничий В А. Высшая школа России: традиции и современность[J]. Образованиеи общество научный информационно-аналитическийжурнал,2014(1).

三、莫斯科国立大学本科教育的质量控制

质量控制是指为了达到质量要求所进行的活动。多种因素对本科生教育质量产生影响,莫斯科国立大学主要从本科生生源质量、课程质量、标准过程、教育实践与最终认证五个方面进行控制,以期实现并保证本科生教育质量。

(一)生源质量控制

类似于企业生产过程中,对于原材料的控制是产品质量控制的开始。对高等教育本科阶段的教育质量而言,选拔出高质量的中等教育毕业生进入大学进行高等教育本科阶段学习,显得尤为重要。莫斯科国立大学基本措施是利用严格的标准来筛选高水平的中等教育毕业生,另外也专门设立中等教育机构对其进行干预以提高其毕业生质量。同时,学校也与政府机构签订有针对性的录取协议,以专门培养符合用人单位需求的学生。

1. 与中等教育的衔接

莫斯科国立大学下设两个普通中学教育机构,通过对其所属中等教育机构的规划,培养了大量高质量的中学毕业生,这些毕业生为莫斯科国立大学本科生的生源质量提供了保障。

两个普通中学教育机构,其中一个是专业教育与科学中心。自1963年以来,莫斯科国立大学专业教育与科学中心一直保持运营。该中心原本是一所物理与数学寄宿学校,现已转变为一个对各个学科进行深入研究的机构,其旨在选拔和培训表现出学习数学和自然科学倾向的高中学生。根据创建者的想法,专业教育与科学中心不仅接受来自大城市的学童,还接受俄罗斯偏远地区的学童。该中心的课程采用讲座、研讨会、特殊课程和实验室实践工作的形式,由莫斯科国立大学的教师授课。学生们定期参观莫斯科和莫斯科地区的展览、博物馆。2017年,根据RAEX的排名,该中心在俄罗斯中等教育机构中排名第二,在毕业生的竞争力方面,它在前50名学校中排名第一。该中心大多数毕业生在莫斯科国立大学继续学习,主要分布在力学和数学、物理学、计算数学和控制论、化学、生物、生物工程和生物信息学、材料科学等专业。[1]

---

[1] Об утверждении устава федерального государственного образовательного учреждения высшего профессионального образования. Московский Государственный Университет имени М. В. Ломоносов [Z].2012:29.

另一个是莫斯科国立大学寄宿学校。2016年,莫斯科国立大学寄宿学校首次向学生开放,这是一所对个别科目进行深入研究的学校,培训内容分为五类,即自然科学、数学、工程、人道主义和社会经济。2017年,该学校总共有350名学生。2017年期间,莫斯科国立大学的18个系举办了42项活动,旨在为学生提供职业指导,各院系根据学生的要求提供选择。①这些活动的形式各式各样,如参观大学和实验室、主题研讨会、与体育馆的代表会面、参加教师活动、参加大学研讨会和讲座等。莫斯科国立大学一直致力于对该学校学生进行职业指导工作,帮助其与莫斯科国立大学的众多学院进行互动,举办各种新活动,以提高学生对大学的兴趣,并招收体育专业毕业生进入莫斯科国立大学。

2.针对性录取和培养

通过有针对性的录取,毕业生能够更贴合毕业市场的需求,且定向培养更具有目的性和针对性,也更容易取得成绩,毕业生的质量也更能够让用人单位感到满意。

自2016年以来,莫斯科国立大学与联邦政府机构、地方政府机构签订了有针对性的录取协议。在2016年和2017年两年内,莫斯科国立大学与俄罗斯联邦调查委员会、俄罗斯联邦总检察长办公室、俄罗斯联邦总统行政部门、俄罗斯联邦议会联盟理事会办公室以及其他联邦当局、弗拉基米尔、布良斯克、坦波夫、秋明州、阿迪格、卡尔梅克、马里埃尔、蒂瓦、阿尔泰、达吉斯坦、莫尔多维亚和俄罗斯其他地区的政府机构签署了76项针对录取协议。在这些协议框架内,莫斯科国立大学两年间共计收到676个目标名额的申请,最终正式录取358个名额。而在其中38%的有针对性培训的客户在与学生签订的有针对性培训协议中,为学生提供了诸如奖学金之类的社会支持,为学生高质量完成学业提供了一定经济基础。②

---

① Министерство образования и науки Российской Федерации. Федеральный. Закон об образовании в Российской Федерации[Z].2018:77.
② 此内容主要参考莫斯科国立大学 Московский государственной университет имени М. В. Ломоносова官网的内容。

(二)课程质量控制

高等教育质量控制的核心之一,就是对课程资源质量的控制。莫斯科国立大学做出了很多努力,其提供高水平教育最重要的保证就是那些由杰出的科学家和教师编写的高水平教科书和教具。这些教科书和教具结合了教育内容的深度和通俗性,并在教学方法论方面积累了宝贵的经验,这不仅成为莫斯科国立大学的财富,而且也成为俄罗斯及世界其他大学的财富。

1.经典大学教科书

莫斯科国立大学的专家教授为学生们编撰了众多优秀的教科书,其中影响最大的就是为了纪念莫斯科国立大学成立250周年而编撰出版的"经典大学教科书"系列。该系列包括150多种教科书和教具,由院系学术委员会、该系列的编辑委员会建议出版,并由莫斯科国立大学学术委员会决定于莫斯科国立大学成立250周年出版。莫斯科国立大学一直以其教师而闻名,"经典大学教科书"系列的各版本更是清楚地表明了莫斯科国立大学对俄罗斯高等教育课程领域的重大贡献,这也彰显了莫斯科国立大学成立250周年的深厚底蕴。[1]

2.教师间培训课程

莫斯科国立大学对于课程质量的另外一个控制点在于多学科的融合教育。校长萨多夫尼奇曾这样说:"对于我们来说,创造一个多学科的教育环境非常重要,在这个环境中,才能使有天赋的孩子的智力和个人潜力在学习中以及在实践活动中,特别是有价值的方面得到最大激发。"[2]

为了提高基础教育方案的实施质量,深化相互交流的一体化,从2012—2013学年春季学期开始,莫斯科国立大学面向全体学生开展了"阅读教师间培训课程"的活动。该活动旨在为莫斯科国立大学学生提供接受全面教育的机会,并让不同领域和学院的学生建立新的联系。该课程向莫斯科国立大学的所有学生提供,由莫斯科国立大学的知名教授和教师授课,他们是其所负责领域的专家,能够生动而迷人地展示科学、艺术、政治、文化、社会等不同领域之间的联系。

---

[1] 此内容主要参考莫斯科国立大学Московский государственной университет имени М. В. Ломоносова官网的内容。
[2] 此内容主要参考俄罗斯联邦教育与科学部Министерства образования и науки российской федерации官网的内容。

经过几年时间的推广与发展,教师间培训课程已深刻地融入了莫斯科国立大学的教育环境和进程。在2013—2016年间,共计有834个教师间培训课程在莫斯科国立大学开展。[①]"如何创建自己的企业——创业的基础""电子商务和电子商务的管理""英语语法:从文章到反转""威廉·莎士比亚的杰作""俄语作为第一语言的学生英语学习教育""对初创企业的法律支持:投资的创造、管理和吸引""天文学基础"等是教师间课程的优秀代表,长期受到学生们的追捧。

掌握教师间培训课程是莫斯科国立大学学生教育的必修内容。在莫斯科国立大学学习的六年中,每个全日制学生将掌握至少四个学期的教师间培训课程,所有教师间培训课程的信息也会以附件的形式出现在文凭证明材料中。

(三)标准过程控制

莫斯科国立大学在教育计划的实施期间,其根据自身的教育水平,自主制定并批准了众多教育标准。这些标准在主要的高等教育课程中予以实施,为提高高等教育的质量和毕业生的质量提供了坚实保障。莫斯科国立大学的所有教育项目都严格遵守国家教育标准、联邦州教育标准或莫斯科国立大学的教育标准。严格的标准化管理是莫斯科国立大学教育质量保障体系的基础和核心。

1.教育标准内容框架

莫斯科国立大学在俄罗斯联邦与《教育法》赋予的自治权下,自2010年初开始实施其自行确立的教育标准,截至2017年12月,莫斯科国立大学已经批准了独立制定的119项教育标准。莫斯科国立大学所有本科生的教育都按照其独立制定的教育标准进行,其标准相较于俄罗斯国家教育标准更加严格,对学生提出了更高水平的要求。在此基础上,莫斯科国立大学的毕业生质量高于俄罗斯全国高等教育本科毕业生的平均质量。

2.具体教育标准实例

具体到某一高等教育专业课程的标准,形成了一个"教育标准卡片"。教育标准卡片中包含实施此教育标准的院系、专业名称和代码、准备水平等基础信息,并会将具体的教育标准文本以链接附件的形式予以公布。表7-1就是力学

---

① Гуров В. Качество образования в негосударственных вузах [J]. Высшее образование в России, 2017(1).

与数学学院中本科生数学专业的教育标准卡片①。

表7-1 教育标准"数学"卡片

教育标准"数学"卡片[培训方向(专业)代码01.03.01]	
学科	数学和自然科学
准备水平	本科生(FGOS)
专业代码	01.03.01
专业(方向)	数学
教育标准文本	请见官网
执行标准单位	力学与数学学院

该教育标准首先明确了实施此课程的基本要求：只有在高等教育的教育机构中，才能获得本科学历。不论学习形式、个人课程范围，该学士学位课程的学分均为240个学分。不论使用何种教育技术，全日制教育(包括通过国家最终认证后提供的假期)均为4年。

明确了掌握本科学士学位课程的毕业生，必须具备以下能力：

①应用基本数学学科的基本概念、思想和方法解决基本问题；

②解决科学研究和应用研究过程中出现的与教育方向(概况)相对应的数学问题；

③在实践中运用数值方法解决自然科学的基本数学问题和古典问题；

④使用现代信息分析和计算方法收集和处理数据；

⑤运用经济学、精算和财务分析以及信息保护的数学方法；

⑥不确定性条件下概率论和数理统计方法在决策中的应用等。

明确了掌握该学士学位课程的毕业生必须具有与该学士学位课程所关注的专业活动类型相对应的专业能力：

①确定单独主题区域的一般形式和模式的能力；

②具有正确地提出数学和自然科学问题的能力；

③严格证明陈述、制定结果、查看结果的能力；

---

① 此内容主要参考莫斯科国立大学 Московский государственной университет имени М. В. Ломоносова 官网的内容。

④公开展示自己的和众所周知的科学成果的能力；

⑤使用数学和算法建模方法解决理论和应用问题的能力；

⑥在分析科学、技术领域、经济、商业和人道主义知识领域使用数学和算法建模方法的能力等。

该标准还明确规定了对于此课程实施的其他支持，包括师资的配备、教室设施设备的配置、远程技术的应用、图书馆系统的支持等。例如，电子图书馆系统（电子图书馆）以及各类电子信息必须提供至少25%的本科课程学生的访问权限。

(四)教育实践与最终认证控制

莫斯科国立大学的学士学位课程结构中，一般分为三个模块：学科教学、教育实践和国家最终认证。在学生完成学科学习任务和相应课程之后，首先要进行教育实践，以应用所学知识并检验掌握的能力。毕业前的最后一道关卡就是国家最终认证，只有通过国家最终认证才可以拿到本科文凭。[①]

1.教育实践

学生实践是莫斯科国立大学学生教育计划的重要组成部分，实践也是一种教育工作，其主要内容是在企业、组织或机构中执行与未来专业活动的性质相对应的教育和教学以及完成工作任务，旨在使学生按照所选方向或专业学习和掌握技能与能力。

莫斯科国立大学对于学生的实践培训非常重视，不断完善关于学生实践的组织体系和制度规范。根据2015年11月27日俄罗斯教育和科学部第1383号命令批准的关于学生掌握高等教育基础教育课程的新规定，2016年制定并通过了《莫斯科国立大学学生实践程序规定》(2016年4月25日由莫斯科国立大学校长批准)[②]。在校长的命令批准下，专门成立了常设委员会，主要负责莫斯科国立大学学生实习的组织管理、财务后勤以及实习中的劳动保护等工作。莫斯科国立

---

① 此内容主要参考莫斯科国立大学 Московский государственной университет имени М. В. Ломоносова 官网的内容。

② Министерство образования инауки Российской Федерации.Государственная программа Российской Федерации "Развитие образования"на 2013-2020годы[R].Москва：Минобрнауки России,2012：24.

大学学生有关实习的组织、程序和结果的所有相关资料均发布在大学官方网站的实习页面上。

2017年在莫斯科国立大学接受各种实习的学生总数达到21072人,这一数字还在继续稳定增长。学生实习时间主要在夏秋之季,长达34周,实习地点涵盖了俄罗斯及其邻国850多个不同的地方的企业。莫斯科国立大学拥有6个大型实践基地,其中最大的实践基地每次最多可容纳500名学生,这些实践基地大都是全年运作的模式。[1]

莫斯科国立大学通过各种实践培训,培养了学生分析、解决问题的能力以及综合运用所学基础知识和基本技能,这也是学生最终完成本科教学不可或缺的阶段。实践培训是学生培养计划的重要组成部分,是指在教学过程中让学生获得生产实际知识,巩固和深化所学理论知识,贯彻理论与实际相结合的教学原则,加强学生的工程实践训练,培养学生获取知识、运用知识等创新实践能力的重要教学环节,是学生了解社会、接触实际,控制教育质量的重要途径。[2]

2.国家最终认证

莫斯科国立大学本科毕业生的国家最终认证是强制性的,在完成所有教育计划后进行。国家考试委员会根据联邦行政部门批准的《俄罗斯联邦高等教育机构毕业生最终国家认证规定》[3]进行国家最终认证,该主管部门履行教育公共政策和法规职能。大学向通过最终州认证的学生颁发州级文件。证明完成各级高等教育的文件有学士学位文凭,文凭的附件包括一份学科清单、范围和对学习质量的评估。为满足毕业生的要求,也可对选修课程进行评估。

莫斯科国立大学通过不断监测进度(采用莫斯科国立大学学生的中级证书和毕业生的最终证书以及其他形式的进度控制),来评估教育计划的发展质量。莫斯科国立大学毕业生的最终证书是强制性的,并且是在完全按照莫斯科国立大学的地方法规制定高等教育课程之后进行的。在俄罗斯联邦法律规定的情况

---

[1] Министерство образованияи науки РФ. Главные события в современном образовании 2006-2018 [R].Москва:медиалйн,2018:194.

[2] 此内容主要参考莫斯科国立大学 Московский государственной университет имени М. В. Ломоносова官网的内容。

[3] 此内容主要参考俄罗斯联邦教育与科学部 Министерство образования и науки российской федерации官网的内容。

下,国家最终认证在莫斯科国立大学进行。这也是强制性的,且在完全掌握教育计划后进行。国家最终认证由国家审查委员会按照俄罗斯联邦科学和高等教育部确定的方式进行。

未通过国家最终认证或在国家最终认证中获得不满意结果的学生,以及已完成一部分教育计划或被开除从事教育活动的学生,将获得一份培训证书或一定期限的学习证书,其样本由莫斯科国立大学单独确定。

四、莫斯科国立大学本科教育的质量改进

质量改进是质量管理的重要部分,它致力于增强满足质量要求的能力,质量改进的最终效果是获得更高水平的产品。在莫斯科国立大学高等教育保障体系中,持续的质量改进既是一种内在的要求,也是一个变革和突破的过程。社会在进步,科技在发展,市场竞争在加剧,雇主对于毕业生的要求在不断提高,因此大学为了求生存、图发展,必须确立持续改进这一永恒的目标。由于时代的发展是永无止境的,为立足于时代,质量改进也必然是"永无止境"的。

莫斯科国立大学通过对高等教育过程和教学方法的改进,更加合理、有效地使用各类资源和技术力量,充分挖掘教师和学生的潜力,不断提高学生的学习效率、提升毕业生的质量,使毕业生更好地满足劳动市场的需求,从而提高大学高等教育的质量和竞争力,向世界最顶尖大学的队列不断迈进。

(一)内部审核与改进

质量改进的基本要求是建立质量管理体系内部审核程序,规定审核的准则、范围、频次、参加人员、方法、记录要求、纠正预防措施有效性的评定等内容,以确保质量管理体系的持续改进。

莫斯科国立大学自2014年起,学校一级和学院一级每年都会遵循一份专门的自检标准来进行年度自检活动。以莫斯科国立大学2018年自检报告为例,这份报告从招生情况、教育计划、课程标准、实践实习、校友合作等方面对莫斯科国立大学的教育活动进行了全方位的审查,肯定成绩的同时也发现了问题。到学院一级也会进行年度自检报告。在学院的年度自检报告中,内容会更加细致。如在2018年数学系的自检报告中,明确指出该院系教职员工在"应用数学和信息

学"和"基础信息学和信息技术"等领域不断致力于创建和提高教育水平。学院学术委员会每年都会考虑相关领域课程计划、教学方法的改进,分析课程和计划的相互作用,在学院学术委员会的会议上进行专题讨论,并在必要时向莫斯科国立大学学术委员会提出有关更改标准和课程的建议。[1]

报告中指出该学院开设了一个长期性的方法论研讨会,以考察学科和课程周期的现状和前景,研究它们之间的相互作用以及教育、科学和技术方面的新趋势。在各部门的方法研讨会上,考虑采用新的教学方法,并进行教师培训,让经验丰富的教师给新进教师们传授经验,以提高新进教师的业务素质。[2]

莫斯科国立大学通过年度检查的内部审核程序,发现教育过程中存在的问题,同时针对问题提出解决方案,以实现不断优化和改进教育质量的目的。扩大教师队伍的评价和培训是莫斯科国立大学一项重要的质量改进项目,无论是内部审核还是外部评估,教师队伍评价与培训都占有很大比例。莫斯科国立大学具有十分优秀的教师队伍。2016年,莫斯科国立大学的科学和教育工作者总数达9.4万人,其中教职员工5.25万人,科研人员4.15万人,而且80%的科学和教育工作者拥有硕士学位和博士学位。[3]

内部审核中关于教师评价的相关内容主要体现在大学章程的各项规定中。《莫斯科国立大学章程》规定:在填补科学和教育工作者的职位时,除了教务主任和系主任的职位外,在订立劳动合同之前,都要进行竞争性选举。经校长批准,莫斯科国立大学就章程的这一内容制定了专门的科学和教育工作者填补职位程序。通过对教师进行个人评价,来为教职工的职位引入竞争性选拔提供依据。[4]

莫斯科国立大学教职员工的个人评价积分由五个部分组成:科学工作、教育

---

[1] 此内容主要参考莫斯科国立大学 Московский государственной университет имени М. В. Ломоносова 官网的内容。
[2] Об утверждении устава федерального государственного образовательного учреждения высшего профессионального образования. Московский Государственный Университет имени М.В.Ломонсов[Z]. 2012:29.
[3] 此内容主要参考莫斯科国立大学 Московский государственной университет имени М. В. Ломоносова 官网的内容。
[4] Об утверждении устава федерального государственного образовательного учреждения высшего профессионального образования. Московский Государственный Университет имени М. В. Ломонсов [Z].2012:37.

工作、专业知识、融资和其他。对教职人员的教育工作,主要从以下方面进行评价:讲课、课程内的学科咨询、入学考试前的咨询、课业考试管理、学习实践管理、国家最终认证前的咨询等。莫斯科国立大学教职人员职位包括:助理、教师、高级教师、副教授、教授。当教职工被选拔到某个职位时,个人评价等级会影响合同的期限。对于评价等级为前25%的教职人员最长可以连任5年;在25%至75%的范围内通常可以连任3年;低于25%的连任期限最多为1年,且连任最多不超过一次。如果教职员工与某职位的合同为期1年,连任后,其评价等级应在25%至75%之间;如果评价等级低于25%,则不会续签相应职位的合同,也不会将其视为该职位的候选人。①

(二)外部评估与改进

俄罗斯对高等教育质量极为重视,建立了一套十分完善的外部评估体系,其标志是2008年颁布的《全俄教育质量评估体系方案》。②该方案指出,俄罗斯高等教育评估的主要内容和对象是教育质量,主要包括教育教学条件、教育过程和教育质量等方面。评估指标基本涵盖了高等教育教学活动的主要方面,包括教学人员的质量、教学大纲的质量、物质基础和教育信息资源的质量、毕业生的培养质量等。俄罗斯制定并颁布各层级教育的国家标准,为教育质量评估与保障提供了法理依据和操作指标。

至于外部评价的主体,则形成了以政府为主导、社会各界全面参与的多元化格局。③政府方面最重要的教育质量评估主体是俄罗斯教育与科学部及其下属的俄联邦教育与科学督察署。其部门职责为审批高等教育机构办学许可证,考察高等教育机构的办学资格,负责组织各类教育领域的评定与考核,检验高等教育机构的教学活动、教育质量是否达到了一定标准;负责颁发国家认证证书,评估高等教育机构是否有权颁发国家制式毕业证;负责每年一次对高等教育机构

---

① 此内容主要参考俄罗斯联邦信息和法律门户 Информационно-правовой портал Гарант 网站的内容。
② 此内容主要参考俄罗斯联邦教育与科学部 Министерство образования и науки российской федерации 官网的内容。
③ Гуров В. Качество образования в негосударственных вузах[J]. Высшее образование в России, 2014(6).

进行各项指标检查和监测,根据检查结果采取相应措施,或肯定,或预警,或撤销其办学许可证等。

俄罗斯高等教育外部评估十分重视和强调独立第三方的作用,独立评估机构的资格通常是通过权力部门以权威方式确定的。高等教育机构的毕业生掌握职业技能的程度便成为高等教育质量外部评估的主要内容。而在职业技能方面,最有发言权的自然是就业单位与雇主,其对高校毕业生的满意度可以在劳动力市场日新月异的发展需求下直接反映高校产出人才的教育质量、技能水平。[1]

学生和家长作为高等教育的主体和"消费者",同样有权利对自己所身处的高等教育质量进行评估。[2]在对高等教育质量做外部评估,对评估信息进行加工、分析的同时,必须考虑到消费者感兴趣的目标和任务。没有消费者参与的教育质量评估往往会不够客观和全面。尽可能使评估过程呈现多角度、多层面的特点,也就尽可能地保障了教育质量评估的客观性与公正性。俄罗斯已经意识到公民个人对高等教育质量评估的有效性,并开始探索公民参与教育质量评估的相应机制。邀请公民参与高等教育质量评估,不仅扩大了教育质量外部评估的主体和视角,体现了监督的民主性,同时也满足了不同消费者群体的需求。

此外,2014年1月30日,莫斯科国立大学校长通过了《莫斯科国立大学雇员技能发展条例》。该条例明确了对莫斯科国立大学的雇员,特别是教师和科研人员的培训制度。同时依照校长的命令,成立了莫斯科国立大学雇员额外教育和培训委员会。该委员会成员包括校长、教育学院和其他系的副院长代表,专门负责雇员的培训管理工作。

莫斯科国立大学为包括教师在内的各类雇员提供职业教育培训,主要在以下领域开设课程:教学的心理和教育基础知识;外语作为商业和科学界的语言;使用远程学习技术进行教学;演讲的艺术;在高度评价的期刊上发表文章;教师和学者的版权;《俄罗斯联邦联邦教育法》[3]中关于学术和教育工作者的基础知

---

[1] 曹一红.俄罗斯高等教育质量外部评估体系探究[J].俄罗斯学刊,2016(4).
[2] Плаксий С И. Качество высшего образования[M].Москва.Национальный нститут бизнеса,2003:132с.
[3] 此内容主要参考俄罗斯联邦教育与科学部 Министерство образования и науки российской федерации官网的内容。

识；教育互动技术等。积极参与培训并在培训中取得优异成绩的员工，在竞选职位时具有优先权。莫斯科国立大学认为一个不断进步的员工，在所有其他条件相同的情况下，在担任某个职位时具有优异的培训成绩时，理应获得优先权。

五、莫斯科国立大学本科教育质量保障体系的基本特征

莫斯科国立大学作为俄罗斯最负盛名的高等学府之一，其本科教育质量保障体系的特点与俄罗斯政府教育质量政策导向基本保持一致，在法制化、标准化、跨学科和信息化等方面具有鲜明的特征。其中，法制化是其最显著的特点之一，为其高等教育质量保证体系的制定与实施提供了坚实的基础。标准化是俄罗斯与莫斯科国立大学的质量策划与控制的主要途径，通过制定科学的教育标准，并严格执行，以保证标准的实现。跨学科与信息化则反映了莫斯科国立大学如何利用其深厚的历史文化基础，并将新的科学技术融入教育质量的保障进程中去。

（一）法制化的坚实基础

莫斯科国立大学乃至整个俄罗斯高等教育质量保障体系的一个显著特点就是法制化。进入到 21 世纪，普京上台执政时期推行"新俄罗斯思想"，强调通过经济实力和科技实力的增长振兴俄罗斯，作为实现俄罗斯强大的重要武器，高等教育扮演了重要的角色。为保证高等教育质量建设的顺利开展，俄联邦政府逐步扩充了法律和政策手段，将高等教育质量建设纳入法制化轨道。

法制化的主要表现和成果之一是界定了政府、社会机构和高校的高等教育质量保障权利和责任。三者之间相互协调和补充，为保障高等教育质量分别扮演了不同的角色。俄罗斯国家宪法和 1992 年的《俄罗斯联邦教育法》都强调了联邦政府在保障高等教育质量中具有不可推卸的责任。这些责任包括：组建负责国家高等教育质量保障的联邦政府机构；监督和评审高等教育质量；制定高等学校创办、改组和撤销的规则和程序；建立和协调用于高等教育质量保障的物质和技术支持；对学校、学生、教师以及学校管理人员的资格进行审查。[①]它保障的

---

① Министерство образования и науки Российской Федерации. Федеральный. Закон обобразовании в Российской Федерации[Z].2013：77.

不仅是教育行政部门的教育监管权的实现,而且将其监管权限制在了一定的范围内,有利于保障高校和社会各方的利益诉求。[1]

而作为高校的代表,为承担起高校在高等教育的质量保障体系中的责任,莫斯科国立大学充分利用俄罗斯联邦法律赋予的大学自治权,相继颁布了《莫斯科国立大学录取规则》《莫斯科国立大学学位条例》《莫斯科国立大学中级证明和当前学生进步监控条例》《莫斯科国立大学学生实践程序规程》《莫斯科国立大学学士学位课程、专业课程和硕士学位课程进行国家最终认证的程序的规定》等一系列规章制度,并结合实际不断对《莫斯科国立大学章程》和《教育标准》进行修改。这些规章制度从不同方面对莫斯科国立大学高等教育质量进行规范,严格以学生成绩、中期考核和结业考试为主要指标完成内部教育质量评估,按照国家的评估文件填写标准化和量化的数据,保证学校教育质量目标的实现,同时也充分展现了大学对制定和实施教育方案质量的自主权和责任。

(二)标准化的主要途径

关于俄罗斯高等教育质量保证体系的标准化特征,在一定程度上可以这样理解:俄罗斯高等学校的教育质量问题已被归结为是否符合教育标准的问题。俄罗斯教育领域的教育标准的权威和地位是由国家法律确立的,《俄罗斯联邦教育法》规定:教育标准是考核、评价高校教育质量,特别是高校办学效益和毕业生质量的依据。凡位于俄罗斯联邦境内的、已由联邦(中央)国家高等教育管理机关认证为高等学校的所有教育机构均有义务使用教育标准。

国家层面的高等教育标准经历了三代,2007年规定了第三代《高等教育标准》必须包含三方面内容,即对基础教育大纲结构的要求、对基础教育大纲实现条件的要求以及对基础教育大纲掌握的要求。俄罗斯以法律法规的形式规定了标准的框架和基本内容,保障了标准的连续性和一致性。因此,三代标准虽然每次都有不少改变,但是基本都在既定的原则和范围内修订,标准也越来越完善,赋予高校更多的自由和权力。同时,广泛吸纳企业协会、组织等第三方雇主参与标准的研制。

---

[1] 朱炎军.法制化——俄罗斯高等教育质量建设的走向[J].上海第二工业大学学报,2012(2).

莫斯科国立大学在俄罗斯联邦与《教育法》赋予的自治权下，自2010年初开始实施其自行确立的教育标准，截至2017年12月，莫斯科国立大学已经批准了独立制定的119项教育标准。莫斯科国立大学所有本科生的教育都按照其独立制定的教育标准进行。莫斯科国立大学的标准相较于俄罗斯国家教育标准更加严格，对学生提出了更高水平的要求。莫斯科国立大学的教育标准以专业为载体，以学生发展为中心，重点和实质是专业标准，融合了国家和莫斯科国立大学对人才培养的基本要求和具体规定。

莫斯科国立大学现行的第三代教育标准，明确提出既要关注学生的专业学习，也要关注学生个人发展，对学生的知识、技能和态度进行综合评价，将学术评价和需求评价进行综合。同时，这些教育标准的重点和核心是对毕业生的素质能力要求：创新能力、实践能力以及综合发展能力等。另外，对于课程的要求也开始从单科知识范例向跨学科知识范例转变，这在莫斯科国立大学的教育标准中也有明确的体现。

莫斯科国立大学通过制定与执行教育标准，保障了毕业生在知识、能力和技巧等方面的基本要求，促使毕业生的知识、能力具有多样性和特色性，以便更好地满足不同职业和岗位的要求。

(三)跨学科的培养模式

莫斯科国立大学校长萨多夫尼奇曾这样说："对于我们来说，创造一个多学科的教育环境非常重要，只有在这个环境中，才能使有天赋的孩子的智力和个人潜力在学习和实践活动中，尤其是有价值的方面得到最大利用。"[①]

大学以高深知识培养高级人才，其知识生产模式与人才培养模式密切相关。传统大学的知识生产，一般以单学科为基础。进入21世纪，大学的知识生产模式发生了明显变化，一个突出的特点就是知识生产由于更多地源于实际问题，因此具有天然的跨学科属性。跨学科教育作为一种新的人才培养模式正在大学里兴起。在此背景下，莫斯科国立大学高等教育质量保障体系的跨学科特征日益凸显，主要表现为积极探索跨学科教育模式，在跨学科培养本科生方面进行了卓有成效的实践。

---

① 此内容主要参考莫斯科国立大学 Московский государственной университеи имени М. В. Ломоносова 官网的内容。

为了提高基础教育方案的实施质量,深化相互交流的一体化,从2012—2013学年春季学期开始,莫斯科国立大学全体学生都开展了"阅读教师间培训课程"的活动。该活动旨在为莫斯科国立大学学生提供接受全面教育的机会,并与不同领域和学院的学生建立新的联系。该课程向莫斯科国立大学的所有学生提供,由莫斯科国立大学的知名教授和教师授课,他们是其所负责领域的专家,能够生动而迷人地展示知识、科学、艺术、政治、文化、社会和社会进程等不同领域之间的联系。经过几年的推广与发展,教师间培训课程已深刻地融入了莫斯科国立大学的教育环境和进程。在2013—2016年间,共计有834个教师间培训课程在莫斯科国立大学开展,深受学生喜欢。[①]

莫斯科国立大学对于跨学科教育的考虑在其他很多方面也有所体现,例如一体化的校园建筑,通过建筑的实质空间与符号,通过人境互动,影响并促进学生的学习与生活,为跨学科教育提供空间支持和环境保障。另外,莫斯科国立大学的任何教职员工和教师都可使用学校电子图书馆来广泛地获得电子科学和教育资源。2014年,斯科国立大学通过超级计算机获得了超过6万本书刊、1亿件专利、1亿份摘要的全文等互联网信息资源。[②]

(四)信息化的战略方向

21世纪以来,俄罗斯力求实现大国的重新崛起。教育信息化成为俄罗斯推进教育发展、复兴国家的重要手段。俄罗斯教育信息化具备政府号召、校企联动的特点。俄罗斯计划在2021年前,实现在线课程覆盖600万人,且超过30万人接受正规教育课程;至2025年,在线课程实现覆盖1100万人。[③]

莫斯科国立大学正是俄罗斯高等教育信息的排头兵,依托莫斯科国立大学发起的国家开放教育协会创建国家开放教育平台。截至2019年,14所高校参与课程制作和上线,共计有359门在线课程。[④]在保证学生独立完成学习之后,国家

---

① 此内容主要参考莫斯科国立大学 Московский государственный университет имени М. В. Ломоносова 官网的内容。
② 此内容主要参考莫斯科国立大学 Московский государственный университет имени М. В. Ломоносова 官网的内容。
③ 此内容主要参考俄罗斯《现代数字化教育环境方案》(Современная цифровая образовательная среда в РФ О проекте)的内容。
④ 此内容主要参考俄罗斯《开放教育方案》(Открытое образование о проекте)的内容。

开放教育平台有权为学生颁发学业证书。与其他在线课程平台相比,莫斯科国立大学所负责的国家开放教育平台的所有课程均按照国家教育标准与莫斯科国立大学教育标准开发,均符合大学正在实施的教育计划。

莫斯科国立大学早在21世纪初,就着手规划超级计算发展战略。发展至今,莫斯科国立大学的计算能力已成为俄罗斯超级计算资源的重要组成部分。莫斯科国立大学的超级计算机系统将成为俄罗斯和独联体国家最强大的超级计算机系统,也使得莫斯科国立大学进入世界十大最强大的科学和教育计算中心。

莫斯科国立大学紧随国家政策的导向,依托软硬件资源的建设和完善,跨越了时空限制,使教学模式产生了极大的变化,为学习者提供了新的学习方式。同时,莫斯科国立大学特别关注在线课程的有效性和质量,在评估学习成果方面开发了独特的程序。通过持续不断的努力,莫斯科国立大学将信息化深入教育进程中,利用信息和通信技术为俄罗斯高等教育质量保障体系做出了应有的贡献,也为本校学生的教育质量提供了坚实的保障。

第八章
世界一流大学本科教育质量保障体系的"三部曲"比较

一流本科教育是建设世界一流大学和一流学科的重要基础和基本特征。[①] 世界一流大学之所以能够傲立于世界高等教育之林,且始终维持其卓越地位,与其高质量的本科教育不无关系。正因如此,前文已针对七个国家的七所颇具代表性的世界一流大学的本科质量保障体系展开了宽广的横向剖析,并采用了朱兰的"质量三部曲"理论对各大学的本科教育质量保障环节与措施进行了划分与厘清,初步把握了各世界一流大学开展本科教育质量保障与构建质量保障体系的路径与方法。基于此,本章将从纵向比较的视角切入,对七所大学本科教育质量保障体系的"三部曲"进行比较研究,纵深挖掘世界一流大学在开展本科教育质量保障的过程中呈现的共性特征与个性特征,并对这种趋同或差异背后的原因加以分析,整体把握世界一流大学本科教育质量保障体系形成的内生逻辑。

一、世界一流大学本科教育的质量策划比较

"质量策划"是朱兰的"质量三部曲"理论中的第一步。质量策划从认知质量差距开始,看不到差距,就无法确定目标。在朱兰的理论之中,想要实现公司或者企业质量管理的良性循环,首先应当从顾客的满意度入手,明晰质量差距,并弥合差距,追溯生产设计和制造过程,进而明晰这些差距的定位,使存在问题清晰化。若将对象由企业转换成大学,则应当从大学所服务的利益相关者的满意度出发。一般而言,质量差距主要来源于以下几个方面:第一类差距是理解差

---
① 钟秉林,方芳.一流本科教育是"双一流"建设的重要内涵[J].中国大学教学,2016(4).

距,即对于利益相关者的需求缺乏理解;第二类差距是设计差距,即与利益相关者的需求与感知不符合所产生的差距,很多大学难以提供这种与利益相关者需求完全一致的服务;第三类差距是过程差距,由于创造有形产品或提供服务的过程不能始终与设计相符合,使许多优秀的设计遭遇失败,这种过程能力的缺乏是各种质量差距中最持久、最难缠的问题之一;第四类差距是运作差距,也就是用来运作和控制过程的各种手段在最终产品或服务的提供中会产生副作用。[1]从前文对七所世界一流大学质量策划的分析中可以发现,为了更好地弥合这些质量差距,构建高质量的本科教育,世界一流大学主要通过策划其本科教育质量的目标、完善相关的法律法规体系以及构建专门的组织管理机构来实现本科教育质量保障体系中的"质量策划"。

(一)本科教育质量目标的策划比较

本科教育质量的目标是大学对于自身本科教育期望达成一个什么样的结果,以及应该如何达成这一结果的预设与规划,是实现大学本科教育质量计划、管理的重要前提和基础,具有方向性、可行性和层次性的特征。[2]准确且合理的教育质量目标能够指引大学的各个时期、各个层面、各个职能部门及成员的工作与活动有序、有效且持续开展,同时亦能有效弥合理解差距与设计差距,促进本科教育质量保障体系的有效运转。因此,世界一流大学在构建其本科教育质量保障体系之时,均制定了相应的本科教育质量目标与方针,为自身本科教育的发展指明了方向。

从前文对七所世界一流大学本科教育质量策划的分析中能够发现,本科教育的质量目标是世界一流大学开展本科教育质量策划的重要环节。例如,南洋理工大学基于新时代下对自身发展的国际化定位及对其人才培养的希望,构建了其本科教育的愿景与使命,即要打造高科技、具有全球卓越性的世界一流大学,同时强调了本科教育的重要性,指出要通过全方位的教育培养具备跨学科素养的博雅人才。又如东京大学,从学问自由、探求真理和创造知识出发,以维持

---

[1] Juran J M, De Feo J A. Juran's quality handbook: the complete guide to performance excellence[M]. McGraw-Hill Education, 2010.

[2] Liu S, Rosa M J. Quality assessment of undergraduate education in China: a policy analysis[J]. Higher Education Management and Policy, 2008(3).

与发展世界最高水平的教育为学校目标。同时,东京大学设置了本科教育培养质量目标,试图通过高水平的本科教育来培养具有广阔视野、高专业水平、理解力、洞察力、实践力、想象力及国际精神的开拓者和各领域的领导人。而墨尔本大学同样在其大学纲领性文件《墨尔本议程》中,将"使墨尔本大学成为世界上最优秀的大学之一"列为其发展目标之一,并且着重强调了在多元复杂的时局背景之下,培养具有较高研究能力与综合素质的学生是实现这一目标的关键,也是面对未来挑战的关键。由此不难看出,世界一流大学的本科教育质量目标与方针有其共同的关键核心,即通过培养世界一流的本科生,确保学校在世界上的卓越水平与一流地位。显然,一流本科教育是建设一流大学的重要途径和有效方法,没有高质量的本科教育,就难以建设世界一流大学。一流本科教育与一流大学之间的关系是相辅相成且密不可分的。可以说,对于这些世界一流大学而言,办好世界一流的本科教育是建设世界一流大学基础性、前提性条件。

对于大学本科教育重要性的共识使得世界一流大学在制定其教育质量目标之时达成了相似的共识,也使得这些高校在学校定位和人才培养方面有着相似的追求。但由于每个大学处于不同的地理位置,各自的文化历史发展存在差异,面临的机遇挑战也有所不同,故而这些世界一流大学在制定学校自身的发展目标及人才培养目标时也展现出了自身的特色。例如,南洋理工大学作为一所仅有三十余年历史的后发型大学,能够在短时间内快速崛起成为亚洲乃至世界一流大学,离不开对本科教育的高度重视。南洋理工大学坚持以"创新高科技,奠定全球性卓越大学;全方位教育,培养跨学科博雅人才"为发展愿景,并重视未来经济变化的复杂性和多元化对高等教育的影响,着力加强自我调整和完善,既注重健全人格与专业知识,又着力打造终身学习的良好环境。学校的人才培养定位为通过博雅教育,给学生深厚的文化滋养,培养理工与人文相通、博学与专精兼取、教学与实践并重,能够面对全球挑战并带领国家发展的跨学科博雅人才。而最具特色的莫过于基于"5C精神"的博雅人才培养目标,通过培养学生的公民意识、沟通力、创造力、品格和竞争力,以保障大学本科教育的质量与水准。这是对新加坡社会共同价值观的遵循与弘扬,也是该校自身办学精神的延展与丰富,体现了南洋理工大学培养跨学科博雅人才的关怀旨趣。相较之下,东京大学有着更为悠久的发展历史,因而其首要目标并非实现迅速的发展,而是从更为宏伟的层面确立了构建"世界的东京大学"的办学定位,提出东京大学以基于学术的自由,追求真理的探究和知识的创造。以建设引导世界和人类的综合性大学为目标。[①]通过提供卓越的本科教育,充分尊重学生的主体性和差异性,回应政产界需求的同时也实现了超越,体现了其作为世界一流大学的追求。多伦多大学在设定教育目标之时同样展现了大学自身的风格,不仅着重在本科阶段强调广泛的人文教育的持久价值,使毕业生能够充分接受丰富的通识教育,而且关注学生就业能力的培养,为毕业生在劳动力市场上的终身成功做好准备,从而确保毕业生能为本地区、省、国家和世界的经济、社会和政治做出贡献。

(二)本科教育质量法律法规的比较

大学本科教育质量的目标为大学本科教育的未来发展指明了方向,也为本科教育质量的改进与提升开辟了前进的道路。大学作为实施高等教育的主要场所,承担着为国家和社会培养各行业高精尖人才的重任。为了确保大学的规划与自定的教育目标能够实现,保障大学质量与规模的稳步提升和健康发展,不同国家制定了相应的法律法规体系,为其高等教育的质量保障赋予法律法规上的保护与支持。[②]

以日本为例,目前日本在规范和指导高等教育方面制定了诸如《面向2040高等教育总体规划报告》《大学的结构改革方针》《国立大学法人法》《学校教育法》《学校教育法施行细则》等不同的法律法规。从大学的组织结构到大学法规的实施,日本从法律层面对高等教育的内容、职责和权限进行了详细的规定,使得大学在行政执行层面都能得到充分的法律保障与指引。澳大利亚同样制定了完善的相关法律法规体系,以确保大学本科教育质量目标的实现。2000年,澳大利亚便从国际引入了一个高等教育质量保障框架。此后澳大利亚依据自身国情以及大学发展的实际情况,对已有的高等教育质量保障框架进行了修正与完善;同时也颁布了诸如《高等教育质量和标准署法案》等教育质量保障相关法律法规,在

---

① 郑军,杨岸芷.日本研究型大学拔尖创新人才培养的经验及启示[J].集美大学学报(教育科学版),2018(6).

② Dill D D. An institutional perspective on higher education policy: the case of academic quality assurance [M]//Higher Education: Handbook of theory and research. Springer, Dordrecht, 2003: 666-699.

国家层面凸显对高等教育质量保障问题的重要性,这影响了包括墨尔本大学在内的诸多澳洲大学,使得这些学校在发展进程之中愈加重视高等教育的质量建设。此外,俄罗斯也一直很重视教育的发展。在《国民教育优先发展计划》框架下,2000年俄罗斯政府开始创建创新型大学,足见政府对高等教育的重视。同时,《教育法》《教育发展规划纲要(2011—2015)》等一系列重要的教育法律法规进一步地对俄罗斯的高等教育质量保障体系的建立和提升提出了要求和指明了发展方向,在莫斯科国立大学等世界一流大学的建设与发展进程中起着举足轻重的作用。

如果说国家层面的立法在一定程度上彰显了不同国家高等教育质量保障体系的共同特征,那么在国家法律法规之下,各大学所制定的有针对性的学校层面的规章制度则能够很好地彰显不同学校与国家之间应对本科教育质量问题的独特个性。例如,加州大学伯克利分校就自身本科教育质量保障问题提出了一系列改善本科教育的建议,其中较为典型的有《马斯拉奇报告》和《本科教育委员会最终报告》。前者力图通过帮助新生过渡、关注学习过程、优化教育结构与资源以及构建大学校园共同体等方式促进本科生的成功;后者则侧重于本科生学习过程的保障,提出了本科教育的"三阶段模式",对本科生的学习过程进行了系统规划,为学生取得学业成功提供了可能。总体而言,这些大学法规章程凝聚了加州大学伯克利分校师生员工的集体智慧,既对本科教育所存在的问题提出了务实的建议,也对未来一个阶段的本科教育改革做出了系统的规划。东京大学积极响应日本政府对于构建高等教育质量保障体系的号召,完善了《东京大学宪章》,在其中规定了学校理念、基本组织及运营方式。并以此为基础,制定了中期目标及规划,每六年对大学阶段性目标以及具体实施情况加以反馈与更新,这使得东京大学的本科质量保障法规始终处于一个动态发展的过程之中。莫斯科国立大学则利用俄罗斯联邦法律赋予的大学自治权,形成了以《莫斯科国立大学章程》为核心,涉及学生从入学、学习、实践到毕业整个高等教育全生命周期的一系列规章制度。这些规章制度从莫斯科国立大学自身实际发展状况以及本科生培养方向出发,从不同的角度对大学本科教育质量进行规范与指导,并最终促进莫斯科国立大学本科教育质量的提升。

(三)本科教育质量保障组织的比较

除了对本科教育质量目标与法律法规的规划制定,世界一流大学的本科教育质量保障同样离不开教育质量保障组织的支持。专门的教育质量保障组织机构的构建能够为大学的高等教育质量提供有针对性的支持与保障,从而弥合质量策划中的过程差距与运作差距。[①]

以加州大学伯克利分校为例,由于大学本科教育质量涉及多元主体的利益,故而该校的本科教育质量受到了来自多方组织力量的支持。美国国家科学基金秉承着"促进科学进步;提升国民的健康、生活前景和福利;保障国家安全"的宗旨,为加州大学伯克利分校提供了大量的资金支持。2017年,加州大学伯克利分校获得国家科学基金会的资助经费总量高达1060.22万美元,其中科研资助经费总量为6711.7万美元,教育与人力资源总量为3890.5万美元,为加州大学伯克利分校的本科教育提供了关键的资金保障。西部院校认证协会则以院校认证的方式确保包括加州大学伯克利分校在内的院校质量,确保院校能够达成自己的战略规划并更好地应对未来的不确定性挑战。[②]此外,诸如卡内基教学促进基金会等第三方组织机构也在提升加州大学伯克利分校的本科教育质量过程中发挥了不可忽视的作用。针对本科教育质量等问题,卡内基教学促进基金会发表了一系列研究报告,有针对性地提出了调整与改进的意见。英国的牛津大学,同样有着相当丰富的教育质量保障监督第三方机构,各个组织部门权责独立,各司其职。由于英国高等教育的自治传统,政府不直接干涉高等教育,主要通过高等教育基金委员会这一半官方中介组织,对高校进行统筹拨款与综合管理。QAA在与高等教育基金委员会委托合同约定的框架下工作,同时接受高等教育基金委员会的监督审查,其经费主要来自高校的会费以及高等教育基金委员会支付的委托费用。QAA的核心工作是对高校内部质量保障工作的有效性进行审核,并提供改进意见。其审核结果与高校自身利益息息相关,直接影响高校的声誉、招生和经费,因此受到高校的高度重视。经过多年的实践探索,英国高等教育质量保障制度逐步形成以风险管理为主要手段的质量保障方法,不仅开启了英国高

[①] 马廷奇.大学组织的变革与制度创新[D].华中科技大学博士学位论文,2004.
[②] 赵琳.从教育质量自我保障机制透视现代大学制度——以加州大学伯克利分校为例[J].清华大学教育研究,2010(4).

等教育质量保障的新历程,同时也对推进包括牛津大学在内的英国高等教育可持续发展具有重要的意义。除第三方独立机构保障高等教育质量外,英国还存在校外督察员,他们以《校外督察员报告指南》为依据,对英国的大学的教育质量进行监督,并定期向学校主管教育的部门进行汇报,向学校内其他学院与相关组织传递有关信息,从而形成内外合力,共同推进大学本科教育质量的提升。同时,校外督察员还负责处理有关校外审查、质量保证等方面的一般咨询和建议,法定和监管机构也会对符合专业标准的课程进行认证或认可,以此来保障大学的本科教育质量。澳大利亚的墨尔本大学同样受到来自澳大利亚政府以及第三方教育质量监督组织机构对大学本科教育质量的监督,澳大利亚高等教育质量与标准署(TEQSA)在澳大利亚高等教育质量保障体系中处于核心地位,在维护和提高澳大利亚高等教育的质量和国际声誉方面扮演着至关重要的角色,也驱使着墨尔本大学的本科教育质量保障呈现市场化、透明化的特点,从而促进包括墨尔本大学在内的澳洲大学本科教育质量的提升。

由此可见,在世界一流大学本科教育的质量策划过程之中,离不开教育质量监督监管机构的支持与保障。这种专门组织机构的支持在很大程度上促进了世界一流大学的本科教育质量,也成为众多学校质量策划过程中的重要一环。但具体到学校或者国家,还是能从相似理念之中发现一些个性的行为,尤其是在大学教育质量监督机构的来源、组织的内部人员构成结构以及组织的具体作用方式等方面。例如,牛津大学的质量保障监督体系呈现出分级管理的特征。自上而下形成了由校级、学部以及院级的三级质量保障系统,各个层面分别承担着具体的质量保障职责。学校层面由大学理事会对其进行决策与学术事项的质量管理,理事会之中还设立了专门针对教育的教育委员会,由本科生小组、研究生小组和考试小组构成,对校内教学和学习的各个方面以及更广泛的学生经验进行战略监督,包括保证大学教育的质量,特别是质量保证和质量控制机制的设计、实施、评估和审查环节,从而达成提高教育质量和维护学术标准的目的。在学部层面,学部委员会在学部和院系中对教育质量进行保障,以确保该部门下的学部和院系组成成员能够圆满地执行大学及其所辖部门的质量控制程序。在院系层面,各个学院主要履行日常课程管理和监督的职责。审查委员会的成员经有关部门批准监督机构的检查过程。与牛津大学的分层制管理不同,东京大学形成了以校长为核心,人事自律、运营高效、权责明确的可持续发展的管理环境,校长和师生都需以实现东京大学目标为己任,自觉承担责任并为之努力。不仅如此,东京大学的系、研究科、附设研究所等作为自主运营的基本组织,同时也担负着积极参与大学运营的职责。此外,东京大学在基层学术组织层面确保了以教授会为主导的内部自治,从学校层面构建了以校长为核心的管理体制。这种管理体制强化了校长在决策和执行过程中的权力,使得校长能够在促进学校发展与实现本科教育质量保障的过程中更好地发挥引领作用。但对校长的权力的过度赋予,有可能会导致权力体系的失衡。东京大学为了化解这一问题,鼓励各教师代表参与校长的选举,并对校长任期时长加以限制,在一定程度上制衡了校长权力。因此形成了独特的东京大学本科教育质量管理组织,使得东京大学的本科教育保障机制在运行中做到权责分明,有据可依。

二、世界一流大学本科教育的质量控制比较

质量控制的根本目的在于确保顺利实施教育质量保障计划,实现教育质量策划的预期目标。在实践的过程中,世界一流大学为实现质量策划目标,促进提升本科教育质量,出台制定了一系列措施,主要体现在学生、教师、课程教学、教育实践以及认证评估等方面。

(一)生源质量控制的比较

高质量的本科教育首先取决于招收高质量的学生,因而在本科教育质量控制环节,生源遴选是最为基础的一环,可以说是高质量本科教育的"源头"。通过设置严密的招生计划和严格的准入门槛,从"源头"上保障本科生培养质量。[1]不同的学校由于所处位置、生源情况等因素的差异,故而采用了不同的招生方式以配合自身的招生标准。

例如,澳大利亚并没有全国统一的大学入学考试,而是由各州自行命题开展考试评价工作,证书成绩等同于高中毕业证明,并作为大学入学成绩。这种招生

---

[1] 陈为峰,傅添,张存玉.美国顶尖私立大学生源优化策略的调查与启示——以芝加哥大学、杜克大学、约翰霍普金斯大学、范德比尔特大学为例[J].高教探索,2017(10).

方式赋予地方极大的自由空间,不同的州或者地区可以依据当地的具体情况对学生的学业成绩进行考评,能够较大程度地丰富考察的内容与方式,但也可能会存在标准混乱的弊端。为了进一步解决这一问题,澳大利亚采用了ATRT对学生的学业成绩进行统一的量化评定,ATRT并不是一个成绩分数,而是一个百分制的成绩排名,具体分数即代表了学生的最终成绩超越了该分数百分比的学生。ATAR评定也并非一考定终身,而是由学生毕业前两年的平时成绩和最终会考成绩综合决定。在形成了通用标准的同时,也在一定程度上增加了该考试成绩的信度与效度,从而有助于包括墨尔本大学在内的澳洲学校进行人才筛选。除了ATAR成绩之外,墨尔本大学不同的专业也对高中所修的科目有一定的限制与要求,申请者不仅需要在高中学习对应专业要求的课程,同时也要满足该专业学位提出的一些额外的要求。由于所有本科学位都用英语教授和评估,因此申请本科学位时还需满足相应的英语语言要求。总而言之,墨尔本大学将根据ATAR、必修科目完成情况、综合评估、实践经历、各种调整因素(例如权益或者附加积分等)共同考量,确定最终的排名并根据最终排名择优录取。

多伦多大学则会依据当年的学生数量制定招生计划,当符合录取条件的学生超出学校的现有教学资源时,为了保证所选学生的教育质量,该校会采取缩减招生计划的方式来保障优秀的生源,也进一步保障在校生的教学质量。具体的考察聚焦于以下三个方面:第一,重视地域的均衡性,满足多伦多地区、安大略省乃至加拿大其他地区对大学名额的需求;第二,强化科研优势,降低师生比例,适度减少本科的招生人数(尤其在圣乔治校区),扩大研究生招生规模,提升教学资源的利用率;第三,提倡终身教育,继续为成人学习者提供服务,接纳多元群体,超越对传统学生群体的定义。从入学的标准来看,多伦多大学首先看重的是学业成绩,所有专业的录取主要基于学术成绩。但在学术成绩之外,多伦多大学也关注"学生全面发展的积极品质",通过考察申请者所提供的其他材料,包括论文、创意作品集或课外活动策划等来综合确定录取的人员。

与多伦多大学类似,东京大学同样采用较为严格的选拔方式,在世界范围内遴选优秀高中毕业生,包括一般选拔、学校推荐、外国学校毕业生特别选考等方式。每种方式都采用笔试与面试以及其他考察方式相结合的多流程选拔方式,从生源质量上确保东京大学本科生教育质量。东京大学入学考试的内容与高中学习内容密切相关,而且为了能够筛选与培养具有健全的伦理观和责任感、主动性和行动力的人才,东京大学的入学考试主要基于三个基本理念:一是考试内容与高中教育阶段目标保持一致;二是不拘泥于文科、理科而进行广泛学习,重视具备国际性的广阔视野和外语交流能力;三是不鼓励将知识死记硬背,重视通过运用已有知识解决问题的能力。

对牛津大学而言,《牛津大学教育质量保障手册》之中详细规定了大学招生的相关章程,从招生工作人员的遴选、招生宣传材料的制作、招生流程与规范的制定到残疾人或者弱势学生的招生方法均有着详细的规定与要求。在学生的录取上,牛津大学制定了"本科招生通用框架"(Common Framework for Undergraduate Admissions),规定所有学科和学院的招生过程都需要满足三个高层次的目标:吸引不管社会经济地位、种族和国别如何,学术上最优秀的申请者;确保申请者被录取的基准为学术优秀以及具备在所选专业(courses)中获得成功的最大潜力;确保申请者被录取的可能性不受所选学院或开放申请中被分配学院的影响。[①]由此不难发现,牛津大学的本科生招生理念是一种基于卓越的公平,在看重学生学术能力、发展潜力等因素的同时,也在通过入学机会的均等和补偿等方式确保弱势学生的入学权益。[②]

此外,南洋理工大学在招生的过程之中不仅重视对学生综合能力、发展潜力等因素的整体评估,还采用了基于能力导向招生(Aptitude Based Admissions)的方式,招收在某些方面具有专长的优秀人才。[③]除了吸纳本国优秀生源,南洋理工大学近年来也不断拓宽其招生市场,以吸引世界优秀生源。而莫斯科国立大学的招生则是采用严格筛选与定向培养相结合的模式。不仅通过严格标准来筛选高水平的中等教育毕业生,另外也专门设立中等教育机构,对其进行干预以提高其毕业生质量。同时与政府机构签订有针对性的录取协议,以专门培养符合用人单位需求的学生。

---

① 此内容主要参考牛津大学官网common framework的内容。
② 万圆,肖玮萍,欧颖.基于卓越的公平:牛津大学本科招生的理念与实现路径[J].外国教育研究,2018(1).
③ 韦骍峰.南洋理工大学本科生招生考核方式及启示[J].教育与考试,2019(1).

可以看出,世界一流大学为了确保其生源质量,采用了诸多标准与方式进行人才的筛选与考察。虽然具体的操作方式和遴选标准有所不同,但是有一点是毋庸置疑的,即世界一流大学早已不局限于以某一考试成绩来作为学生入学的唯一标准,越来越多成绩之外的考察维度在逐渐产生。多维度、多方面的综合考察有助于学校更好地筛选具有更高发展潜力的学生,同时也在引导学生走出唯分数的象牙塔,从不同的层面探索和发现自身的潜力。

(二)教师质量控制的比较

师资是影响世界一流大学本科教育质量的关键因素[1],各大学在招聘和管理教师方面各具特色,呈现出教师质量控制的不同特点。

1.教师招聘的比较

为了能够聘任到卓越的、具有学术声望与科研能力的教师,保障自身学校教育质量的稳步发展,不同学校在教师的招聘上制定了不同的标准。例如加州大学伯克利分校的教师招聘简章之中规定了应聘者在提交基本的材料之外,还需要提交三封个人陈述信,从学术背景、教学经验、教学设想、教学理念等方面进行阐述。这使得学校能够更为全面地了解应聘者。值得一提的是,加州大学伯克利分校也十分欢迎与鼓励年轻的、具备学术潜力的学者加入,而不会偏向于招收经验丰富、具有一定资历的教师以及在某学科闻名的教授。[2]这种任人唯贤的方式在很大程度上促进了加州大学伯克利分校的学术血液循环,避免了学术的近亲繁殖与一成不变。南洋理工大学同样制定了十分严格的人才招聘标准,主要从教学、科研和社会服务等方面来综合考察应聘者。新加坡南洋理工大学的新入职教师必须是具备本科以上学历且有5年相关工作经验的工程师,还必须经过人力资源管理部门和院系层层筛选和考试。另外,新入职教师的聘用制采用"2+2"合同制方式,即有4年的试用期。大学若在试用期内发现教师存在问题将有权辞退教师,若教师在试用期内表现良好,4年后大学方可与教师签订长期合同,这从源头上保证了教师队伍的质量。[3]此外,大学以实际工作所需的具体行动为导

---

[1] 喻恺,田原,张蕾.后发新兴世界一流大学师资队伍的特点及其启示[J].高等教育研究,2011(4).
[2] 张佳榕,潘黎.美国高校教师教学评价研究及启示——以加州大学伯克利分校为例[J].高等教育学报,2018(1).
[3] 陈丽君.基于南洋理工学院师资队伍建设的我国"双师型"教师系统培养[J].教育与职业,2012(20).

向,通过对教师成长环境和成长阶段的精心创设,培养和提高教师的经验技能,从而打造兼具教学能力与实践操作能力的教师队伍。教师的晋升也相当严格,不仅要得到学校专家评议会的统一认可,还要有5位国际知名学者对竞选者的教学科研能力、科研成果和社会服务情况做出评价,只有通过多数国际专家的高度认可后,竞选者才有可能晋升为教授。除上述学校之外,墨尔本大学、东京大学等世界一流大学也各具其独特的教师选聘制度。总体而言,随着时代的发展与人才培养目标的变化,大学也在不断完善自身的选聘制度,对教师的水平与质量也提出了更高的要求,不仅关注教师的学术水平与教学能力,对师德师风、学术诚信等方面的重视程度也在逐年提高。另外,学校的自身属性也影响了学校教师招聘的要求,如南洋理工大学的师资招聘就尤其强调教师的实践能力,这与学校偏重培养技术型人才,力图成为支援新加坡社会的科技、经济和社会文化的发展的科技型人才储备基地的目标密不可分。

2. 教师管理的比较

教师的选聘是打造优秀师资队伍的第一步,想要实现优质师资力量的可持续发展,教师队伍的管理必不可少。加州大学伯克利分校采用循环模式对教师进行管理,即"计划—反馈—评估"三步循环模式,这种模式不仅能够为教师的教学与研究制定严格的计划,促进对教师课堂、研究的督查以及课程目标和计划的优化与改进,还能促进教师的评估与自我评估。在这种模式的评定与管理之下,教师能够及时发现自身的不足之处,学校也能够有针对性地提供帮助与改进意见,帮助他们实现自我提升。这一循环管理模式在一定程度上能够保障教师的计划性和效率性。多伦多大学采取的教师管理模式是让教授始终站在教学的最前线,所有教授都有教学任务,在每个教学年都需完整讲授2门以上课程。同时要求教授单独开课,不能与其他教师一起授课,避免教授不讲或少讲课程的现象发生。多伦多大学的教师收入主要来自教学,教师的工资与教学工作量、学生匿名评价挂钩,从经济的角度进行管理,制约教师必须站在教学第一线。这种管理模式驱使教师不得不钻研与提升自己的教学能力,在一定程度上能够有效避免教师"重研轻教",从而确保教学目标与教学任务的达成。此外,多伦多大学赋予了教师较大的教学自主权,只要能够达成教学目标,教师可以自由选择具体的传授方式。莫斯科国立大学同样将教师队伍管理、评价和培训视作大学本科教育质量控制的重要任务。在《莫斯科国立大学章程》中就针对教师的晋升与职位填补制定了专门的程序与依据,《莫斯科国立大学雇员技能发展条例》则明确了对莫斯科国立大学大学雇员,特别是教师和科研人员的培训制度。此外,莫斯科国立大学为包括教师在内的各类雇员提供教育培训,包括教育心理学、教育学基础、外语、教育技术等课程,全方位地帮助教师实现自我提升。南洋理工大学秉承"绩效有限"的原则对教师和科研人员进行考核,着重对教师的教学能力、科研水平以及社会服务这三方面进行考察,且不同职位具有不同的考察权重。[1]这种模式不仅将个人的实际业绩和贡献与同类型、同层次人员的平均业绩和贡献进行比较,避免陷入闭门造车的窘境。同时又关注纵向发展的机制设计,在确定目标任务和考核层次标准时,以同类型、同层次人员过往平均水平为基本依据,以略高于上一年度平均水平为主要参考,如此在规避恶性竞争的同时,又能推动学校实现在历史基础上的稳步发展。东京大学也不例外,为提升研究人员质量和教师质量,其完善了教师招聘制度及任期制度。如2016年设置"卓越教授制度"和2018年设置"特别教授制度",还有面向年轻教师的"东京大学卓越研究员"项目等,极大地促进了教师研究及提高自身水平的积极性。通过规范教师的国际化和专业化,教师人事制度从原有的稳定保障型向流动竞争型过渡,引入绩效评估、年薪制、交叉聘用等以能力为导向的竞争制度,增强了大学教师的活力与研究水平。

(三)课程教学质量控制的比较

课程教学在世界一流大学本科教育中发挥着重要作用,是培养高质量本科生,实现本科教育质量策划目标的重要抓手。[2]

1.课程质量控制的比较

课程质量是本科教育质量的关键,也是最能够彰显学校特色的部分之一。加州大学伯克利分校将社区服务融入课程体系中,不仅促进学生将所学的知识

---

[1] 蒋达勇.教师考核管理:一种跨文化的比较与建构——南洋理工大学的经验与启示[J].华南师范大学学报(社会科学版),2021(1).

[2] 龚威.论大学本科教育质量的课程保障[J].江苏高教,2003(3).

运用到实践中,而且通过大学课程提高社区人民的生活质量。另外,加州大学伯克利分校十分重视通识教育,广域的课程是该校的鲜明特色。墨尔本大学开设独特的"墨尔本课程",这使得所有在校生能够广泛地接触专业领域之外的课程,在开阔了学生眼界的同时,也是在培养他们学习不同学科的思维与逻辑,从而提升学生应对专业之外、学习之外的问题与挑战的能力。多伦多大学同样提供了包含人文与社会科学、生命科学和STEM相关领域在内的700多门本科课程,课程的设置符合社会的新需求,同时具备跨学科的特点。[①]同时,课程内容遵循学科知识难易程度变化及学生认知发展规律,主要分为专家课程、主修和辅修课程,不同类型的课程对应不同的内容难度和学生基础要求。南洋理工大学秉持"多元并蓄"原则,为学生提供多元化课程选择,现行本科生课程体系包括专业课程和通识课程两部分。专业课程体系包括"专业核心课程"和"专业必修课程",其中,专业核心课程分为主修课程和辅修课程,主修课程依据兴趣领域和项目类型分类,辅修课程是为了扩充学生专业知识而开设的一类课程。在通识教育课程方面,课程结构由通识核心课、通识必修课和通识自由选修课构成。此外,学生可选择辅修课程、双学位、双专业课程计划以及一些国际合作项目获得通识自由选修课程学分。东京大学秉持"重视通识教育,循序渐进地开展专业课程"原则,将大学阶段分为两部分,前期阶段以通识教育为主,后期阶段以专业化培养为主,课程由各专业院系自主开展,具备专业性极强的特点。牛津大学、莫斯科国立大学的本科课程设置同样十分重视课程涉及面的广度与专业深度。

  不难发现,不同学校的课程设置各有其特色,由于学校与学校之间的办学理念、办学特色等因素的差异,导致其课程设置的内在逻辑也存在差异。但能够从中发现一些共同特征,为了培养具有环境适应力、能够更好地应对未来不确定性挑战的人才,向学生传授广博的知识是世界一流大学所采纳并实施的重要手段。因此,世界一流大学设置了种类丰富的通识课程,以期为学生带来多样的学习体验,通过教会他们跨学科的思维与方法,提升他们应对危机的应变能力。此外,世界一流大学在其本科生课程设置的过程中往往采取了分阶段的方式对课程内容与课程难度进行有针对性的设置,这种做法不仅有助于帮助学生更好地实现

[①] 强海燕.世界一流大学人文课程之比较——以哈佛大学、斯坦福大学、多伦多大学为例[J].比较教育研究,2012(11).

从基础教育向高等教育的过渡,同时也能够帮助学生更好地发掘自身专长。这无论是从短期的教育质量保障来看,还是从学生发展的长远角度来看,都是具有较大正面意义的。

2.教学质量控制的比较

除了课程之外,教学是保障大学教育质量的另一个关键所在。为了提升教学质量,确保教学效果,加州大学伯克利分校开设了新教师卓越教学研讨会等活动。[1]通过研讨会,交流与探讨优秀的教学技术和教学方法,以实现教师教学水平的提升。同时,设立卓越教学支持中心和教学支持项目,旨在为教师的教学提供资源和技术支持。另外,还设置了开放课堂活动、学术伙伴项目、教学改进资助、网络课程论坛等项目,有效助力教师教学,促进其教学质量的提升。多伦多大学关注教学学术与教师的专业发展深度结合,在教学学术理念的指引之下,多伦多大学整合了学校的教学资源,成立了教学支持和创新中心(CTSI),以支持和促进教师发展,推动教学学术的实践。该中心为多伦多大学所有校区的教师、学生提供有关教学以及支持教学改革与创新的教学技术等方面的指导和支持,通过引领、协作和创新促进大学的卓越教学。[2]在多伦多大学,教学不是任课教师的个体行为,而是在技术支持下的协作活动。课程设计与授课过程由两个团队协作完成,前者为教学支持与创新中心,主要由教育技术人员组成;后者由学科专家组成,任课教师属于后者,通常为在专业领域颇有建树的人物,负责将两个团队的工作联系起来并主持完成课程教学。牛津大学同样采用了教学质量监督手段,例如采用教学监督、学生反馈、审查学生的表现以及同行的观察等方式促进与保障大学的教学质量。综上所述,为了确保大学的教学质量,世界一流大学在着力培养高质量教师队伍的同时,也在通过多种方式促进教师更好提高自身的教学水平。一方面,以学术交流促进教师之间的互动与学习,提升其整体教学水平。另一方面,设立专门的教学辅助机构,为教师的教学实践扫除障碍,赋予教师更为自由的教学空间,保障教学活动顺利有序地开展。

---

[1] 武岳.美国一流公立大学教师教学评价体系比较研究——以加州大学伯克利分校与密歇根大学安娜堡分校为例[J].世界教育信息,2019(19).
[2] 陈荣,等.多伦多大学运用"教学广场"提升教师教学能力的经验与启示[J].高等教育研究学报,2021(1).

(四)社会实践质量控制的比较

社会实践是帮助学生更好地掌握实践技能,促进学生实现角色身份转变的关键所在,世界一流大学同样相当重视社会实践的质量,纷纷开展了具有学校特色的本科社会实践活动,试图实现对本科教育质量的控制与把握。[1]以墨尔本大学为例,其社会实践项目"顶峰项目"(Capstone Projects)以培养学生的"知识迁移能力"和"毕业生可雇佣性技能"为核心理念,采用项目学习、案例研究与分析、工作实习、模拟和沉浸式体验等方式帮助学生获得卓越的学术能力、跨学科的知识、领导能力以及对于多元文化的包容性和适应性。多伦多大学致力于采用不同形式的社会实践为本科生提供多样化的体验,帮助学生实现课外学习和成长,其中就包括开设超越课堂的科学研究,帮助本科生发展科研能力;以及开设超越学校的体验学习,为学生提供实习、社区服务等体验式学习机会。东京大学不仅会为即将毕业的本科生提供就业指导与相关服务,还会为学生提供种类丰富的社会实践活动,使得学生能有多样的体验学习和接触其他文化的机会。在提高学生适应力的同时,东京大学也完成了研究成果向社会转换的重大使命,在一定程度上能够促进自身与社会的联系。而莫斯科国立大学则通过不断完善的学生实践组织体系和制度规范来确保社会实践的质量控制。[2]该校专门设立了常设委员会,负责学生实习的组织管理、财务后勤以及实习中的劳动保护等工作。学生实践实习时间更是长达34周,实习地点涵盖俄罗斯及其邻国850多个不同的地方与企业。为了确保学生在实习阶段能够获得有效成长,莫斯科国立大学开辟了校园实习网站,将有关学生实习的组织、程序和结果的相关资料均发布在网站之中。此外,莫斯科国立大学还开设了6个全年运作的大型实践基地,为校内学生提供实践实习机会。综上所述,世界一流大学在保证学生社会实践质量这一环节中的投入不亚于对教学、课程的投入。高质量的社会实践能够有效帮助学生实现向社会人的蜕变,提升学生在就业市场中的竞争力。对于高等教育机构而言,学生是否能够在就业市场中有比较高的竞争力也是衡量其教育质量的

---

[1] Becket N, Brookes M. Quality management practice in higher education: what quality are we actually enhancing? [J]. Journal of Hospitality, Leisure, Sports and Tourism Education (Pre-2012),2008(1).

[2] 王怀兴,王晨.俄罗斯莫斯科国立大学以学生为主的实践教学探析——以国家管理系"绩效管理"课程为例[J].文教资料,2020(29).

关键,故而学校对于社会实践的大力投入也就不足为奇了。值得注意的是,学校所开展的社会实践的关注重点不仅仅在于使学生掌握相对应的技能,更为重要的是教会他们如何生活与生存。

(五)最终认证质量控制的比较

最终认证是质量控制的最后一个环节,也是对于整个质量控制过程的最终验收。对于大学而言,最终认证就是对于学生能否毕业获得学位的认证与考核,不同的大学在本科教育质量保障的控制过程中均设定了各自的最终认证环节。例如,墨尔本大学以《墨尔本大学法》、《墨尔本大学章程》和《理事会条例》为法律依据,确立了《毕业政策(MPF1055)》,并在其中详细规定了获得文凭所需要的条件与要求、毕业典礼的相关事宜以及学位证书颁发的具体要求。不仅如此,毕业还需要经过大学理事会的最终认证,只有均符合要求方能获得学位。多伦多大学的最终认证需要学生毕业时修够一定的学分,包括专业课的学分与公共选修课的学分,只有完成了学分的收集才能够被批准毕业,这就驱使了多伦多大学的学生必须要广泛地选择专业领域内乃至专业领域之外的课程来获得充足的学分,以满足最终的毕业要求。牛津大学为了严格确保和控制毕业生的质量,学生在获得基本学分之外,还需要通过两场综合且全面的考试,主要考察学生的理论知识掌握程度、知识应用能力以及工作能力,并最终依据考试成绩授予学生不同等级的学位。莫斯科国立大学的最终认证更是上升到了国家层面,学生在完成教学计划之后,国家考试委员会根据联邦行政部门批准的《俄罗斯联邦高等教育机构毕业生最终国家认证规定》进行最终认证,向通过最终认证的学生颁发州级的毕业文件。在俄罗斯联邦法律规定的情况下,国家最终认证由国家审查委员会按照俄罗斯联邦科学和高等教育部确定的方式进行,未通过最终认证者、在最终认证中未达成最优结果者以及完成部分教育计划但中途终止者,将获得一份培训证书或一定期限的学习证书,由莫斯科国立大学单独认证颁发。由此可见,无论是哪所学校,对于毕业生质量的最终认证都是十分严格的。最终认证是对学生整体质量的最后把关,较为严格的毕业要求会给本科生较大的压力,驱使他们为了最终学位而努力。同时,不同等级的学位制度更是能够激励学生通过不断努力学习来获得更高等级的学位,从而有机会获得更多就业机会。这种严格并分级的学位认证的方式在很大程度上保障了世界一流大学毕业生的综合质量。

三、世界一流大学本科教育的质量改进比较

质量改进是质量保障过程中最重要的一个阶段,它致力于实现"对当前绩效的突破"。在世界一流大学本科教育质量保障体系中,持续的质量改进既是一种内在的要求,也是一个变革和突破的过程。[1]社会的迅速发展对本科学生的素质提出更高要求,为适应时代发展,世界一流大学必须持续进行质量改进。世界一流大学采用双层保障机制,内外兼顾促进本科生教育质量改进。内部进行标准制定,对教育活动进行全方位评估与改进,并提倡以人为本,给予学生多种支持;外部协同多元化评估主体,从多元化维度对本科教育质量进行评估。

(一)世界一流大学本科教育内部质量改进的比较

1.本科教育内部质量评估的比较

大学内部需要制定质量检测标准与程序,实施周期性的质量自我评估,根据评估结果采取相应措施,不断对教育活动进行改进,才能适应时代发展。[2]七所世界一流大学都注重对自身教育活动的全方位评估与改进,但在评估主体和评估标准上存在一定的差异。例如,牛津大学为保证学生学习质量,规定各院系、学部和中央委员会通过一系列流程对教学课程进行监督。在每个年度课程监督周期中,注重对学校招生数据、督察员和校外督察员的报告、学校年度计划、学生反馈情况、毕业生去向数据五个方面进行全方位的评估。整个监测程序不仅考虑年度课程数据,也考虑学生评估和反馈情况,从而较好地保障监督过程的完整性以及严密性,并有针对性地对本科教育开展过程中的不足之处加以改进,促进总体教育质量的提升。多伦多大学制定内部质量监测制度与程序,实施周期性的质量自我评价。[3]学校自我评估的主体包括所有与学程相关的人员,如教师、学生、实验人员、管理人员等,相关人员进行充分讨论和总结,基于学校的整体规

---

[1] Chassin M R. Assessing strategies for quality improvement[J]. Health Affairs,1997(3).
[2] Sułkowski Ł. Accountability of university: transition of public higher education [J]. Entrepreneurial Business and Economics Review,2016(1).
[3] 郭涛,谢琨.加拿大高等教育质量保障体系研究[J].法学教育研究,2018(3).

划,对学校一年的运行情况进行总结评价,主要涉及科研创新、教育战略、学生经历、教职工与资源。学术副校长和院长则针对报告中总结的问题,提出整改要求和措施。又如墨尔本大学通过内部的组织机构或法律法规对学校的教育质量进行评估与改进,为保证学校的战略计划得以顺利实现,墨尔本大学制定了完善的问责制度。问责制度规定了学校进行计划、报告和评估的步骤,也规定了要对学校的教学质量、学生满意情况、大学管理质量、学术资源、学生科研质量以及毕业生就业情况等方面进行全方位总结和评估。此外,墨尔本大学根据评估报告,针对学校的资源要素、组织要素、文化要素、职能要素和环境要素等方面采取一系列措施,进一步实现提升教育质量的目标。[1]莫斯科国立大学则通过学校与院校双级自检完成本科教育质量的内部评估与改进,学校一级和学院一级每年都会遵循专门的自检标准进行年度自检活动。学校层面的自检从学校招生情况、教育计划、课程标准、实践实习、校友合作等方面对莫斯科国立大学进行全方位审视。在学院一级的自检报告中,审查内容更加深入细致,涉及对教职工的评价、相关领域课程计划、教学方法的改进、课程和计划相互影响等方面。莫斯科国立大学通过年度检查的实施内部审核程序,发掘教育活动中存在的问题,并针对问题提出解决方案。[2]

综上所述,内部质量评估是大学本科教育质量保障体系中的重要组成部分,内部的质量评估是大学对于自身教育质量的内省,有效的内部质量评估能够发掘出整个质量保障体系中的内部结构性问题,从而促进本科教育质量保障体系的整体优化,实现质量改进的目的。

2.本科教育内部学生支持的比较

人才培养是大学的核心使命和根本任务,也是世界一流大学建设与发展的关键使命之一。[3]世界一流大学的本科教育质量保障体系中,各个环节都服务于学校的育人任务,以学生为中心,给学生提供优质服务,给予学生多样化支持。可以说,学生的质量高低在很大程度上能够反映大学教育质量保障体系的优劣。

---

[1] McInnis C, Powles M, Anwyl J. Australian academics' perspectives on quality and accountability[J]. Tertiary Education & Management, 1995(2).

[2] 此内容主要参考莫斯科国立大学官网Материалысамообследования Московскийгосударственныйуниверситетимени(自检材料)的内容。

[3] 王平祥.世界一流大学本科人才培养目标及其价值取向审思[J].高等教育研究,2018(3).

故而给予学生课业之外的内部支持,也是大学本科教育内部质量改进的一部分。加州大学伯克利分校通过建立"运动研究中心"和"伯克利连接"的方式为学生提供学术与生活上的支持与指导,师生之间积极的学术交流能够有效促进学生的科研能力与学术经验的发展。[①]此外,加州大学伯克利分校还通过开展"伯克利全球实习计划"为本科学生提供国内外的实习机会,促进学生专业发展,并制定双学位计划和新生优势计划为本科学生的生活和学术方面提供保障。考虑到国际交换所产生的费用比较巨大,加州大学伯克利分校还专门为本科生提供了各类留学奖学金,以此对学生实现经济上的援助。墨尔本大学一直以来秉承着"以人为本"的理念,通过提升物质条件和完善基础设施,为学生创造良好而便利的科研学术环境和生活环境,从而实现促进人才队伍专业成长和职业生涯发展的目标。南洋理工大学则秉持"本科教学压倒一切"的理念,通过多种方式为学生提供支持,例如实施"引入流动计划"。通过提供奖学金、开展项目合作、暑期课程等方式,广泛吸纳国外优秀学生来校学习,塑造国际化的学习环境,从而帮助学生更好地了解不同种族和文化价值观,培养多元文化沟通与理解能力,使其成为全球未来的领袖人才。另外,学校还提供高额奖学金、助学金或贷款服务,为本科生的科研生活与交流生活扫除经济障碍。同时,南洋理工大学还建立了广泛的全球联盟,为本校学生提供高质量国际交流的机会,拓宽学生的国际视野,并与国际顶尖研究型大学合作创办海外校园,使学生获得参与国际项目的机会,进一步提升学生的国际适应力与竞争力。[②]

综上所述,世界一流大学通过多种方式为学生提供学业上的、生活上的支持,且尤其注重学生留学交换、发展学生国际能力等方面。随着国际化浪潮的不断推进,学生的国际能力越发受到关注。大学也不再仅仅局限于为当地或者本国培养人才,更是将目光放到世界范围,致力于为全球培养优秀的储备人才。

(二)世界一流大学本科教育外部质量改进的比较

1.本科教育外部质量评估主体的比较

本科教育质量保障过程关系到多元主体的利益,政府、研究型大学以及第三

[①] 此内容主要参考加州大学伯克利分校官网 Re-imagining Undergraduate Education at Berkeley Recommendations的内容。
[②] 乔娜.新加坡南洋理工大学创建世界一流大学研究[D].陕西师范大学硕士学位论文,2019.

方组织机构在世界一流大学本科教育质量的评估过程中均起到重要作用,承担着不同的评估职责,三者互相协调,共同参与本科教育质量的改进。[1]而在其中,政府与第三方组织机构无疑是重要的外部评估参与主体。

一方面,政府从行政法律层面制定了相关的评估标准与法律法规体系,为大学教育活动的外部评估确立方向。例如,英国发布的《英国质量准则》明确了英国所有的高等教育者需要达成何种教学期望,实现何种教育目标,还为英国高等教育设定与描绘了详细的教育质量标准,所有英国的高等教育机构都需要达到这一最低的标准。牛津大学自然也不例外。以《英国质量准则》为基础,结合大学自身发展的实际状况,牛津大学制定了适用于自身的质量标准,以促进与保障大学本科教育的质量。日本政府颁布的《学校教育法》修订案同样确立了大学认证评价制度,规定所有国立、公立和私立高等院校需要定期接受由文部科学大臣认证的评价机构所实施的评价,为日本高等教育的质量保障提供了官方层面的标准。俄罗斯亦极为重视本国的高等教育质量,从官方政府层面构建了一套完善的外部评估体系。俄罗斯政府颁布的《全俄教育质量评估体系方案》明确了大学本科教育的重点评估对象是教育质量,还明确了本科教育质量的具体测量维度,这一方案对于莫斯科国立大学的本科教育质量改进产生了深远的影响。此外,俄罗斯也制定并颁布了各层级教育的国家标准,为国家教育的质量评估与保障进一步提供了法律依据。

另一方面,第三方组织机构响应号召,积极参与本科教育质量评估。以日本为例,日本的"大学改革支援和学位授予机构"(NIAD-QE)、"大学基准协会"(JUAA)、"高等教育评价机构"(JIHEE)等均为被政府认证的高等教育评价机构,能够参与对大学本科教育的认证评价。东京大学的本科教育质量受到了具有独立行政法人并由文部科学省直接管辖的NIAD-QE的监督与管理,由于受到第三方组织机构的外部监督,东京大学的本科教育质量得以逐年提升与改进。[2]墨尔本大学的外部评估与改进主体是澳大利亚的高等教育质量和标准署(TEQSA)。澳大利亚高等教育质量和标准署是澳大利亚独立的国家高等教育质量保障和监

---

[1] Szanto T R. Evaluations of the third kind: external evaluations of external quality assurance agencies [J]. Quality in Higher Education, 2005(3).

[2] 李昱辉.日本大学认证评价:目标、动向与挑战[J].国家教育行政学院学报,2020(2).

管机构。TEQSA行使高等教育监管职责，根据高等教育标准框架（Threshold Standard）对高等教育机构的绩效进行评估。这不仅为墨尔本大学的教育质量改进与评估提供了支持，也完善了澳大利亚的高等教育质量保障体系。为了保障高等教育的质量，促进大学本科教育质量的提升，加拿大也设置了相关机构对培养专业人才的大学学程进行认定。例如，加拿大工程师协会下设的工程认证委员会负责对全国所有本科工程学程进行专业认证，多伦多大学的本科工程教育也同样受到该委员会的认证。俄罗斯则形成以政府主导、社会各界参与的多元化评估体系，且十分重视和强调独立第三方的作用。由于独立评估机构的资格通常是通过权力部门以权威方式确定的，这不仅保障了包括莫斯科国立大学在内的高等教育质量标准具有较高的权威性与科学性，同时也促进了质量保障过程的市场化与透明化，进一步推动大学本科教育质量的提升。

2.本科教育外部质量评估维度的比较

由于不同学校的具体评估主体存在差异，不同评估主体对于大学的价值判断也存在差异，因此不同世界一流大学的外部本科教育质量评估维度也存在着差异。不同的外部评估主体会从自身所关注的维度切入，对大学的本科教育质量展开评估与改进。例如，东京大学的主要外部评估机构NIAD-QE，从教育课程和学习成果、招生状况、设备设施、教育研究组织、教育质量改进体系、财务运营六个维度对东京大学的教育质量进行认证与评价。而在东京大学"第三期中期目标（2016—2021年）"的评估过程中，NIAD-QE着重从东京大学本科生教育活动的开展状况及教育成果的水平、研究活动的开展状况及研究成果的水平、东京大学的社会联系这三方面对大学的本科教育质量进行评定，这在一定程度上为东京大学的本科教育质量提升指明了方向。澳大利亚高等教育质量和标准署发布的《高等教育质量风险评估框架》，则主要从影响学生学业的风险、影响学界声誉的风险以及高等教育机构倒闭的风险三个方面对墨尔本大学进行评估。风险评估的内容包括高等教育机构发展状况、学生学业成就情况、高等教育机构的学生数等，共计46项指标。[①]总体而言，评估指标更为具体与翔实，能够全面地反映墨尔本大学的本科教育质量现状，并对潜在质量风险进行预警。加拿大建立

---

① 此内容主要参考澳大利亚高等教育质量与标准署官网 Higher Education Standards Framework（Threshold Standards）2011的内容。

了多层次、系统化的评价方式,构建雇主评价机制、行业评价机制和社会评价机制,从毕业生就业情况、专业人才质量和高校办学绩效三个维度对多伦多大学进行评估。在毕业生就业情况调查中,用人单位可对录用学生直接进行评价调查,调查内容包括工作态度、学习能力、解决问题的能力、团队合作表现、交流沟通的能力等。这种偏向于市场化的评估维度能够从职业竞争的角度反映包括多伦多大学在内的加拿大大学的本科教育质量,是对人力资本理论的实践论证。俄罗斯的外部评估则主要从教育教学条件、教育过程和教育质量等方面出发,对其高等教育质量进行全面的考察与探究。主要的评估指标基本涵盖了高等教育教学活动的主要方面,包括教学人员的质量、教学大纲的质量、物质基础和教育信息资源的质量、毕业生的培养质量等。俄罗斯联邦教育与科学督察署从高等教育机构的教学活动、教育质量、毕业证书颁发的权利等维度对高等教育机构进行各项指标检查与监测。与其他国家的学校相比较,俄罗斯的外部评估更为侧重学生在学校中的学习过程以及学业水平,相对而言更加注重学习本位。

基于朱兰的"质量三部曲"理论,本研究对七所世界一流大学的本科教育质量保障体系展开了深入的比较研究。从质量策划到质量控制,再到质量改进,将世界一流大学的本科质量保障过程分解为三部曲之后发现,不同国家不同学校之间本科质量保障在程序之上具有较高的相似性。这种程序之上的趋同,可能与不断国际化、市场化的高等教育关系密切。随着全球化浪潮的不断推进,大学不仅肩负着为本国培养人才的使命,同样面临着向世界输送一流人才的使命。位于大学顶端的世界一流大学更是应当积极承担这一责任,保障并提升自身的本科教育质量,同时提升人才培养的国际性,使其不仅能够适应本国的就业环境,还能在全球的就业市场中有较高的竞争力与认可度。在此背景之下,形成了一种诱使或驱使大学组织采纳具有合法性的组织结构和行为的观念力量,在合法性机制的驱使之下,[1]世界一流大学的本科教育质量保障在程序上相互借鉴与模仿,从而形成了共性度较高的保障流程,使得受过本科教育的人才能够在国际环境下更好地实现跨地区、跨国家的学历认证,提升毕业生的职场竞争力与环境适应力。程序的趋同之外,世界一流大学在整个程序之中所采取的具体实践措

---

[1] 李斌琴.寻求合法性:我国大学趋同化机制解析——从重点大学政策说起[J].高教探索,2012(1).

施又展现出自身特点，各个学校以最适合大学自身的方式推进相应程序的开展，从而实现最具效率的本科教育质量保障。显然，不同学校的地理位置、发展定位、学科布局等因素均不相同，这就注定了不可能或者很难存在一套完全通用的本科教育质量保障实践模板。出于历史地理因素的限制或者自身发展的需求，不同大学都在各自"效率机制"的驱使下，在固有程序之中探索最适合自身的本科教育质量保障体系。[①]无论是质量策划的目标、法律法规、保障组织，还是质量控制中的生源质量、教师质量、教学质量，抑或是质量改进之中的内外部改进，世界一流大学均交出了属于自己的高分答卷。对世界一流大学本科教育质量保障体系的三部曲进行系统比较，有助于深度解构世界一流大学在全球化语境下的教育质量保障范式。这种横向对比研究不仅能够揭示国际高等教育质量管理的演进逻辑与实施路径，更通过剖析顶尖高校如何通过质量创新机制巩固其学术领导地位，为我国建设世界一流大学提供多维度的理论参照。从实践维度而言，这种比较研究通过提炼不同文化语境下质量保障体系的共性特征与本土化创新，为构建具有国际竞争力且扎根中国教育传统的本科教育质量体系提供了可操作的范式借鉴。

---

① 王敏.效率与公平：高校治理结构的价值选择[J].西南民族大学学报(人文社会科学版),2013(6).

第九章

世界一流大学本科教育质量保障体系：经验探寻和中国选择

一流本科教育建设要想真正落地，院校层面的质量保障体系至关重要。世界一流大学紧扣研究型大学定位设置质量保障目标，围绕本科生学习体验确立质量保障重点，拓宽相关利益者参与渠道以确保质量策划合理，抓住技术杠杆与制度完善来保障质量规划实施，并发展变革文化刺激本科质量保障体系持续改进。借鉴其经验，我国高校在推进本科教育保障体系建设时需以院校办学基础为原点，设定本科教育质量目标；以质量过程分析为基点，寻找质量控制的关键点；以多方参与协商为重点，推进质量管理专业化发展；以技术保障、机制保障为要点，合理落实质量策划；以质量文化建设为亮点，探索具有本土特色的质量管理形式。

一、世界一流大学本科教育质量保障体系的基本经验

质量保障在如今的本科教育改革中占据着核心地位，不仅在多数国家获得了政治权力机关的正式授权，在国际层面也得到了广泛的认可和尊重。联合国教科文组织、世界银行、经合组织等超国家机构在其报告中经常提及质量保障。世界一流大学在建设本科教育质量保障体系的过程中，围绕着"强化质量保障的体系化和可持续性"进行了多种探索，生成了丰富的实践经验。本章试图在总结基本经验的基础上，探讨世界一流大学本科教育质量保障体系各部分的实施重点。

(一)紧扣研究型大学定位设置质量保障目标

一所大学的本科教育质量目标体现了其对本科层次人才的培养定位,反映了该校对本科教育的目的和办学方向的理解。世界一流大学有着追求卓越、引领世界的宏伟目标——墨尔本大学致力于将澳大利亚推向世界高等教育舞台的中心,通过对大学自身声誉的提升,促进国家进步,提升国家利益;多伦多大学明确其目标是引领全球研究与创新,各层次教育也都围绕着成为富有国际竞争力、引领世界的大学展开……立足研究型大学定位来设置本科教育质量保障的目标,是一流大学共同的经验。研究型大学是以知识的传播、生产和应用为中心,以产出高水平的科研成果和培养高层次精英人才为目标,在社会发展、经济建设、科教进步和文化繁荣中发挥重要作用的大学。[①]研究型大学的定位为学生指明了未来的发展方向——具备创造性的精神气质、处理复杂问题的知识技能和极具潜能的综合素质。加州大学伯克利分校以重塑"学术卓越"为目标推动本科教育变革,将探究式学习整合到本科教育的各个阶段,将发现、研究和参与作为重点,为学生整合知识经验、培育研究能力奠定基础。[②]东京大学的质量目标无不围绕着《东京大学宪章》中的学校定位与教育理念展开,强调"通识教育"与"专业教育"的有机结合,培养学生广阔的视野和创造精神,鼓励学生不断追求真理,为世界和平与人类的福祉、人类与自然的和谐共存、各地区的可持续发展、科学技术的进步、文化的批判性创造等做出贡献。[③]多伦多大学主张培养本科生独立思考、敢于担当和积极行动的特质,希冀通过坚实的通识教育,培育学生的终身竞争力,使其能为所在地区和国家的政治、经济、文化做出重大贡献。质量目标是一流大学本科教育质量观的具体体现,是其教育思想观念理论体系的重要组成部分,连接着教育质量的理论与实践,引导和规定着本科教育质量改进的方向和结果。紧扣研究型大学定位设置质量保障目标,一方面体现了学校对本科生的高标准、严要求;另一方面有助于吸引优质师资和高质量生源,形成聚集效应。

[①] 王战军.什么是研究型大学——中国研究型大学建设基本问题研究(一)[J].学位与研究生教育,2003(1).

[②] 潘金林.加州大学伯克利分校20世纪90年代以来本科教育改革理念、举措及成效[J].复旦教育论坛,2014(2).

[③] 此内容主要参考东京大学官网宪章·前文的内容。

这同时也是对社会的承诺,即保障充裕的科研经费并发表高层次的科研成果,向社会培养和输送一流人才。

一流大学的本科教育质量保障目标除了要体现本科教育的地位、作用及其承担的功能外,还需对具体的培养目标进行阐述。不同院校以不同的视角对质量保障目标进行了重构,大体涵盖了知识(专业与通识)、能力(领导力、创新、批判性思维、研究探索、合作交流、终身学习等)、素养(开放性、好奇心、信息素养、国际意识)、价值观(坚持真理与事实、社会责任、人类情怀)四个方面。例如,南洋理工大学强调本科生应具备完整的道德品质,领导、合作和沟通技能,参与专业、公共服务和社会的意识和终身学习、创新整合的能力;墨尔本大学认为本科生应坚守真理和事实,具备好奇心、创造性、批判思维能力、良好的信息通信技术、国际意识等;多伦多大学主张本科生应建立复杂的心智模型、拓宽情感边界,在大学获得归属感,建立连接并达成共同目标,明白如何适应更广阔的世界。尽管世界一流大学的具体质量目标各有侧重,但总体而言,好奇心与探索精神是本科生发展的源动力;丰富知识和拓展能力是本科生培养的主要手段;强调在学习体验中形成复杂心智模型,提升综合素养是帮助本科生参与全球竞争的重要一环;而最终成形的专业道德、学术信仰和社会责任是本科生终身成长的不竭动力。

世界一流大学不仅注重本科生知识、能力、素质和价值观的全面协调发展,更立足于研究型大学定位,引导学生成为社会的精神先驱,积极投身变革性实践,持续探索与创造。这些都体现了求真、创新、自由的学术真谛和孜孜以求的理性精神,彰显了世界一流大学应有的品格和灵魂。

(二)围绕本科生学习体验确立质量保障重点

出于对科研创新的不懈追求,世界一流大学长期专注研究高深学问,并通过调节生源结构等方式支持研究生教育的发展。也因如此,研究型大学常常受到"对本科生寄托的期望太少,未使本科生成为优质资源的真正受益者"的诟病。1998年博耶报告的发表揭开了研究型大学的本科教育改革运动的序幕。[①]此后,

---

① The Boyer commission on educating undergraduates in the research university. Reinventing undergraduate education:a blueprint for America's research universities[R].New York:The Boyer Commission,1998:5.

世界一流大学开始重新审视本科教育,一是将提高本科教育质量置于深厚的学术基础之上,重塑本科教育目标;二是把学生发展放在首位,增加了本科教育教学改革经费预算;三是探索了研究型大学本科生发展的培养模式,如研究性教学、探究式学习、新生研讨等,并逐渐形成以下本科教育理念——实现通识教育和专业教育纵深和横向联系,通识教育从基于"学科"向基于"能力"模式转变;整合学习经历,倡导和实施"适应性"学习,将知识学习与现实生活相结合,培养责任意识等。如今,世界一流大学仍在探索新的教育模式,积极推进本科教育的根本性变革。

新一轮改革为世界一流大学本科教育的发展勾勒了宏伟蓝图,关于本科生的愿景被整合为一个关键概念——学生体验(Student Experience)。学生体验是"学生与学校互动的整体"[1],由于个人学习与环境的反复互动有关,因此学习的程度取决于个人、环境的特点和互动的程度。尽管"学生体验"尚未成为一个被广泛讨论的学术概念,但在本科教育实践和政策报告中都曾被反复提及。世界一流大学在推进本科教育改革的过程中,大都围绕本科生学习体验确定质量保障的重点。多伦多大学亦设立了本科生教育体验专家小组(USEE),旨在通过优化学习评价方式、优化生活学习空间场所及建设学校社区等方式,为本科生提供积极的学习体验和归属感,助力学生学习和成长。墨尔本大学独具特色的"墨尔本课程"就旨在为在读学生提供独一无二的"墨尔本体验",为学生未来职业选择做准备,包含课堂体验、研究体验、实践体验、在线体验等。南洋理工大学更以建设智慧校园、推动知识赋能等方式,为本科生提供全方位、沉浸式的学习体验。借助智能技术(Smart Technologies)、智慧学习(Smart Learning)、智慧生活(Smart Living)和智能设计(Smart Design),引领了一场关于数字、绿色及创新的教育革命。

世界一流大学对学生体验的关注,体现了情感、情绪等非理性因素在本科教育阶段发挥的重要作用。学生体验与其说是一种学术经历,不如说是一种学生学习和发展的模式。它通过积极或消极的学习经历,使学生产生参与感或疏离感,塑造了个人独特的教育体验。这种模式鼓励学生主动参与到集体学习中,积极与同龄人和学术团体建立互动。它重申了"学生是大学社区的重要成员"的原

---

[1] Temple P, Callender C, Grove L, et al. Managing the student experience in English higher education: differing responses to market pressures[J]. London Review of Education, 2016(1).

则,教师与学生间的权利和责任也由此得到调和,而个人体验和集体智慧亦得以丰富。[①]本科教育质量是由个人和环境互动决定的。围绕学生体验确定质量保障重点,一方面有助于保持学生学习的积极性,在学术参与中掌握跨学科知识和批判性思维;另一方面有利于培养学生的责任感。学生通过持续、复杂的互动,满足当地社区的需求,实现更广泛的社会文化交流。参与作为一种促成的力量,能够在强调本科生权利的同时,鼓励个体积极应对挑战,主动承担社区责任,最终成长为独立、自主的成年人。

(三)拓宽相关利益者参与渠道确保质量策划合理

政府、研究型大学和第三方组织机构在本科教育质量保障的实践和质量策划中承担着不同的职责,扮演着不同的角色,也反映了不同利益团体的诉求。拓展相关利益者的参与渠道,有利于生成更具情景性、动态化的质量规划,从而能更好地保障多元主体的利益,丰富本科教育的实践。单一的质量观不能代表利益相关群体的不同观点,有时甚至是互相冲突的观点。关键问题是能否促成对高等教育有不同认识的利益相关者发表观点。[②]在本科教育质量保障体系策划的过程中,需要多方主体献计献策,共同创造出新的选择。正因如此,世界一流大学十分重视多元主体的参与,尤其是与外部合作伙伴共同开发、提升质量标准。首先是依据政府倡议明确质量内涵。尽管世界各国政府在高等教育质量保障体系中承担的角色不同,但都在一定程度上廓清了质量所含的维度,勾勒了质量发展的蓝图。俄罗斯2008年颁布的《全俄教育质量评估体系方案》指出,俄罗斯高等教育评估的主要内容和对象是教育质量,主要包括教育教学条件、教育过程和教育质量等几大方面。[③]澳大利亚联邦政府在最新修订的《2015年高等教育质量标准框架》中,从高等院校标准、教学标准、学历资格标准、研究标准、信息标准和课程保障标准六个方面对澳大利亚的高等教育质量确立了标准。[④]

---

① Jones R. The student experience of undergraduate students: towards a conceptual framework[J]. Journal of Further and Higher Education,2018(8).

② Cullen J, Joyce J, Hassall T, et al.. Quality in higher education:from monitoring to management[J]. Quality Assurance in Education,2003(1).

③ 此内容主要参考俄罗斯联邦教育和科学部官网 Федеральный. Закон"О высшем ипослевузовском профессиональном образовании"的内容。

④ 此内容主要参考澳大利亚政府官网 Tertiary Education Quality and Standards Agency Act 2011的内容。

其次是构建专门的质量评价体系,明晰本科教育质量的具体特征和关键行动准则。东京大学在完善《东京大学宪章》的基础上,制定了《中期目标及规划》,每六年对本科教育质量水平进行评估和改进,形成了以校长为核心的教育质量保障组织体系。多伦多大学尽可能地动员与学程有关的所有人员(如教师、学生、实验人员、管理人员等)在充分讨论、认真总结的基础上,撰写自评报告,内容涵盖科研创新、教育战略、学生经历、教职工与资源四个部分。莫斯科国立大学自2014年起,学校一级和学院一级每年都会遵循一份专门的自检标准来进行年度自检活动,从招生情况、教育计划、课程标准、实践实习、校友合作等方面对本科教育质量进行全方位的审查。

最后是借助第三方认证机制来优化和保障本科教育质量。由第三方机构为高等教育提供外部的质量保障的做法由来已久[1],通过外部审查保证质量的实践或许与大学本身的历史一样悠久。质量保障的理念可以追溯至教育认证机构的诞生之时。19世纪末,美国就成立了包含新英格兰学校与学院协会(the New England Association of Schools and Colleges)、南方学校和学院协会(Southern Association of Colleges and Schools)以及西部学校和学院协会(Western Association of Schools and Colleges)在内的非营利教育认证机构,其目的在于通过内部评价和同行评议等方式,对学术组织和研究项目进行分析和规范性的评估。[2]这些协会虽然是自发组织的非官方认证机构,但其认证结果会对政府的资助决策产生影响,影响政府拨款、学生资助等方方面面。这些认证机构在原初形成之时,就探索出了内外审查相结合的模式,这种做法一直延续到今天。外部审查的优势在于将质量标准制定者与教育服务的提供者区分开来,进而提高了审查过程的透明度和可信度。从世界一流大学的实践来看,如今的第三方审查机构不仅包含了专业化的高等教育质量保障机构,如英国高等教育质量保障署、澳大利亚高等教育质量标准署等,还包含了反映行业、雇主需求的专业认证机构(如加拿大工程师协会)和雇主评价调查机构,以及体现学生、家长利益的"毕业生就业调查"和反

---

[1] Warren P D. Are professors professional?: the organisation of university examinations [M]. London: Jessica Kingsley Publishers,1994:21.

[2] Rhoades G, Sporn B. Quality assurance in Europe and the US: Professional and political economic framing of higher education policy[J]. Higher Education,2002(3).

映社会大众满意度的"公民参与教育质量评估"等。第三方评价机制的存在,一方面有利于院校竞争,刺激其不断提升本科教育质量;另一方面也承担着问责职能,为质量评估提供更为全面的视角。

本科教育质量策划不可能脱离对质量标准的讨论。拓宽多元主体的参与渠道,实际上是为了实现对质量标准的"谈判"①,从而体现不同主体的利益诉求。其背后反映的是"在合作中解决问题"的理念,即每个人都有参与的空间,每个相关利益者都能以自己独特的角色身份为本科教育质量策划提供服务。最终目的是创造一个连接多系统的教育生态,尽可能地将所有的利益相关者聚集在一起。

(四)抓住技术杠杆与制度完善保障质量规划实施

世界一流大学为推动各质量环节的完善,借助技术杠杆,努力探索出了多样态的本科教育发展模式。在质量过程方面,一是技术赋能课程变革,南洋理工大学将智能技术与翻转课堂相结合,颠覆了传统课堂的生态文化和结构形态。教师可运用VR和AR技术开展泛在教学,这样不仅增强了空间与教学的交互性,也有利于沉浸式学习体验的生成。课程学习跨越了物理情境的边界,成为融合虚拟与现实、线上与线下的无缝学习;而课程结构也更趋跨学科与综合性,面向同一目标实现了整体协调。二是技术触发教学范式变革,将智能技术融入教学模式与生活方式中,为本科生提供全方位、沉浸式的学习体验。莫斯科国立大学积极引入大数据、云计算、虚拟现实和人工智能等前沿技术支持的实物情景和实训操作,利用智能化的认知工具支持学习者结合真实问题情境进行学习。借助群体协作,进行有意义的知识创生,超越群体已有的认知,拓展群体的知识边界。三是促进教育评价变革。多伦多大学制定《多伦多大学数字治理战略》并投入大量资金用于购买新兴评估工具,如Tableau、ESO等,绘制本科生的学术生命周期图,促进教育评价向精准化、个性化和多元化方向发展。在推进质量落实的过程中,评估反馈不可或缺。多种不同来源的教育数据有利于突破传统教育评价的局限,共同构成更多维的评价空间,从而超越目前的知识观,着重人的全面发展,赋予质量目标更丰富的意涵。智慧教育绝不能反复训练学生机器能做的事情,而应着力塑造人的创造力、社会能力、价值观、意志力、思维能力,形成完善的人

---

① Harvey L,Green D. Defining quality[J]. Assessment & Evaluation in Higher Education,1993(1).

格,具备善良的品质,富有学识、感情与智慧。[①]以技术杠杆撬动全方位的资源使师生真正参与到数字化转型、技术创新与教育相结合的实际行动中,有助于构建以数字技术为基础的本科教育质量保障体系,改写本科教育的结构和生态。

除了技术支持外,世界一流大学还十分重视制度保障。每一所大学都在努力探索自己的质量保障体系,如墨尔本大学制定了质量问责文件,列出了每年一次的计划、报告和评估,也包含墨尔本大学质量保证计划的基本步骤。东京大学在严格遵守法律规定的前提下,颁布《东京大学宪章》《东京大学学部通则》等,确保质量控制有规可依。严格的制度规范既以学生发展为中心,又融合了日本对高等教育发展的期待与要求,是东京大学本科生教育质量保障体系的基础。加州大学伯克利分校在《加州大学学术参议院条例》中规定了本科教育的课程设置、考试学分、最低毕业标准、入门级写作要求、本科生荣誉以及第二学士学位等标准,同时在《学术参议院加州大学伯克利分校分院条例》和《课程指导委员会手册》中规定了相关事项的审核、咨询和建议等。基于制度保障的质量实施不仅体现了院校的自主权与灵活性,还有助于发展更具连贯性和完整性的质量管理体系,同时鼓励各级积极实践质量文化。《多伦多大学质量保证进程》将质量文化落实到了院校的各级,如质量委员会对学位、专业、课程进行评估,大学社区成员能够参与到某些程序的制定与终止过程中。此外,质量制度的建立也是划分人权、事权和财权的重要工具,能够实现对专业、项目、财政、过程、结果进行问责。在以问责制为基础的本科质量保障制度下,大学建立了新的政策和程序,如循证治理、数字战略、质量战略等。许多大学的质量保障体系"已经成为一种有效的机制,通过中央加强对预期效果/目的的控制"。质量保障不仅拥有自己的实践逻辑和语言游戏,还改变了高校的制度实践,二者相辅相成,共同确定了构成质量和绩效的要素。

(五)发展变革文化刺激本科质量保障体系持续改进

质量不是一种静态的追求,而是一种动态的、不断变化的卓越追求。质量保障是一个持续的(评估、监控、保证、维护和改进)评估过程,侧重于问责制和改

[①] 余胜泉,刘恩睿.智慧教育转型与变革[J].电化教育研究,2022(1).

进,通过共同认可过程程序和完善标准,提供关于质量的信息和判断。[1]质量的活力源于自我革新、持续改进。正因如此,世界一流大学积极探索推动变革型文化的发展,刺激本科教育质量保障体系不断改进。

莫斯科国立大学积极寻求本科教育保障体系的突破,通过对高等教育过程和教学方法的改进,更加合理、有效地使用各类资源和技术力量,充分挖掘教师和学生的潜力,不断提高学生的学习效率,提升毕业生的质量,使毕业生更好地满足劳动市场的需求,从而提高大学高等教育的质量和竞争力,向世界最顶尖大学的队列不断迈进。墨尔本大学本着"卓越、创新与激励"的培养理念,将着力点放在促进国家进步、提升国家利益之上。通过对大学自身声誉的提升,将澳大利亚推向世界高等教育舞台的中心,使其在世界舞台中发挥前瞻性的领导作用,提升墨尔本大学在全球的声誉与影响力。多伦多大学将创新创业列为优先事项,鼓励师生创新性科学研究,倡导变革性本科教育,强调创业精神和技能培养,支持师生基于研究的创业实践。厚植于其雄厚的学科实力,多伦多大学将研究与创新融入本科生课程,同时倡导师生与机构建立广泛合作,目前建立了11个创业孵化器和加速器为初创公司提供专业化服务。南洋理工大学的"卓越五峰"战略将可持续发展的地球、未来医疗保健、新创业媒体、新丝绸之路和创新创业生态模式作为南洋理工大学发展重要向导,旨在借新技术成为探索创新学习方式的全球领导者,更好地造福人类社会。因此也更注重学生创业精神和创新意识的培养,鼓励学生参加创新设计比赛,建成除美国之外的首个考夫曼校园,为学生提供多样化和个性化的选择,培养所谓的π型人才,力求使学生知识的深度和广度得到平衡。东京大学作为构建知识型社会的研究据点,整合校内资源,利用公开大学的方式投放至社会,促进知识型社会的构建。同时广泛应用东京大学的研究成果,积极协助和促进民间各类公益活动,以解决国家问题和推动世界发展为己任。

不难发现,卓越追求、世界眼光和人类责任是世界一流大学推动变革文化的价值理念,而适宜培育创新创业的制度环境则是建构变革文化的结构要素。对内形成基于民主、平等和对话的制度;对外保持环境开放、尽量减少过度监管并

---

[1] 邬大光.高等教育:质量、质量保障与质量文化[J].中国高教研究,2022(9).

享有高度的公众信任。发展变革文化,就是把"自下而上"的文化要素与"自上而下"的结构管理要素结合起来,将学术至上、人才培养至上作为根本遵循。变革性的质量文化实质是将文化元素、结构维度和能力结合成一个整体框架,并支持利益相关者发展愿景、共同的价值观和信念。[1]基于此进行本科教育质量保障体系的建设,其核心不仅仅局限于技术层面的质量保障的手段、工具和流程,更是在问责制盛行和质量危机背景下,营造一种有效的开放包容环境,保护以人为本、教育自治、学术自主等价值追求。世界一流大学将这些理念落实到了革新招生方式、教学手段、管理模式等方面,如多渠道招生和考察、创新课程体系、实行个性化的体验学习等。同时也积极为师生创新赋能,引入人工智能、机器学习、机器人技术和3D打印技术;打造"翻转课堂""创客空间",培养学生独立、有想象力、具有创造性的思维能力;将增材制造技术、物联网、可再生能源和环境可持续发展等融入智慧校园建设……从而使本科教育的质量生态更具多样性、情境性和本土性,使质量的内涵有了变革和发展的机会,为创新创造留下了更为广阔的空间。基于变革文化发展起来的本科教育质量保障体系,是一种动态的、批判性的、自我反思的质量生态。在这种环境中,努力与变革性高质量学习的发展相关联,其特点是兼具学术专业和领导力,并能持续寻找改进质量的方法及增强利益相关者对高等教育机构的信任,促进开放、对话和透明的伙伴关系的形成。[2]

二、我国大学本科教育质量保障体系构建的路径选择

质量保障作为一种借鉴国际经验的产物,在运用至我国本科教育阶段时,固然会招致一些乱象和批评。但作为一种高校治理工具,质量保障的成效和可持续性取决于多方相关利益者能否合力制定符合本土需求的质量策划方案,能否一以贯之地执行、调整质量策划方案,能否有能力解决我国高校发展中的沉疴宿疾。在外观世界一流大学本科质量保障体系发展经验的基础上,进一步内联我国的现实,在反思批判中从质量目标、质量过程、质量评估等多个维度探讨了我国大学本科教育质量保障可能的路径选择。

---

[1] 薛成龙,郭玉婷.欧洲高等教育质量保障的转型发展——基于高等教育质量文化建设的考察[J].中国高教研究,2022(10).

[2] Lanarés J. Developing a quality culture to become a world-class university[M]//Paths to a world-class university. Sense Publishers,2011:263-274.

（一）以院校办学基础为原点，设定本科教育质量目标

研究型大学往往代表了"卓越"，严格控制教育投入以保障质量产出，带有明显的精英主义色彩。这种以"卓越"为标准的质量观具有排他性和绝对性，强化了院校的资源和声誉优势，却也给在资源上处于弱势地位的院校设置了无形的发展"天花板"。尽管全面质量管理理论在高等教育领域的运用，已逐渐使政府对质量的"卓越"标准做出了让步，但其仍有"一致性"的倾向，即设置一致的、可用于比较的标准筛选出"优质产品"，淘汰一批"不合格"的产品或服务。以"优质标准"设置本科教育质量目标虽有助于调动院校的积极性，却也以绝对化的标准绑架了院校发展的自由，隐匿了院校自身的独特性，难以培植本土优势。尤其在高等教育大众化的今天，不同类型、不同层次的院校要建设一流本科教育，更应结合自身办学定位与优势展开"错位竞争"，在自身总体定位的基础上加以架构和规划，使一流本科教育建设更具意义。因此，院校在设定本科教育质量目标时，需以自身办学基础为原点，仔细衡量院校定位，通过差异化策略保持竞争优势。

然而，设定去绝对化的本科质量目标是一项极具挑战性的任务。质量标准的相对性无法直接给出制定目标的标准。这是因为将质量等同于一系列易于衡量和量化的标准，难以契合真实的教育情景。例如，在多数质量话语中，质量高低由稀缺性决定，当稀缺性问题解决之后，原来被遮蔽的质量问题就会显露，随之为高校质量管理提出了更高的要求。高等教育机构的质量管理具有滞后性，一是整体滞后于企业界，二是实践滞后于观念。上述问题的出现，反映了本科教育质量目标的外生性特征。在政府、市场等多方力量关注高校质量的今天，政府以委托第三方机构开展的高校质量评价结果，作为向高校问责的主要依据。市场的公共问责也加入对高校的质量关注之中，不同利益相关者的话语权在高等教育场域中不断得到强化，成为高校人才培养质量的主要评判者，要求高校必须对其做出回应，以满足外部的评估。然而，外部评价容易导致高校对照评估指标抓质量、为应付评估弄虚作假，或临时突击抓质量形成短期效应等，并没有促成质量持续改进机制的搭建，质量也没能成为高校自身发展的"内源性"需要和自觉行动。[1]

---

[1] 余瑶.基于质量文化的高校内部质量保障体系内涵要素与建构逻辑[J].中国成人教育，2022(10).

我国高等教育质量保障与西方国家一样,起步之初走的也是以"技术标准"为核心的质量保障路线。但如今,"标准为王"的质量保障体系已经遇到了时代瓶颈。西方的高等教育质量保障的许多制度性的做法和机制,如质量问责、专业认证、教学评估等,都先后被引进我国,但这些"成功的技术"移植到我国,并没有达到预期的效果,相反在一定程度上加重了高校质量保障体系的负荷。[①]技术手段在质量保障的初级阶段能够显示一定的优越性,但随着经历几轮本科教学评估,人们的质量意识不断提升,内源性的需求被逐渐放大。党的十九大以来,内涵式发展和高质量发展的质量诉求已经上升为国家意志。如何在这一标准下构建出本土的本科教育质量目标的内涵亟待探索。这一转变不仅需要在制度层面建立更加适应院校自身发展的质量保障治理体系,引入更加丰富的质量保障手段和方法工具,还需要在深层的价值层面建立新的质量观体系,推动高校从被动接受外来的质量评估标准转向主动追求适宜自我突破的质量目标。此外,我国本科院校开展本科教育的基础也与世界一流大学大有不同。世界一流大学强调更多的是研究生特别是博士阶段的教育,更加强调教师从事世界一流的研究活动。鲜有证据或资料显示世界前10名的大学在力争构建世界一流本科教育,宣传自己的本科教育居于世界一流。[②]因此,对我国本科院校来说,在制定质量目标时,一是需除去排名的迷雾,因为追求和提高大学或学科排名并非能自然导致本科人才培养模式的转变,更为紧要的是制定科学规划和可操作的实施办法;二是需实现高校系统改革,建立更具韧性的本科教育质量保障体系。由于国内高校"双一流"建设过程中,影响本科教育质量的外在因素和内在因素非常复杂,因此需要强化高校系统的韧性,以应对内外部的种种挑战。尤其是要关注本科人才培养国际变化趋势,提高大学的国际化水平,提供前沿教学内容,加强研究性学习,改革高校课程结构,特别是激发学生的内在学习动力,为学生积极主动地学习提供良好的环境,构建激励和帮助学生自主学习的机制和环境,更为具体、切实的质量目标将使我国本科教育质量保障体系建设行稳致远。

[①] 邬大光.高等教育:质量、质量保障与质量文化[J].中国高教研究,2022(9).
[②] 黄福涛.什么是世界一流大学的本科教育[J].高等教育研究,2017(8).

(二)以质量过程分析为基点,寻找质量控制的关键点

高等教育质量保障问题的提出,从外部看,就是要应对外界的批评和指责,是高等院校试图重建质量信誉的主要措施。通过质量承诺和全面质量管理,使政府和社会都相信高等院校是在努力致力于提高自身的质量,并且在质量保障之下,高等教育质量是在不断改善和提高的。从内部看,就是要建立一种推动高校自身教育教学质量持续改进与提高的机制,通过对质量生成过程的分析,寻找教育教学质量的关键控制点,运用制度、程序、规范、文化等方式实施控制,从而实现质量管理的目标。[1]对于现代高等教育来讲,不以质量提高为基础的质量保障终将会因其难以获得教育上的合理性而丧失其合法性;同样,对于漠视监督或问责的质量提高而言,不通过满足外部利益相关者的诉求以获得合法性的结果必然是其合理性难以维系。[2]因此,在确定质量控制的关键点时,需要在教育内外部之间寻找到可以妥协和平衡的利益契合点。

世界一流大学之所以将学生体验作为质量控制的关键点,是因为其重视对质量过程的分析和评判。以学生为中心是质量过程控制需遵循的重要价值理念,但是在质量保障中如何体现这一理念,却是一个难题。从世界一流大学的实施经验看,在质量文化项目实施之初,以学生为中心常常被理解为学生参与质量保障过程,并不断提升学生在质量决策或参与过程的话语权。但是,随着研究和实践不断深入,世界一流大学将重点从参与权转向了参与感,更强调学生的真实体验。以学生为中心的核心不是表面参与,而是应当围绕着学生学习过程,重点通过提供设计灵活的课程计划和有效教学及评价,鼓励学生积极参与创造性学习经历,包括设计基于结果导向的课程计划,提供更加灵活的学习路径,营造包容性教学,鼓励和支持师生之间合作等。目前,以多伦多为代表的世界一流大学已经开始探索能更好评估本科生学习体验的方法和工具。2018年,EUA发布的《欧洲高等教育的学习与教学》显示,以学生为中心的学习与教学已经成为高等

---

[1] 戚业国,代蕊华.本科教学质量保障体系建设的思想与方法[J].教师教育研究,2007(2).
[2] 王洪才,等."推进一流本科教育,提高人才培养质量"的理念、路径与方法(笔谈)[J].重庆高教研究,2019(1).

教育教学改革的重要趋势。①这些调查证明,以学生为中心已经不再是一个抽象的概念,而是参与落实到学生丰富的学习经历体验上。

现代社会和未来世界对学生的要求集中体现在其各种能力和综合素质上,因此一流本科教育的质量保障体系必须注重构建学生各种能力与综合素质。然而,质量评价本身并不直接提升质量,相较于质量提升,它更关注质量的达标,守住底线。因此,我们应警惕手段与目的的异化,不能盲目进行质量评价而忽视高等教育人才培养这一根本使命,要以人为本,以人才培养为核心,协调人的全面发展与社会现实需求的关系。②底线可能源自"顾客",但很可能受成本、技术、时间、营销等因素限制。尽管质量过程是多方调节的结果,但也应有其基本遵循。我国学者对此也进行了一定探索并提出了本科教育主体导向是应用型的,本科教育需要把通识教育与专业教育融为一体,本科教育的重心在于"成人"教育等理念。③结合世界一流大学的经验,未来可将"教育理论先行指导"作为确定质量控制的关键点。开展一流本科教育建设,教育理论指导必不可少,而且教育理论必须先行。这应该成为当前我国各高校在着手本科教育建设规划前必须明晰的共识。④当下,对教育教学改革的探讨多停留在实践层面,即如何去做;却鲜有人探讨理念层面,即为什么这样做。⑤切实发挥教育理论对一流本科教育建设的把脉、掌舵作用,按教育规律办事,是当前我国高校推进一流本科教育建设首先应关注或解决的问题。在此基础上,建立一流本科人才培养机制,实施一流本科人才培养制度,以及构建一流本科人才培养平台,才能更具理性、人文性和合法性。

(三)以多方参与协商为重点,推进质量评估专业化发展

本科教育质量是一项系统性工程,涉及大学教育的外部环境和内部的运行模式。质量的运行取决于行为主体在整个大学教育活动中的参与机会、积极性

---

① 此内容主要参考欧洲大学协会官网 Trends 2018:Learning and Teaching in the European Higher Education Area 的内容.
② 蔡亮.建设一流本科教育 提高人才培养能力——中国高等教育学会高等教育学专业委员会2018年学术年会综述[J].高等教育研究,2018(12).
③ 王洪才,等."推进一流本科教育,提高人才培养质量"的理念、路径与方法(笔谈)[J].重庆高教研究,2019(1).
④ 李政云.一流本科教育建设的院校战略——英国帝国理工学院案例剖析[J].高等教育研究,2019(2).
⑤ 谢和平.教育的本质、责任、生命——兼谈川大的育人理念和改革举措[J].研究生教育研究,2015(4).

和参与方式,而行为主体的参与机会、积极性、方式是由结构系统决定的,是一系列制度安排的结果。[①]世界一流大学借助多样化的专业认证机构、多主体参与的质量调查和更完善的数字评价体系,拓宽了相关利益者参与质量策划的渠道,也不断丰富着本科教育质量的内涵。拓宽相关利益者参与质量策划,一方面是外部环境的要求,因为在诸多利益相关者的推动之下,高等教育质量保障从出现伊始就夹杂着复杂的意识形态、权力关系和利益考量,所以从本质上说高等教育机构建立机制以适应利益相关者作用的发挥。另一方面则是质量建设自身的需要,多元利益者的引入能有效化解公众利益诉求无法满足的问题。尤其在高等教育大众化的今天,建立一个社会团体,允许各种不同的行为体在大学评估中有发言权,有助于使治理结构更加多样化,推进质量保障的专业化进程。[②]

　　质量保障不是一个中性的概念,涉及政府问责、公众关注和个体需求等多个层面。因而欲推进质量评估的专业化,需以多方参与协商为重点,核心是建立解决冲突的协调参与机制。协调参与机制首先需了解造成冲突的原因,用精英化时代"桥接高阶"的高等教育质量观对照普及化时代的教育现实,是目前质量观"时间差"上的冲突。此外,社会大众对高等教育质量理解的层次不深,常常只是通过即时的短期市场反馈"随机"做出论断,因此容易滋生不信任的态度与行为。且受到新媒体多渠道、易传播的负向影响,还会出现不信任的盲从效应。[③]其次,高等教育微观结构转型属于高校内部建设的范畴,离民众较远。因此,在完善参与机制时,需要扩大大众参与高等教育事务的机会和形式,提升民众的质量主体及其参与意识,塑造多元参与、协商共治的本科教育质量文化,让本科教育质量建设从公共议题转化为公共实践,增强社会大众对高等教育的信任和支持。高校在协调参与机制时,要积极引导社会大众,引领和重塑普及化时代的本科教育质量文化,以维护高等教育信任环境。同时,应充分发挥政策调控作用,提升社会大众的参与热情和信任度。此外,可以探索更多样化的协调参与机制,如正式和非正式的治理机构、咨询机构、自我评估和其他评价活动,以及定期调查反馈等。

---

① 刘鸿渊.大学教育质量属性与大学行政治理悖论研究[J].江苏高教,2013(2).
② Hartmann E. Quality assurance and the shift towards private governance in higher education: Europeanisation through the back door?[J]. Globalisation, Societies and Education, 2017(3).
③ 刘亚西,计国君.社会信任赤字:高等教育高质量发展进程中的"灰犀牛"[J].江苏高教,2022(5).

所谓专业化建设,就是提升各服务部门的教育反思意识、专业服务与资源整合能力。这也是提升质量评估、改进质量过程的组织基础所在。全球化环境下各国高等教育竞争日益加剧,为了保证和提高本科教育质量,世界各国纷纷把建立和完善教育质量保障体系作为重点,设立专门的评估认证机构对院校进行评估。虽然这些机构大多是非政府的第三方专业组织,但政府作为重要出资方和评估政策的推进者,其作用和影响力不容小觑。中国近年来一直在加强和完善高等教育质量评价和保障体系建设,并在大规模评估实践中积累了具有中国特色的院校评估经验。然而,面对全球化高等教育变革和当前高等教育评价存在的问题和挑战,仍需不断探索更科学和合理的质量评价体系。提升本科教育质量评估专业化的过程中,需要体现不同院校的特色和差异,并吸引尽可能多类型的院校参与分类评价,在此过程中逐步推进分类评价的目标。此外,在推进本科教育质量保障的过程中,应强调质量保障活动的包容性,突出利益相关者的广泛参与和促进利益相关者之间平等的对话、沟通,并提供申诉机制。同时,应该政策公开、信息透明,以保障利益相关者能通过适当的组织和程序参与政策制定,并明确各级领导、组织和主体的责任,明晰各级质量保障组织的职责和要求,使政策实施更加有力、有效。

(四)以技术赋能、机制保障为要点,合理落实质量策划

质量策划的落实是一项复杂的工程。因此,在推进本科教育质量保障体系建设时,需要进一步完善技术赋能机制和体制保障机制。任何工具和技术标准背后都隐藏着观念和价值取向,任何改变质量保障的方法,都需要对二者进行整合。我国高等教育质量工程目前尚在数字化阶段,需将技术引入教育组织,以及基于这些技术形成的产品、流程或模式的创新和变革,并向着全面推进高等教育教学数字化迈进。目前已取得一些初步成果,如打造了永远在线的"金课堂",慕课数量超过5.25万门,用户超3.7亿;搭建了国家24365大学生就业服务平台,一站式服务助力毕业生就业。[①]然而,技术不仅能提供工具支持,还能从深层次的价值理念角度影响教育的实践逻辑。技术赋能本科教育质量旨在兼顾理想主义与实用主义。首先,技术赋能倡导质量保障必须基于数据与事实,强调质量保障

---

① 此内容主要参考中华人民共和国教育部官网2022年发布的《教育数字化战略行动取得阶段性成果》。

是可观测的,强调底线管理,通过设定指标和测定具体数据,对教学质量进行量化监测。其次,技术赋能还强调质量保障的完整性和整体性,即围绕着人才培养,在目标定位、培养模式、教学过程、资源支撑、结果输出等方面建立起"全生命周期"的质量监控体系。再次,技术赋能体现于质量保障的可持续性,突出质量保障的成果导向、闭环管理和持续改进,强调对质量保障过程的定期监测反馈、评价和及时反馈,走好质量保障闭环的"最后一公里",形成质量保障持续改进的闭环管理。最后,科学管理还体现于质量保障的整体有效性和效率,即任何质量保障工具手段的使用,应以不增加质量保障系统整体负担为原则,强调质量保障的有效性、效率性和经济节约性。[1]"问题驱动+理念引领"是技术赋能的基本原则。[2]问题驱动立足于实用主义,实践是由问题驱动的,教育组织和实践个体通过反思现实情况与目标计划之间的差异,从差异中找出问题,这些问题包括传统教育中存在的现实问题以及质量控制过程中的新生问题,然后以问题解决取向来驱动质量转型的实践。例如,对于优质资源共享问题,建设数字平台将世界各地优质教育资源整合与汇集,探寻数字化渠道解决资源的设计、开发和共享等本科教育质量保障问题。同时,理念引领根植于理想主义。实践由理念引领,根据未来教育愿景或者教育发展理念,呈现出当前本科教育质量的局限性以及未来发展的新愿景,在这个过程中,教育组织和实践个体设想教育未来以重新确定质量转型的发展轨迹,反复寻找解决方案以实现设想的场景,以"愿景实现"取向来驱动本科教育质量转型的实践。

　　质量策划的落实有明确的要求,贯穿于具体的制度设计以及人才培养全过程。这不仅体现在高等教育机构在质量保障过程中,提供给学生充分参与、评估和决策的机会;也体现在高等教育机构围绕学生学习需求,建立了灵活多样的教学体系,并建立从学生入学到毕业的"全生命周期"的质量保障体系。高水平的本科教育质量保障客观上要求合理而科学的大学治理模式与之相适应。大学行政治理模式难以契合大学教育质量属性对大学教育系统投入要素的内在要求,制约和影响着大学教育质量。因此,应从大学教育质量属性出发,把理顺大学内

---

[1] 薛成龙,郭玉婷.欧洲高等教育质量保障的转型发展——基于高等教育质量文化建设的考察[J].中国高教研究,2022(10).
[2] 祝智庭,胡姣.教育数字化转型的实践逻辑与发展机遇[J].电化教育研究,2022(1).

外部关系,突出主体作用,实施合作治理作为大学本科教育质量提高的基础性措施和现代大学制度建设的重点。对任何院校来说,一流本科教育建设都是系统工程,因此,需要从学校层面对资源等进行战略整合,或者说,学校要做好顶层设计与沟通衔接,打破各二级单位的条块分割。近一二十年来,我国高校也在学校层面加强资源整合,比如,以图书馆建设为依托,实现图书资料与数字资源的建设与整合;以高校协同创新中心建设为依托,在加强高校与外部合作的同时,一定程度上推动学校在教育教学上的协同与整合等。但总体来说,在推进一流本科教育建设过程中,在实现学校层面资源整合方面,我国高校尚有很多工作要做。质量保障是围绕着保持或者提高高等教育质量而采取的一套系统的或者有组织的管理程序。要求高等院校接受某种形式的外部审查的政府政策,而高等教育接受外部审查的目的是向公众保证其向社会提供了有价值的服务。[①]

(五)以质量文化建设为亮点,探索具有本土特色的质量管理新范式

"质量文化"一词有两层含义。首先,这意味着质量是组织的优先事项,也是组织文化的价值之一。质量文化被视为组织文化的一种亚文化,在这种亚文化中,无论选择何种方法,质量总是与形成机构自身组织文化的亚文化的信奉价值观相关联。发展质量文化意味着文化变革,以实现关于质量和相关价值观的思维和行动方式的广泛融合。从质量文化的历史发展逻辑来看,质量具有内在价值和外在价值两种取向,内在价值体现于教育和研究本身就是质量目的,质量根植于学术自治、学术自主、学术自律、学术诚信等传统学术追求中。外在价值取向是高等教育机构与社会需求互动的结果,它强调高等教育机构以其产品属性适应社会需求的程度。关于质量文化理解首先是关于学术的文化。质量文化需要尊重学术组织的特殊性,给予高等教育机构充分信任,强调高等教育机构学术自治、学术自主等经典学术理念及要求,突出学术人员在质量保障中的话语权和定义权,给予学术人员充分自主权。其次是关于人才培养的文化。这一文化倡导将人才培养作为衡量高等教育质量的根本标准,围绕着学生多样学习需求,如何给予学生丰富的学习体验和多样成长路径,并着力从营造支撑多样学习的成长环境和教学资源等方面进行质量建设。

[①] 苏永建.试论高等教育质量议程中的质量保障与质量提高[J].中国高教研究,2016(5).

我国构建本土化的高等教育质量文化,有三个问题需要思考:其一是超越,其二是唤醒,其三是放权。三者是一个有机的整体。[①]超越旨在打破"舶来品"之局限,超越西方经验。西方关于质量的认识是基于西方高等教育实践的经验总结,但中西方高等教育的历史和文化完全不同,高等教育制度安排和资源配置方式完全不同,这就意味着探讨我国本科教育质量保障体系建设,必须结合我国高等教育的实际问题,从本土化实践和真问题出发。唤醒是唤醒本科教育系统的危机意识。虽然我国高等教育较少探讨危机,但实际上我们面临的危机已经开始出现,如就业难、少子化、信息技术赋能等。这些领域对高等教育提出的挑战,都是未来本科教育质量保障体系建设的攻克重点。再者是放权,为大学发展自己的质量文化提供制度基础。多年的高等教育改革尤其是关于大学治理和现代大学制度的讨论,已经使政府意识到了放权的必要性,政府也在不断地推进"放管服"。但政府对高校的放权和高校对基层组织的放权都有发展空间。政府与大学之间有"自下而上"的关系,大学内部也存在着"自下而上"的逻辑,这就要求高校应充分调动基层组织的积极性,将质量提升行为变成高校内部基层组织的共同追求。

今天的"质量"是一个复杂的概念,是一个具有新内涵的时代概念,亟待大学形成自我的价值判断和选择,并以复杂性思维来应对。首先,质量文化需要大学主体进行自我反思,并由学术组织制定改进方案并推动实施。学术组织建设质量文化,不仅依靠教师、学生、管理人员及各种利益相关者对质量文化的高度认同,还需要在行为上将制度约束内化为行动自觉,使其发挥出比制度约束更有效的作用。其次,质量文化建立在大学的自律性坚守上。以质量文化建设为亮点,可以让大学更好地思考"质量"本身的涵义,引导大学超越以往西方高等教育的技术性质量保障路径,唤醒大学作为质量保障的主体意识,强化大学的质量保障能力。再次,质量文化建设需要强有力的领导。任何一所试图提高本科教育质量的大学,都必须向其教员灌输支持高质量教育的规范和价值观。[②]发展和维护质量价值观需要强有力的领导和支持性的组织结构,领导者需要通过规范质

---

① 邬大光.高等教育:质量、质量保障与质量文化[J].中国高教研究,2022(9).
② Bassis M S. The quality of undergraduate education: toward an agenda for inquiry and action[J]. Teaching Sociology, 1986.

价值观来形成组织文化和质量机制。最后,质量文化依赖系统性的支持。在质量控制过程中,大学应当通过沟通交流,把"自上而下"的外部质量保障与"自下而上"的组织文化要素整合为一个整体。这些改进也将反过来促使政府进一步简政放权,真正将质量保障的重任落实到高校主体身上,激发高校的办学积极性和内在潜能,从而实现本科教育的"高质量"发展。

当一个机构与其利益相关者建立了紧密的关系网时,它的寿命将会增长;当一个机构具有强大效率并赢得广泛尊重时,它的前景将更大。我国本科教育质量保障体系欲行稳致远,离不开质量策划、质量控制和质量改进三驾马车的拉动。这需要高校对内强化监督和管理,通过加大技术支持和制度保障规范校内质量保障程序,为本科教育质量保障体系建设提供合法性支持;对外借助广泛的社会网络,整合信息资源,为推进质量改革和实践提供丰富的信息资源和实践反馈。本科教育质量保障体系作为一种治理工具,其寿命和前景取决于其能否适应本科教育外部环境的动态变化,是否能切合时宜地做好角色定位,设计出合理的建设方案,以定义、衡量和提升本科教育经验的质量,有效支持国家教育战略的落地,赢得相关利益者的支持和尊重。

参考文献

一、中文文献

1.专著类

格拉汉姆,戴蒙德.美国研究型大学的兴起——战后年代的精英大学及其挑战者[M].河北大学出版社,2008.

吉本斯.知识生产的新模式:当代社会科学与研究的动力学[M].陈洪捷,等译.北京大学出版社,2011.

阿特巴赫,等.21世纪的美国高等教育:社会、政治、经济的挑战[M].施晓光,等 译.中国海洋大学出版社,2007.

詹姆斯,杜德斯达.美国公立大学的未来[M].刘济良,译.北京大学出版社,2006.

叶信治,等.美国公立研究型大学教育质量保证研究[M].厦门大学出版社,2015.

孙洁.英国的政党政治与福利制度[M].商务印书馆,2008.

瞿葆奎.英国教育改革[M].人民教育出版社,1993.

克拉克.探究的场所——现代大学的科研和研究生教育[M].王承绪,译.浙江教育出版社,2001.

马健生,等.高等教育质量保证体系的国际比较研究[M].北京师范大学出版社,2014.

天野郁夫.日本高等教育改革:现实与课题[M].陈武元,等译.厦门大学出版社,2014.

金龙哲,王东杰.东京大学[M].湖南教育出版社,1992.

顾健民.大学治理模式及其形成机理[M].浙江大学出版社,2017.

蔡培瑜.澳大利亚高校招生考试制度研究[M].华中师范大学出版社,2016.

琼斯.加拿大高等教育——不同体系与不同视角:扩展版[M].林荣日,译.福建教育出版社,2007.

朱兰,德费欧.朱兰质量手册:通向卓越绩效的全面指南[M].焦叔斌,等译.中国人民大学出版社,2014.

博格,霍尔.高等教育中的质量与问责[M].毛亚庆,刘冷馨,译.北京师范大学出版社,2008.

克拉克.高等教育新论——多学科的研究[M].王承绪,等译.浙江教育出版社,2001.

盖格.增进知识——美国研究型大学的发展(1900—1940)[M].王海芳,魏书亮,译.河北大学出版社,2008.

黄启兵,毛亚庆.大众化高等教育质量保障:基于知识的解读[M].北京师范大学出版社,2011.

田恩舜.高等教育质量保证模式研究[M].中国海洋大学出版社,2007.

2.期刊类

任友群."双一流"战略下高等教育国际化的未来发展[J].中国高等教育,2016(5).

魏浩,籍颖,赵春明.中国留学教育服务贸易发展现状及国际竞争力[J].国际经济合作,2010(1).

钟宇平.全球一体化与市场化下的高教发展[J].江苏高教,2000(2).

潘金林.加州大学伯克利分校20世纪90年代以来本科教育改革理念、举措及成效[J].复旦教育论坛,2014(2).

杨晓波,费爱心.美国高等教育质量保障机制探析[J].黑龙江高教研究,2008(5).

国兆亮.2010—2011年《美国新闻与世界报道》大学排行方法及指标体系[J].华北电力大学学报(社会科学版),2011(1).

布瑞斯劳尔.加州大学伯克利分校何以久负盛名:历史性动因的视角[J].杜瑞军,常桐善,译.清华大学教育研究,2011(6).

刘宝存.牛津大学办学理念探析[J].比较教育研究,2004(2).

刘膺博,Martin Lockett.英国高等教育质量保障制度:起源、演变与发展趋势[J].现代教育管理,2020(7).

朱国辉,谢安邦.英国高校内部教育质量保障体系的发展、特征及启示——以牛津大学为例[J].教师教育研究,2011(2).

樊增广,史万兵.英国高等教育质量保障体系的历史演进及其经验借鉴[J].东北大学学报(社会科学版),2014(6).

邬大光.重视本科教育:一流大学成熟的标志[J].中国高教研究,2016(6).

陈玥,王灵菁,田娇娇.工业4.0时代世界一流大学的本科教育如何变革?——来自南洋理工大学的经验及启示[J].西南大学学报(社会科学版),2022(1).

杨进.工业4.0对工作世界的影响和教育变革的呼唤[J].教育研究,2020(2).

郝文斌.新加坡南洋理工大学本科教育的理路及其启示[J].中国高教研究,2018(12).

燕凌,洪成文.新加坡南洋理工大学的成功崛起——"创业型大学"战略的实施[J].高等教育研究,2007(2).

吴敏.南洋理工大学"弯道超车"发展分析[J].大学(研究版),2014(12).

蒋达勇.教师考核管理:一种跨文化的比较与建构——南洋理工大学的经验与启示[J].华南师范大学学报(社会科学版),2021(1).

别敦荣.论现代大学制度之现代性[J].教育研究,2014(8).

薛珊,刘志民."后发型"世界一流大学建设的路径及启示——以新加坡两所大学为例[J].高校教育管理,2019(4).

谭伟红.新加坡南洋理工大学的竞争优势研究——基于钻石模型的分析[J].西南交通大学学报(社会科学版),2016(3).

龚成,邹放鸣.新加坡南洋理工大学"5C"人才培养理念的实践及启示[J].中国高等教育,2018(10).

有本章.日本的高等教育改革——以社会条件、职能、构造为中心[J].张慧洁,译.复旦教育论坛,2004(1).

王留栓.日本大学国际化发展战略及其经验探析[J].世界教育信息,2004(4).

王晓燕.日本国立大学法人化改革中的大学章程建设——以《东京大学宪章》为例[J].全球教育展望,2009(4).

熊庆年.站在时代的前列 迈向世界知识的顶点——东京大学的战略[J].清华大学教育研究,2007(5).

鲍威,姚锦祥,闵维方.法人化改革后日本国立大学教师人事管理制度的变革:从稳定保障型向流动竞争型的过渡[J].清华大学教育研究,2020(2).

施雨丹.日本国立大学法人化改革:背景、内容及启示[J].清华大学教育研究,2007(1).

陈武元,李广平.日本高等教育质量保障体系的重构及启示[J].中国高等教育,2021(2).

李昱辉.日本大学认证评价:目标、动向与挑战[J].国家教育行政学院学报,2020(2).

胡建华."教育再生"政策下的日本高等教育改革与发展[J].外国教育研究,2021(2).

葛新斌,姜英敏.日本大学教师评估制度改革动向分析[J].比较教育研究,2004(9).

吕光洙,姜华,王蒙.日本大学治理改革——PDCA在国立大学法人评价中的应用[J].现代教育管理,2017(12).

陈涛.跨学科教育:一场静悄悄的大学变革[J].江苏高教,2013(4).

眭依凡.大学使命:大学的定位理念及实践意义[J].教育发展研究,2000(9).

张澜涛.当代西方国家的教育及其改革[J].国际关系学院学报,1998(1).

郭丛斌,王亮,傅翰文.世界大学排名产生与发展的内在逻辑及启示[J].国家教育行政学院学报,2020(7).

朱明,杨晓江.世界一流学科评价之大学排名指标分析[J].高教发展与评估,2012(2).

赵丽.澳大利亚高等教育国际化分析[J].中国高等教育,2019(11).

祝怀新,李玉静.澳大利亚高等教育资助制度改革新策略——《2003年高等教育支持法案》解析[J].高等教育研究,2005(3).

司晓宏,侯佳.澳大利亚高等教育发展特征探析[J].高等教育研究,2012(3).

付玉媛.科研·教学·参与:墨尔本大学"三螺旋"模式研究[J].现代教育科学,2017(8).

李红宇,陈强,张毅.澳大利亚墨尔本大学"墨尔本模式"改革初探[J].清华大学教育研究,2008(6).

郑忠梅.从"墨尔本模式"到"墨尔本课程"——墨尔本大学的课程改革及发展启示[J].重庆高教研究,2016(1).

钱铭,汪霞.澳大利亚高校可雇佣性技能的培养——以墨尔本大学为例[J].高教探索,2012(3).

李巧平.墨尔本模式:澳大利亚公立大学新型人才培养模式的探路者[J].全球教育展望,2008(12).

李素敏,陈利达.加拿大高等教育质量保障:动因、体系、特征与趋势[J].高校教育管理,2017(6).

张睦楚,汪明.质量·政策·合作:新一轮加拿大高等教育国际化战略的核心[J].外国教育研究,2015(10).

李中国,皮国萃.加拿大高等教育质量保障体系及其改革走向[J].黑龙江高教研究,2013(2).

查强,丹尼尔·兰.大学之比较——兼析多伦多大学选择同型大学的案例[J].教育研究,2004(3).

秦炜炜.大学教学发展的组织变革与体系构建——多伦多大学个案研究[J].高等教育研究,2014(3).

吴言荪,刘誓玲.加拿大大学教学质量保障机制浅析[J].高等工程教育研究,2011(1).

巴特尔.加拿大多伦多大学的办学特色及启示[J].国家教育行政学院学报,2010(10).

郭宝仙.教育评价专业化:加拿大评价人员资格认证方案及其启示[J].外国教育研究,2015(1).

余自洁.俄罗斯修订联邦教育发展纲要[J].世界教育信息,2018(4).

邵海昆.《国立莫斯科大学章程》的内容及其分析[J].清华大学教育研究,2015(1).

王玮.从国立莫斯科大学看俄罗斯高等教育[J].现代教育管理,2009(7).

曹一红.俄罗斯高等教育质量外部评估体系探究[J].俄罗斯学刊,2016(4).

钟秉林,方芳.一流本科教育是"双一流"建设的重要内涵[J].中国大学教学,2016(4).

史铭之.一流本科教育的建设理路——南洋理工大学的启示[J].河北师范大学学报(教育科学版),2021(5).

赵琳.从教育质量自我保障机制透视现代大学制度——以加州大学伯克利分校为例[J].清华大学教育研究,2010(4).

万圆,肖玮萍,欧颖.基于卓越的公平:牛津大学本科招生的理念与实现路径[J].外国教育研究,2018(1).

喻恺,田原,张蕾.后发新兴世界一流大学师资队伍的特点及其启示[J].高等教育研究,2011(4).

龚威.论大学本科教育质量的课程保障[J].江苏高教,2003(3).

强海燕.世界一流大学人文课程之比较——以哈佛大学、斯坦福大学、多伦多大学为例[J].比较教育研究,2012(11).

武岳.美国一流公立大学教师教学评价体系比较研究——以加州大学伯克利分校与密歇根大学安娜堡分校为例[J].世界教育信息,2019(19).

郭涛,谢琨.加拿大高等教育质量保障体系研究[J].法学教育研究,2018(3).

王平祥.世界一流大学本科人才培养目标及其价值取向审思[J].高等教育研究,2018(3).

李斌琴.寻求合法性:我国大学趋同化机制解析——从重点大学政策说起[J].高教探索,2012(1).

王敏.效率与公平:高校治理结构的价值选择[J].西南民族大学学报(人文社会科学版),2013(6).

王战军.什么是研究型大学——中国研究型大学建设基本问题研究(一)[J].学位与研究生教育,2003(1).

余胜泉,刘恩睿.智慧教育转型与变革[J].电化教育研究,2022(1).

邬大光.高等教育:质量、质量保障与质量文化[J].中国高教研究,2022(9).

薛成龙,郭玉婷.欧洲高等教育质量保障的转型发展——基于高等教育质量文化建设的考察[J].中国高教研究,2022(10).

黄福涛.什么是世界一流大学的本科教育[J].高等教育研究,2017(8).

戚业国,代蕊华.本科教学质量保障体系建设的思想与方法[J].教师教育研究,2007(2).

王洪才,等."推进一流本科教育,提高人才培养质量"的理念、路径与方法(笔谈)[J].重庆高教研究,2019(1).

蔡亮.建设一流本科教育 提高人才培养能力——中国高等教育学会高等教育学专业委员会2018年学术年会综述[J].高等教育研究,2018(12).

李政云.一流本科教育建设的院校战略——英国帝国理工学院案例剖析[J].高等教育研究,2019(2).

谢和平.教育的本质、责任、生命——兼谈川大的育人理念和改革举措[J].研究生教育研究,2015(4).

刘鸿渊.大学教育质量属性与大学行政治理悖论研究[J].江苏高教,2013(2).

苏永建.试论高等教育质量议程中的质量保障与质量提高[J].中国高教研究,2016(5).

谷贤林.在自治与问责之间:美国公立研究型大学与州政府的关系[J].比较教育研究,2007(10).

3.学位论文

柳倩华.论美国高等教育后大众化时期研究型大学本科教育质量的提高[D].华南师范大学,2003.

曹珊.全球化背景下美国高等教育人才培养与劳动力市场互动关系研究[D].南京师范大学,2014.

邱政.美国研究型大学本科生学业标准研究[D].华东师范大学,2010.

阎岩.美国研究型大学本科人才培养质量的制度保障研究[D].吉林大学,2018.

魏敏敏.牛津大学教育质量保障的政策研究[D].天津大学,2014.

乔娜.新加坡南洋理工大学创建世界一流大学研究[D].陕西师范大学,2019.

杨丽.新加坡大学教育问责制研究[D].东北石油大学,2019.

吕芳.墨尔本大学建设世界一流大学研究[D].西南大学,2018.

柳方怡.澳大利亚公办大学理事会制度研究[D].大连理工大学,2018.

马燕超.澳大利亚高等教育质量与标准署(TEQSA)研究[D].西南大学,2016.

徐猛.加拿大高等教育质量保障体系研究[D].华东师范大学,2012.

邢文英.博洛尼亚进程中俄罗斯高等教育质量研究[D].河北师范大学,2010.

张男星.俄罗斯高等教育体制变革研究[D].华东师范大学,2002.

王慧.俄罗斯高等教育质量保障体系研究[D].沈阳师范大学,2013.

马廷奇.大学组织的变革与制度创新[D].华中科技大学,2004.

一、外文文献

1.专著类

Cole Jonathan R, Barber, Elinor G, Graubard Stephen R. The research university in a time of discontent[M]. Baltimore:The Johns Hopkins University Press,1994.

Pelfrey P A. A brief history of the university of California[M]. Oakland: University of California Press, 2004.

Kerr C. The gold and the blue, volume one: a personal memoir of the university of California, 1949 – 1967, academic triumphs[M]. Oakland: University of California Press, 2001.

Carolyn C, Christina R. Quality assurance and the development of course programmes[M]. Bucharest:CEPES,2002.

Charles E M. A history of the university of Oxford[M]. London:Methuen,1924.

Holdsworth A, Watty K, Davies M. Developing capstone experiences[M]. Carlton, Vic: Melbourne University Publish, 2009.

参考文献

Poynter J R, Rasmussen C. A place apart: the university of Melbourne: decades of challenge[M]. Melbourne University Publish, 1996.

Gilbert A D. Ensuring accountability[M]. Carlton, Vic: Melbourne University Publish, 1998.

Байденко В И. Болонский процесс: 2007–2009 годы. Между Лондоном и Левеном / Лувен-ла-Невом Под науч[M]. Москва: Исследовательский центр проблем качества подготовки специалистов, 2009.

Гретченко А И. Гретченко А А. Болонский процесс и нтеграция России в европе йское и мировое образовательное пространство [M]. Москва: КНОРУС, 2009.

Плаксий С И. Качество высшего образования[M]. Москва. Национальный нститут бизнеса, 2003.

Juran J M, De Feo J A. Juran's quality handbook: the complete guide to performance excellence[M]. McGraw-Hill Education, 2010.

Warren P D. Are professors professional?: the organisation of university examinations[M]. London: Jessica Kingsley Publishers, 1994.

Lanarés J. Developing a quality culture to become a world-class university [M]// Paths to a world-class university. Sense Publishers, 2011.

Alma, C. Quality assurance in higher education [M]. Washington, D.C.: The Falmer Press, 1992.

Green D. What is quality in higher education[M]. Maidenhead: Open University Press, 1993.

Ellis R. Quality assurance for university teaching[M]. Maidenhead: Open University Press, 1993.

Hogarth C P. Quality control in higher education[M]. Lanham: University Press of America, 1987.

Marybeth G. The history of U.S. higher education [M]. New York: Routledge, 2010.

2.期刊类

Christensen, Sren. Higher education and entrepreneurial citizenship in Singapore[J]. Learning & Teaching the International Journal of Higher Education in the Social Sciences,2012(3).

Hong L,Jia L,Xin F. Formulation and implementation of talent strategy in higher education: a case study of Nanyang technological university in Singapore[J]. Public Administration and Policy Review,2017.

Jun-Feng J I, University N H. Experience and enlightenment of constructing the first-class universities—taking Nanyang technological university asan example[J]. Journal of Nanchang Hangkong University(Social Sciences).

Song H B, Wang J J, Department T A. Practice and thinking of innovation and entrepreneurship education of Nanyang technological university of Singapore[J]. Journal of Research on Education for Ethnic Minorities,2018.

Jayasinghe U W, Marsh H W, Bond N. Peer review in the funding of research in higher education: the Australian experience[J]. Educational Evaluation and Policy Analysis,2001(4).

Qayyum A, Zawacki-Richter O. Distance education in Australia, Europe and the Americas[J]. Open and Distance Education in Australia, Europe and the Americas,2018.

Vidovich L. Quality assurance in Australian higher education: globalisation and-steering at a distance'[J]. Higher Education,2002(3).

Birrell B, Edwards D. The bradley review and access to higher education in Australia[J]. Australian Universities' Review,2009(1).

Shah M, Jarzabkowski L. The Australian higher education quality assurance framework:From improvement-led to compliance-driven[J]. Perspectives:Policy and Practice in Higher Education,2013(3).

Davis G, O'Brien L, McLean P. Growing in esteem: positioning the university of Melbourne in the global knowledge economy[J]. The Tower and the Cloud,2008.

参考文献

Gupta T. The marketization of higher education[J]. International Journal of Recent Research Aspects, 2018(3).

Hu X, Liu F, Yuan Y. Research on talent training Mode of interdisciplinary integration in colleges and universities[J]. International Journal of Education and Humanities, 2021(1).

Kwiek M. Globalization and higher education[J]. Higher Education in Europe, 2001(1).

Bartlett K. Towards a true community of scholars: undergraduate research in the modern university[J]. Journal of Molecular Structure: THEOCHEM, 2003.

Лукашенко М. Рынок образовательных услуг: десятьлет с пустя[J]. Высшее образование в России, 2013(10).

Каиура А В. Отечественные университеты назван и еисуть[J]. Вестник Российского Философского общества Москва, 2009(8).

Министерство образования и наука Российской Федерации. Федеральный. Законобобразовании в Российской Федерации[J]. 2013.

Садовничий В А. Высшая школа России: традиции и современность[J]. Образованиеи общество. научный, информационно - аналитическийжурнал, 2014(1).

Гуров В. Качество образования в негосударственных вузах[J]. Высшее образование в России, 2017(1).

Гуров В. Качество образования в негосударственных вузах[J]. Высшее образование в России, 2014(6).

Министерство образования и наука Российской Федерации Федеральный Закон образовании в Российской Федерации[J]. Высшее образование в России, 2018(7).

Juran J M. The quality trilogy[J]. Joseph M. Juran: Critical Evaluations in Business and Management, 2005.

Liu S, Rosa M J. Quality assessment of undergraduate education in China: A policy analysis[J]. Higher Education Management and Policy, 2008(3).

Becket N, Brookes M. Quality management practice in higher education-What quality are we actually enhancing? [J]. Journal of Hospitality, Leisure, Sports and Tourism Education (Pre-2012), 2008(1).

Chassin M R. Assessing Strategics For Quality Improvement[J]. Health Affairs, 1997(3).

Sulkowski L. Accountability of university: transition of public higher education [J]. Entrepreneurial Business and Economics Review, 2016(1).

Szanto T R. Evaluations of the third kind: external evaluations of external quality assurance agencies[J]. Quality in Higher Education, 2005(3).

Jones R. The student experience of undergraduate students: towards a conceptual framework[J]. Journal of Further and Higher Education, 2018(8).

Cullen J, Joyce J, Hassall T, et al.. Quality in higher education: from monitoring to management[J]. Quality assurance in Education, 2003(1).

Rhoades G, Sporn B. Quality assurance in Europe and the US: professional and political economic framing of higher education policy[J]. Higher Education, 2002(3).

Harvey L, Green D. Defining quality[J]. Assessment & Evaluation in Higher Education, 1993(1).

Hartmann E. Quality assurance and the shift towards private governance in higher education: europeanisation through the back door?[J]. Globalisation, Societies and Education, 2017(3).

3. 报告

The University of Melbourne. Annual report 2000[R]. Melbourne: The University of Melbourne, 2001.

Министерство образования и науки Российской Федерации. Государственная программа Российской Федерации "Развитиеобразования" на 2013-2020 годы[R]. Москва: Минобрнауки России, 2012.

Министерство образованияи науки РФ. Главные события в современном образовании 2006-2018[R]. Москва: медиалйн, 2018.

The Boyer commission on educating undergraduates in the research university. re-inventing undergraduate education: a blueprint for America's research universities [R]. New York: The Boyer Commission, 1998.

A third Century of excellence at the university of Toronto synthesis Report [R]. Toronto: University of Toronto, 2008.

4.其他文献

The University of Melbourne. Research at Melbourne: Ensuring excellence and impact to 2025 [Z]. Melbourne: The University of Melbourne, 2012.

Об утверждении устава федерального государственного образовательного учреждения высшего профессионального образования. Московский Государственный Университет имени М.В.Ломонсов [Z].2012.

Министерство образования и наукиРоссийской Федарации. Федеральный. Закон обобразовании в Российской Федерации [Z].2013.

后记

《世界一流大学本科教育质量保障体系的比较研究》终于完稿并交付西南大学出版社。本书是2019年度全国教育科学"十三五"规划国家青年项目"世界一流大学本科教育质量保障体系的比较研究"(项目批准号:CDA190256)的研究成果。该项目是在全国教育科学规划领导小组办公室的支持下完成的,同时要感谢该项目前期申请和后期管理单位陕西师范大学对研究者和研究项目一以贯之的支持与辅助。

本课题研究因涉及国别较多、语种多样,因而书稿的最终完成得益于整个研究团队的通力协作。陕西师范大学教育学部陈玥负责全书整体框架设计和最后的统稿工作,各章的具体分工是:引言(陕西师范大学陈玥);第一章(天津大学毛立伟、北京第二实验小学翟月);第二章(天津大学毛立伟、河南理工大学荀伟高);第三章(西安市雁塔区雁祥学校张燕、西安医学院屈蕾、北京第二实验小学翟月);第四章(西安医学院屈蕾、陕西师范大学陈玥);第五章(北京师范大学张峰铭、陕西师范大学陈玥);第六章(北京师范大学王灵菁、陕西师范大学陈玥);第七章(陕西师范大学李盼宁);第八章(北京师范大学张峰铭、天津大学毛立伟);第九章(北京师范大学王灵菁、陕西师范大学陈玥)。本课题的完成伴随着研究团队成员的成长与收获,在完成这部学术专著的漫长旅程中,我们不仅收获了丰富的学术成果,更在相互的陪伴与合作中,

后记

共同见证了彼此的成长与进步。

本课题的顺利推进与最终成果凝结着多方智慧与鼎力支持。研究过程中,我们既获得了全国教育科学规划领导小组办公室的国家级科研立项资助,又承陕西师范大学哲学社会科学优秀学术著作出版基金的资助,为课题的顺利开展提供了坚实保障。同时,我们要特别感谢陕西师范大学教育学部各位领导和老师的帮助,以及西南大学出版社副社长徐中仁、人文社科分社社长张昊越以及编辑畅洁的大力支持。在此,谨对各位领导和师友的帮助与鼓励表示最诚挚的谢意!尽管我们付出了很多努力,但由于水平有限,书中难免有错漏指出,恳请同行学者多批评指正帮助我们进步。

当我们完成这部学术专著的时候,心中充满了感慨与思考。世界一流大学之所以能够傲立于世界高等教育之林,且始终维持其卓越地位,与其高质量的本科教育不无关系。本科教育质量通常被视为衡量国家高等教育发达程度与文化科学发展水平和前景的重要标志,我们希望这部专著能够为那些关注高等教育,特别是关注本科教育质量的同仁提供一些启示和思考。在未来的日子里,我们将继续致力于比较高等教育的学术研究,唯愿我们的绵薄之力对于我国本科教育的改革能够尽到一份比较教育学者的责任!

陈 玥

陕西师范大学田家炳教育书院

2024年1月2日